中国新锐传播学者系列教材

传播媒介通论

The General Theory of Media

张 华 编著

西安交通大学出版社
XI'AN JIAOTONG UNIVERSITY PRESS

内容简介

传播媒介是介入人们信息传播和交往关系建构中的物质性中介物。技术是媒介的物质基础,传播媒介的更替伴随着技术的革新,因技术的不同,人类历史上出现的媒介大体可以分为远古实物媒介、文字媒介、印刷媒介、电子媒介、互联网和新媒体。在不同的历史时期,人们使用的主导媒介决定了这一时期的传播形态和社会形态,媒介是划分传播形态和社会形态的标志。因此,一部媒介史就是一部人类传播史,或者说就是一部关于人类自身的历史。媒介与技术、制度、资本、人的实践等密切相关。在纵向上,本教材以技术演进为脉络,逐一讲解人类历史上出现的各种形态的传播媒介。在横向上,对每种传播方式的讲解主要从传播速度、传播模式及其对人类社会的影响三个维度展开。

图书在版编目(CIP)数据

传播媒介通论 / 张华编著. --西安:西安交通大学出版社,2023.6(2025.7重印)
ISBN 978 - 7 - 5693 - 3270 - 4

Ⅰ.①传… Ⅱ.①张… Ⅲ.①传播媒介-研究 Ⅳ.
①G206.2

中国国家版本馆 CIP 数据核字(2023)第 100670 号

书　　名	传播媒介通论	
	CHUANBO MEIJIE TONGLUN	
编　　著	张　华	
责任编辑	赵怀瀛	
责任校对	柳　晨	
封面设计	任加盟	
出版发行	西安交通大学出版社	
	(西安市兴庆南路 1 号　邮政编码 710048)	
网　　址	http://www.xjtupress.com	
电　　话	(029)82668357　82667874(市场营销中心)	
	(029)82668315(总编办)	
传　　真	(029)82668280	
印　　刷	西安日报社印务中心	
开　　本	787mm×1092mm　1/16　印张 13.875　字数 263 千字	
版次印次	2023 年 6 月第 1 版　2025 年 7 月第 2 次印刷	
书　　号	ISBN 978 - 7 - 5693 - 3270 - 4	
定　　价	42.00 元	

如发现印装质量问题,请与本社市场营销中心联系。
订购热线:(029)82665248　(029)82667874
投稿热线:(029)82668133
读者信箱:xj_rwjg@126.com

版权所有　侵权必究

总序

2008 年春夏之交，我有一个难得的机会在北京游学。一日，刘海龙到人民日报社 9 号楼社科院新闻所来探望我，聊到应该举办一个属于年轻人的全国性的传播学研讨会。我们一致认为，年轻人年龄相仿，学理相近，无拘无束，容易碰撞出思想火花。回去后，海龙打电话给张志安，陈述我们的想法，大家一拍即合。中国人民大学新闻学院赞助了一笔费用，当年 6 月，我们便在人大新闻学院召开了第一届中国青年传播学者论坛。来自全国各地的 20 多位青年学者参加了会议，热烈讨论了整整一天。当时我们谁都没有想到，今天这个研讨会正在以如此有影响力的方式延续着它的生命。

应当感谢每一次会议的主办方，年轻人缺少资源，因此会议不仅不能收会务费和住宿费，而且还要补贴大家的差旅，可以说赔钱到家，投入巨大。中国人民大学、复旦大学、南京大学金陵学院、浙江大学、中山大学、清华大学、武汉大学、重庆大学、安徽大学和中国传媒大学等十所大学的相关院系先后举办了一年一度的盛会。然而即便这样，会议还是开得很艰苦。尤其对不住大家的是在南京召开的那次会议，由于金陵学院资源有限，大家都住在南京大学浦口校区招待所的套间里，一个套间的住客都可以凑出两桌麻将。由于一栋楼只有一个准时下班的服务员，曾经"贵"为中山大学传播与设计学院院长的张志安竟不得不亲自疏通厕所下水管道，这件事在他的人生经历中已经留下了不可磨灭的"阴影"。然而，似乎没有人计较这些，大家都以能聚在一起讨论学问为快事。

中山大学的那次会议一直开到晚上 11 点，大家仍然饶有兴趣地听李立峰和郭建斌分享他们的研究心得，我们才发现温文尔雅的中国香港名教授在宵夜店消灭啤酒和烤肉的战斗力也是相当惊人的。而此后，饿得两眼发蓝出去喝啤酒吃烧烤便成为了会议的必备程序。由于实行严格的匿名评审，会上几乎每篇论文均属上乘，但在点评时仍然会招来雨点般不留情面的批评，尤其是"一对一"对评的时候。尽管有些时候颜面上确实有点挂不住，但谁也没有真正把受到学术质疑看作是一种受伤。

于是，中国青年传播学者论坛渐渐成为一个精神气质上的无形学院。就是在这样的文化和共同体中，大家产生了更多的认同和包容，也产生了更为积极的学术追求,共同出品一些系列性的优秀成果,便成为一种自然而然的愿望。在2014年的论坛上,西安交通大学出版社的年轻编辑赵怀瀛带着他的"中国新锐传播学者系列教材"来寻求合作时,自然得到了大家的热烈响应。在大家踊跃报名之下,便有了第一辑的选题和后续的更多选题。于是在赵编辑的催促之下,便有了这篇文字。中国新锐传播学者系列教材,并没有整齐划一的风格:在内容上既有方法方面的选题,也有理论方面的选题;在形式上既有传统的体系型教材,也有相对新颖的案例型教材。但总体而言,每一本教材都具有前沿性和研究性的色彩,不仅充分体现了知识的体系性,也充分彰显了每一位作者的个性和特点。可以说,这一系列的教材更多地体现出中国青年传播学者论坛那种独有的文化气质:个性张扬,兴趣广泛,敢于迎接和挑战传播的新领域。当然,它也必然是存在各种缺陷,并以开放的姿态接受各界批评的一套文本。传播学进入中国已经40余年,对于一个直到21世纪仍然极其弱小的知识领域而言,需要的便是中国青年传播学者论坛的气质:兼容并包,勇于探索。

10年就这样过去了,我、海龙和志安等这一批论坛的发起者早已人到中年,日渐发福,很快都将退出我们深爱的这个论坛。谨以此序表达我们的初衷和理想,衷心希望中国青年传播学者论坛和中国新锐传播学者系列教材能够不断成长,不断超越,为中国传播学研究的发展作出更大的贡献。

胡翼青
于南京大学

目 录
Contents

绪　论

生存于今天的世界,我们必须直面一个现实:媒介已成为社会的基础设施,对社会产生了至关重要的影响。其实,回顾历史便可发现,媒介并非在今天才显得如此重要,它一直与人类实践密切相关,是建构社会现实的重要因素。从古至今,人类社会涌现出形形色色的媒介,这些媒介因物质技术基础的不同而种类繁多,形式多样,形态各异,每种媒介作用于人和社会的方式也存在差异。不同的历史阶段和社会形态中,多种媒介并存并被人们广泛使用,但特定的社会形态中又存在一种主导型媒介。因此,对媒介的研究,也就是对人类社会的研究。

媒介是日常生活中的常用词,但它并不是意义自明、不用解释的简单概念,而是专门的学术概念,有着广泛的概念意涵。从媒介形态和传播形态的角度看,既包括报纸、广播、电视等大众传媒,也指向互联网、数字媒体等新媒介。从其物质技术基础来看,媒介又有着多样的形式:石器、竹简、木牍、布帛、纸张、印刷机、电线电缆、各类交通运输工具、打字机、电报、电话、广播、电视、电影、互联网络、数字技术设施等。从媒介的技术基础和物质形式出发,就会看到多种多样的媒介,即每一个具体的媒介;而从一个特定的角度看待如此众多的媒介,就是一般意义上的共性的媒介,或者说是古往今来所有媒介共有的媒介性。因此,媒介具有双重含义,即具体的媒介和共性的媒介。在这两个层面上理解媒介,既能区别不同形式和形态的媒介及其不同的作用,又可理解媒介的共性,给媒介下一个通用的定义,才能对不同时代的媒介及其影响有准确的理解和完整的把握。这便是编写本教材的目的。

一、具体的媒介:物质技术基础出发理解媒介的多样性

不同的物质技术基础,决定了媒介的不同形式,产生了多种多样的媒介。

将技术(technology)理解为具体的工具或机器,是不全面的。在较为宽泛的意义上,技术是人们为了实现某种目的而对手段和途径进行的某种设计。技术应包括两个方面的涵义:作为"硬件"的物质或物理实体,以及作为"软件"的使用、操作这些物质或物理实体的手段。例如,电脑技术由设备硬件和操作软件两个部分组成,前者包括各种元器件等,后者包括驱动这些硬件的程序和指令。技术是实现人类目的的重要手段,具有明确的目标导向。人们使用技术,就是在某一特定领域为了实现某种意图而对相关知识的运用,是人们创造性思维的物化,同时也是人们与自然即身外世界互动的工具[1]。

传播技术(communication technology),也称媒介技术(media technology),是技术的一种,是指人类为驾驭信息传播、不断提高信息的生产与传播效率所采用的工具、手段、知识和操作技艺的总称[2]。这个定义,从"硬件"和"软件"的角度来看,用于传播的物理载体、采集手段、保存手段、传输手段、接收手段,以及符号体系、文本形式、制作工具和操作技艺等,都属于媒介技术的范畴。媒介与技术之间有着密不可分的关系,不同的技术决定了媒介的形式和形态。媒介的更替伴随着技术的革新,

---

[1] 韦路:《传播技术研究与传播理论的范式转移》,浙江大学出版社 2010 年版,第 2 页。

[2] 郭庆光:《传播学教程(第二版)》,中国人民大学出版社 2011 年版,第 116 页。

传播技术的变迁往往会对人类自身、社会和文化造成不同程度的影响。传播技术可帮助人们更好地进行信息交换活动,建立人与人之间的社会关系。不同的传播媒介,渗透着技术自身的逻辑,显现出不同的样貌,对人类具体的传播活动和传播关系的建立,以及产生的社会后果都是不同的。

从传播技术的定义及其与传播媒介的关系出发,我们可以根据不同的物质技术梳理出历史上涌现的具体的媒介及其社会影响。以人类历史上出现的技术革命——机械化、电气化、数字化为依据,我们可以把传播技术和传播媒介依次划分为以下几类:以机械技术为基础的印刷媒介、以电子技术为基础的影音和广电媒介、以数字技术为基础的互联网和新媒介。也有学者在印刷之前,加上了文字这一媒介,将人类传播的历史归纳为四次传播革命,即文字、印刷、电子、互联网和新媒体①。当然,鉴于技术的上述定义,在四次传播革命之前人类使用的媒介,如以实物为主的远古媒介和以口语为主的语言媒介,以及工业革命之后出现的汽车、轮船、飞机等交通工具,都属于媒介的范畴。

在文字产生之前的远古时期,人们主要依靠身体器官和各种物质符号作为传播媒介。身体器官主要包括发声器官和肢体器官,以此为物质基础产生了人类早期的口头语言和非语言媒介。以实物为物质基础的物质符号媒介的形式则更为多样,包括可用作信息储存的自然物如石头、木棍等,还包括一些简单的人工创造物,如绳索、泥版、木器、骨器等,以及在这些实物上表示信息意义的象征符号。

文字的发明和使用是人类历史上第一次传播革命。文字的使用,伴随的是书写媒介的不断革新,从兽骨、龟甲等原始取材的实物,到布帛、纸张、毛笔等人工创造物,它们互相促进,保证了信息在传播中不被扭曲、变形、重组和丢失,从而使祖先们通过实践所积累的经验成为下一代的知识,人类文明第一次突破时间、空间的限制,"通之于万里,推之于百年",由此引导人类由"野蛮时代"迈向"文明时代"。

机械印刷术的发明和应用是人类历史上第二次传播革命,给世界文明带来了曙光。机械印刷术和造纸术、油墨技术、金属活字技术等结合,是报纸、杂志、书籍等大众传播媒介诞生和普及的重要物质技术基础。印刷术大大加速了信息传播的效率,扩展了知识的社会传播范围,知识的垄断被打破,从而推动了思想启蒙。机械印刷术的应用和印刷出版物使得工业生产向标准化、规模化迈进,它是资本主义工业化的先声。总之,机械印刷术的应用产生了极为深远的社会影响。

第三次传播革命是电报技术的发明。电报技术依托电流和电磁技术,突破了信息传播的速度极限,使得人类的远距离信息传播高效、准确。电报的出现意味着电子媒介时代的到来,此后的电话以即时、双向的传播特征弥补了电报的不足,使信息传播更加即时、高效。此后,以广播、电视为代表的一系列模拟式电子传播技术和媒介相继出现,使得人类信息传播的速度空前迅疾,范围空前广泛,内容空前丰富,复制扩散和保存信息的能力空前增强。以电报为代表的电子传播媒介促进了资本主义大市场的形成,真正将世界变成一个"地球村",形成了人们新的时空观念,对人类

---

①　李良荣:《网络与新媒体概论》,高等教育出版社 2014 年版,第 1 - 2 页。

生活和整个世界产生了深刻影响。

第四次传播革命,也称新传播革命,亦即互联网相关技术的推广与使用及由此带来的新媒体勃兴。这一阶段的媒体包括台式电脑、移动终端等硬件,也包括门户网站、论坛,以及博客、微博、微信等各类社交媒体,还包括二维码、元宇宙、人工智能等技术应用。相比于前三次传播革命,新传播革命不仅在传播载体、传播介质上更加新颖,实现了数字、语言、文字、声音、图画、影像等多种传播方式的统一数字化处理,更以其交互性传播模式,改变了传者与受众之间的传统传播关系,深层次调整了传播权力关系结构,进而产生了新的传播形态。

人类社会绵延至今,从远古媒介到四次传播技术革命产生的形形色色的各类新媒介,都在传播形态、传播方式以及社会影响方面体现出差别。这样,从物质技术基础出发,我们就可以看到多种多样的媒介,即具体的媒介。

人类历史上出现了诸多传播技术和传播媒介,如图 0-1、图 0-2 所示。

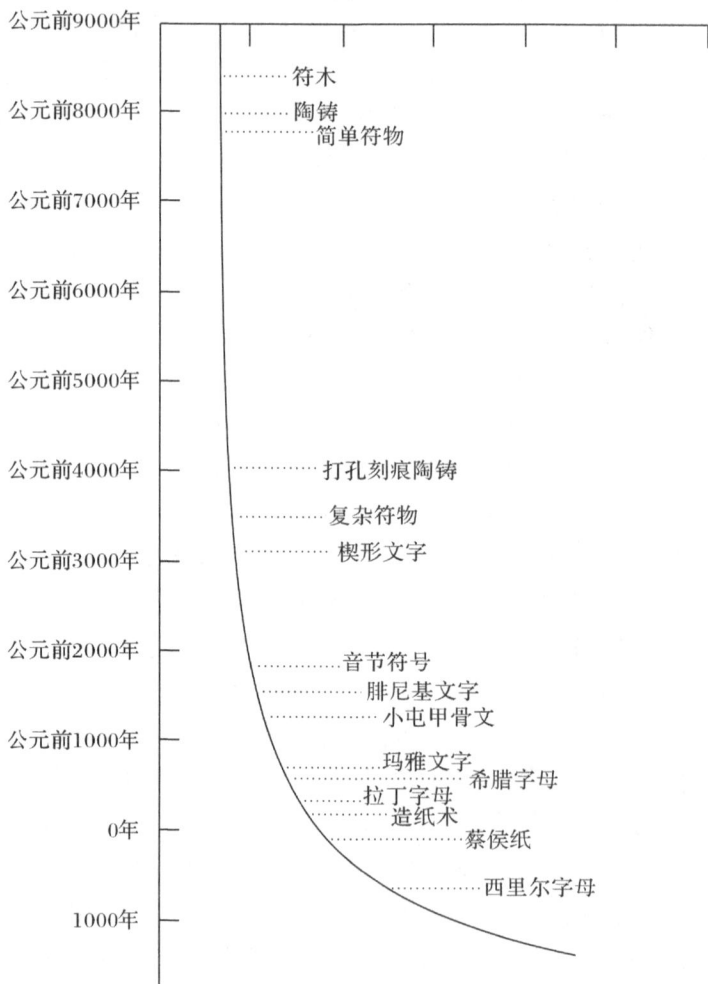

图 0-1 远古及古代传播技术与媒介

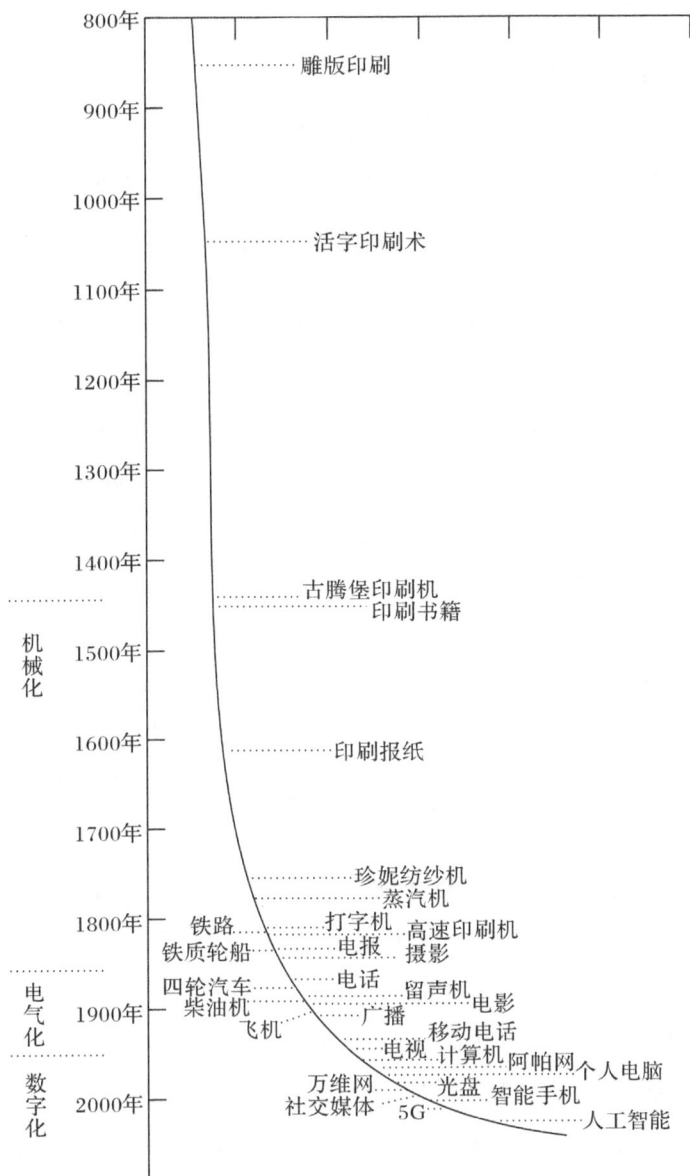

图 0 - 2　重要传播技术与媒介

二、共性的媒介:物质性中介物出发理解媒介的媒介性

在共性的层面上,媒介的定义非常多。首先,在信息传播载体的意义上,传播媒介是指除了面对面模式之外,信息在人中间传播所依附的渠道、载体和手段,如书信、电报、电话和收音机都是媒介①。其次,媒介被视为介入身体在场的面对面传播

---

① ［美］约书亚·梅罗维茨:《消失的地域:电子媒介对社会行为的影响》,肖志军译,清华大学出版社 2002 年版,第 290 页。

的中介物,显然,这个意义上的媒介是第一个媒介定义的延伸。再次,在社会机构的意义上,它被指向报纸、广播、电视等大众传媒机构,也在一定语境下将区别于大众传媒的互联网、移动终端等各类新媒体包括在内。最后,媒介这个词汇,在中文中有"使双方发生接触的人或物"的意义①。在英文中,media、medium 的本义是"居中",具有调和、组织、转化、生成的意义,此形成媒介的媒介性——调节或交转②。总之,媒介是介入人们身体在场的面对面传播活动中的中介物。

综合上述定义的共同点,我们可以这样理解媒介的共性,即介入人们传播活动中的物质性中介物。远古时代,初民以大脑记忆,以口头语言交流和获取信息,即依靠面对面的身体在场进行传播。久而久之,人们存储信息、传播信息不再仅仅依靠身体,而是扩大到了具体物质材料层面。于是,用于存储、获取、传递信息的中介化的媒介物就出现了,从远古时期的实物,到报纸、广播、电视乃至网络和新媒介,都是居于传播活动中的作为中介的媒介。

具体来说,共性的媒介可以从以下几个层次来理解:一切媒介都以实物和技术为物质基础;媒介是获取、记录、处理、交换数据(人类行为产生的一切数据)的物质中介;媒介所起的中介作用是调节、转换参与传播各方的关系。因此媒介是人类社会活动得以展开、社会关系得以形成、社会制度得以确立的条件和因素。

那么,我们又该如何考察媒介的媒介性及其影响呢?

麦克卢汉曾说:"任何媒介或技术的'讯息',是由它引入的人间事物的尺度变化、速度变化和模式变化。"③换言之,衡量一种媒介的意义与价值,可以从其物质技术基础和它对人类社会信息传播的速度、模式,以及其汇聚其他因素并引发社会形态变化这三个层次来实现。这也是我们理解媒介的基本框架。

首先,理解一种媒介,应从构成其物质基础的传播技术和物质材料出发,这是因为技术包括作为"硬件"的物质或物理实体,以及作为"软件"的使用、操作这些物质或物理实体的手段这两方面的涵义。技术是人们用以实现某种目的的手段和方式,传播技术是技术的一种,是"人们用以收集、处理并和他人交换信息的硬件设备、组织机构和社会价值观念",其目的是帮助人们更好地进行信息交换,建立人与人之间的社会关系。

其次,从信息传播层面理解媒介的共性,即传播技术被转化为传播媒介之后对人类信息传播活动的革新。如与旧媒介相比,新媒介加速了信息传播的速度,进而加快了知识更新的速率,信息传播范围的扩展引发社会生活的日益复杂多样。

---

① 商务印书馆辞书研究中心:《古今汉语词典》,商务印书馆 2000 年版,第 960 页。
② 黄旦:《理解媒介的威力:重识媒介与历史》,《探索与争鸣》2022 年第 1 期,第 142–149 页。
③ [加]马歇尔·麦克卢汉:《理解媒介:论人的延伸》,何道宽译,译林出版社 2011 年版,第 18 页。

再次,媒介是建构社会现实的中介。虽然媒介不同,建构的关系不同,但媒介的共性就在于形成人与人、人与社会之间的连接,为人们通达某一目的充当指引和桥梁。通过对各种传播技术和传播媒介的样态、运行逻辑的归纳,抽绎出媒介的共性,即媒介是以中介的方式汇聚各种因素,调节、转换人与人、人与社会的关系。在这个意义上理解媒介的共性,就是每一种新形态的传播媒介实际上推动了社会组织方式和社会形态的变迁。

这样,我们从"介入人们传播活动中的具有调节作用的物质性中介物"这一角度出发,就看到了一般意义的共性的媒介,或者说共有的媒介性。

三、理解媒介史:同时也是一部技术史和人类传播史

依循具体的媒介和共性的媒介这样的思路,媒介就是一个考察和理解人类历史的窗口和框架。

从具体的媒介出发,由于各个媒介的物质基础、技术特性不同,其中介和调节的方式及所带来的形态也就有所区别,于是我们看到了人类历史上的数次媒介革命,以及不同媒介前后承继的历史、媒介的社会使用及影响等。由此,人类历史上的媒介不仅是我们的研究对象,更是我们理解人类社会变迁的视角和切入点。"媒介的变迁展示出人类社会的历史演变,由于媒介是构成人类生存的基本要素,一种新媒介的诞生就生成一种新的社会关系和文化形态,因而媒介史也就成为人类史。"①

人类历史上的四次传播革命源于传播技术的革新,从印刷报刊、书籍,到电报、电话、广播、电视,再到如今的互联网、各类移动终端以及各种数字技术应用平台,人类的体外化传播媒介大致经历了机械化、电气化和数字化的变迁过程。媒介与技术之间有着密不可分的关系,媒介的更替往往伴随着技术的革新。传播技术是推动媒介不断推陈出新的第一原动力。媒介史就是每一种传播技术被发明、采纳、运用和改革演化的历史,而非一般意义或通常意义上的媒介史。媒介技术的进步往往会对人类自身、社会和文化造成不同程度的影响。正是新媒介的不断迭代,人类传播活动才日益多样化、丰富化和复杂化。因此,一部人类史也就是一部技术史——人们发明创造的用于传播的工具、手段、知识和操作技艺的历史,即从打磨石器到文字、广义的印刷术、电子设备,再到互联网和新媒体的变迁史。

人类社会的形成与人类的传播活动相辅相成,人类文明孕育于人类的传播活动之中,因此,人类社会的发展史就是人类传播活动的变迁史。人类传播与动物传播本质上的区别在于体外化传播媒介的发明与应用,人类传播发展的历史进程就是

---

① 黄旦:《理解媒介的威力:重识媒介与历史》,《探索与争鸣》2022年第1期,第142-149页。

"人类使用的传播媒介不断丰富的历史,也是社会信息系统不断发达、不断趋于复杂化的历史"[1]。传播媒介是人类传播活动的重要支点,从体外化技术媒介介入人类传播活动开始,人类的活动即感知身外世界的行为就与媒介紧密相连,人类的所有行为便成为媒介化行为。随着媒介介入日常生活的程度日益加深,人类的日常行为实践也就日益媒介化,成为媒介化实践。因此,一部人类活动的历史,就是一部传播史、一部媒介史。这里的媒介史和传播史,主要强调的是形态的变迁。媒介史是记录、储存、交流数据、信息的人造物的变迁史,即媒介形态的变迁;传播史则强调的是在技术和媒介变迁基础上产生的人类传播形态和社会形态的变迁。伴随一种新的传播技术的发明,就会有一种新的媒介形态出现,而一种新的媒介形态能够生成新的传播形态和社会形态。

总之,技术的变迁展现出传播媒介形态的演变历程,由于传播媒介是构成人类传播活动的基本要素,因此一种新传播媒介的诞生就会生成一种新的传播形态和社会形态,因而一部人类史也就是一部技术史、媒介史和传播史。

四、本书编写原则及框架体系

在身体媒介之外,人类历史上出现的体外化媒介大体可分为远古媒介、文字媒介、印刷媒介、电子媒介、互联网和新媒体,当然,各类交通运输工具也是连接、调节人类活动和人类社会的媒介。本教材在绪论部分对媒介做出定义后,分章节考察、理解具体形态的媒介,并在此基础上归纳共性意义上的媒介,即媒介性。

本教材侧重阐述传播技术变迁的路径,展示历史上逐一出现的各类媒介,重在讲述传播技术的采纳、运用和改革演化过程,考察不同媒介与社会之间的关系,以此让读者了解具体的媒介。因此,本教材从物质技术出发考察每一种媒介。首先,讲述特定传播技术的发明与物质基础;其次,讲述这一技术如何转化为传播媒介;再次,讲述该媒介对传播和社会的影响。贯穿本教材的逻辑是,以传播技术为物质基础及其演进为第一层面,以传播媒介的形态变迁为第二层面,以媒介对信息传播、人类交往和社会变迁的影响为第三层面。

在纵向上,本教材内容按照无文字时代的媒介、文字媒介、机械印刷媒介、电子媒介、互联网和新媒体展开。其中,在机械印刷术之后,加入了交通运输工具这类媒介,因为在电报出现之前,传播与运输、交通工具与传播媒介是同义的,而在经验事实上交通运输工具也是信息传播媒介。这样,本书包括"绪论"和之后的九章内容。"绪论"部分主要交代我们对媒介以及传播技术、媒介与社会的基本理解。从第一章到第九章,则按照媒介形态变迁的顺序逐一展开。

---

[1] 郭庆光:《传播学教程(第二版)》,中国人民大学出版社2011年版,第28-29页。

第一章

无文字时代的媒介

远古时代,先民们用手势等体态语言交流,后来又通过口头语言彼此沟通。口头语言是人类社会生活中占支配地位的交流手段,但人类并不仅仅依靠口语交流,非语词也是重要的交流工具。非语词既包括与身体有关的非语言,也包括与人类身体不直接相关的其他物质符号。本章主要讲述人类早期的口头语言、与身体相关的非语言以及各种物质符号这三类传播媒介或传播手段。

第一节　身体媒介

身体器官是人类感知身外世界最直接、最原始的中介。身体体验、身体活动是人们与身外世界建立联系的最初方式。在表意符号和文字被发明之前,人们利用声音器官和肢体器官作为传播媒介,通过口语、表情和动作等身体语言传递和接收信息,传受双方处于同一时空,信息意义、身体语言和传播场景密切相关。这时,生物学意义上的身体就充当了人与身外世界相互传递信息的媒介,这种形态的媒介即身体媒介。本书把身体媒介划分为口语和与身体相关的非语言两大类。

一、口头语言

(一)口语和口语传播的产生

在人类语言产生以前,我们的祖先只能以动作、表情、吼叫来传递信息、表达情感、协调活动。这一时期,被称作人类传播史上的前语言时代,人类传播和动物传播没有本质区别。从生理学上讲,人类用来产生语音的发音系统包括呼吸系统(肺)、发声系统(声带,即喉)和构音系统(声道,包括鼻腔、口腔、咽腔)。但生理上能发出声音,并不意味着就能进行传播,因为人类传播必须是信息和意义的交换活动,否则依然无法和动物传播区分开来。口头语言的产生以及口语作为人类最基本的传播手段的出现,是人类得以与动物区别开来的重要标志。

人类语言的产生经历了一个漫长的过程。马克思主义唯物史观认为,语言的产生来源于劳动。劳动是人类最基本的创造性活动,也是人区别于动物的标志之一。在猿向人转化的过程中,由于猿人学会了制造并使用劳动工具,使得他们之间的协作越来越多,原来简单的声音、语调和眼神、手势,都不能完整表达交流信息,这时,新的词汇和语句就逐渐被创造出来。恩格斯在《劳动在从猿到人转变过程中的作用》一文中认为,人类劳动中的协作对口头语言的需要,促进了早期人类发音器官的进化,最终出现了分音节的语言。"劳动的发展必然促使社会成员更紧密地互相结合起来,因为它使互相支持和共同协作的场合增多了,并且使每个人都清楚地意识到这种共同协作的好处。一句话,这些正在形成中的人,已经到了彼此间不得不说些什么的地步了。"①正是在这个过程中,人类语言不断走向更高的阶段。"从传播学的角度来说,语言的产生,是完成从动物传播到人类传播之巨大飞跃的根本标志。"②

口头语言不仅是人类传播史上最悠久的传播手段,也是最基本、最灵活、最常用的传播手段。人类通过声音器官,借助有声语言进行的信息传播,即口语传播。口语是口头传播的媒介,是传播思想的声音符号系统,也是人际交往的主要手段。从时间上看,在人类早期历史的绝大部分时间里,口语是主要的信息传播手段。因此,学术界一般把初期信息传播的历史,称之为口语传播时代③。

通过口语传播信息,不仅简便,而且具有广泛的适用性,只要不是聋哑人,人人都可以通过口语与他人交换信息,表达自己的心声。受声音传播的限制,口头语言交流必须在一个有限的地理空间之内完成,即只能进行面对面的身体在场的交流。在原始先民的生活中,火塘边、山野中、田地旁等各种生活生产空间,都是口语交流的场所。关于狩猎、耕种、捕鱼、战斗、祭祀等各种事务,都是口语交流的内容。

(二)口语媒介的特点

口语媒介的第一个特点,是具有一定的时空限定性。声音传播的范围有限,传播双方或多方必须身处一定的空间范围内,才能完成传播活动。因此,口语媒介塑造了一种被称为身体在场的面对面传播活动。例如,日常生活中的聊天、开会、授课、采访等,都是在一定的实体空间中进行的互动行为。口语传播就是一种面对面传播形态,受身体生物局限性的限制,信息传播无法脱离一定的物理环境和时空范围。

口语媒介的第二个特点,是互动性强。口语几乎是人人都掌握的简便媒介,在使用过程中没有过多的限制。口语交流是自发的、无所不在的,掌握口语交流的传受双方基于信息传播需求,都能积极地参与到传播活动中来,针对性强。口语具有创造力和想象力,可以随时发挥,即兴性强,在交流的过程中不会束缚住人们的思想。因此,人类社会形成了一种面向历史、代代相传的口语思维,口口相传成为文化传播和传承的重要方式和手段。例如,苏格拉底认为文字会摧毁人的记忆力与创造力,提倡口语交流而反对文字;相传孔子"述而不作",坚持与弟子展开面对面的教学活动。

---

① 《马克思恩格斯全集(第二版)》,第20卷,人民出版社2016年版,第512页。
② 郭庆光:《传播学教程(第二版)》,中国人民大学出版社2011年版,第21页。
③ 熊澄宇:《媒介史纲》,清华大学出版社2011年版,第18-19页。

口语媒介的第三个特点,是通常要和其他身体媒介配合使用。口语传播的信息内容不局限于语词、语法等所组成的句子表达的思想,还经常伴随着有意无意的表情、姿态、动作等身体形态和肢体语言,是一种双重层面的传播形态。这些口头语言之外的非语言可以传播口头语言无法传播的信息,有助于弥补口头语言信息量的不足,极大地丰富了表达的内容,同时也营造了交流的氛围,增强了传播的在场感。

口语媒介的第四个特点,是信息不易保存且保真性差。由于声音转瞬即逝,很难被记录,因此信息内容容易失真,不便留存。而且,口语传播的质量主要取决于信息发送者对信息内容的理解与信息编码能力,因此对信息的处理会表现出较大的个体差异,信息在传播过程中会出现"走样"和"变形",容易失真。

(三)口语的社会意义

一是口语媒介形成了人类的信息传播系统。人类将肢体语言传递的意义,通过对声音符号的识别和组织转换成了口语。一旦声音被独立使用,一个口语符号系统就逐渐形成了,人们便能够理解声音的所指。有了语言,人们就可以用它来表达各种各样的日常行动、思想和情感,如"给工具和动植物命名,组织狩猎,分配劳动果实,调解纠纷和表达个人感情等,都成了创造词汇和新的语言表达方式的机会","当部落、部落联盟和早期的国家出现后,许多公共事务和宗教事务也需要用语言来表达"[1]。

二是口语的使用极大地推动了人类思维的发展,提高了分析和归纳推理、表达和理解抽象的能力。口头语言不仅推动了大脑的进化,还提高了人类劳动和社会互动的质量。从脑科学的角度来看,这是一场人类思维方式的革命,表明人类在原始、简单、形象、直观的纯右脑思维方式的基础上,发展出了一种复杂、抽象的左脑思维方式。正是因为有了口语,人类的精神世界才变得越来越广阔。

三是形成了本土口语文化。所谓本土口语文化,就是"不知道什么是文字的文化""尚未触及文字的文化",是"没有被文字或印刷技术印记的""原生口语文化"[2]。口语文化这一概念的提出有助于我们认识口语媒介、口语传播的重要意义,有助于将其与书面文化、印刷文化、电子文化等后世出现的文化形态相并列。神话、传说、说唱等,是在当时的语言环境和传播环境中产生的,它们都是通过口语媒介传承的人类文明瑰宝。

---

① 王鸿生:《世界科学技术史(第3版)》,中国人民大学出版社2008年版,第15页。
② [美]沃尔特·翁:《口语文化与书面文化:语词的技术化》,何道宽译,北京大学出版社2008年版,第25页。

四是形成了社会权力关系。口语的形成往往依赖于人们在独特的地理环境中所形成的特殊交流需求,加之生理发声的特点和习惯,使得口语具有相当强的"地方性"。史前社会往往以部落形式聚居,共同分享猎物,抵抗自然危险,在这样的环境中,人与人之间的相互依赖性很强,口语交流是原始部落"共同体"存续的重要保证。因此,邻近地域生存的人群,受口语媒介及口语传播特点的影响,就形成了一个地方性的强关联社会,逐渐也出现了社会权力关系。

五是形成了知识垄断。在依靠口语传播知识的社会中,具有一技之长的人,如猎人、巫医和接生婆等,他们掌握的知识和技能依靠口语传播来传承。这一现实往往为掌握一门技术和相关知识的人提供了"垄断"的条件,从而使他们享有特殊的社会地位。由于知识、经验主要依赖记忆存储,因此拥有长久记忆的老年人更加受到崇敬。

二、非语言媒介

(一)非语言媒介及其类别

人类早期与身体相关的传播方式或传播手段,除口头语言之外,还包括非语言。非语言是指除口头语言之外,伴随口头语言的语气、语调等语言的类语言,以及表情、姿态、动作等身体形态和肢体语言,还包括发型、衣着、饰物等身体外表。

1. 类语言

类语言也称副语言、附属语言,是类似语言的声音符号。如声音的高低、大小,语速的快慢,即音质、语调、音量、音速和其他功能性发声,都是声音语言的伴生物。类语言是人发出的没有固定意义的声音,如笑声、哭声、叹息、呻吟等,以及一些习惯性、应答性的声音,如"啊""哎哟""嗯哼"等。在日常交流中,类语言的使用比例远大于语言。

2. 体态语言

体态语言即体语,或称体态符号,是指身体动作或运动行为,包括动态的动作和静态的姿态。

(1)动作。在面对面交流中,人们常常用身体某一部位的动作,如鼓掌、摆手、挥臂、点头、摇头、挠头、耸肩等表情达意。手势作为身体动作被当作传播手段,要早于语言的出现。德国心理学家威廉·冯特(Wilhelm Wundt)认为,远古时代,人们用手势语来表达思想,声音只用来表达感情,有声语言是在身体语言的基础上形成的,到了后来,人们才慢慢地用声音来表达思想①。"因为形成中的人从猿类祖先继承下来的喉管和口部是不发达的,比手落后得多,所以手势语的发展遥遥领先。"②时至今日,手势依然发挥着重要作用,除日常交流之外,在一些特殊的身体在场的面对面场合,如体育比赛、街头行走等,裁判员、交警都会用手势来传达指令。

眼神是人体动作中最富有表现力的。"眼睛是心灵的窗户""眉目传情"等日常用语,就体现了眼睛和眼神作为传播手段的独到之处。我们看人,首先看的就是他人的眼睛和眼神。眼睛是人体中最能够传递信息、表情达意的器官,因此眼神被称为是沟通心灵的桥梁。

(2)姿态。动作是人体动态的展现,而姿态是人体处于静态时的呈现,也传递着丰富的信息。人体姿态中最具有感染力的是面部表情,在面对面交流中,面部表情最能表情达意,是理解对方的关键内容。我们熟知的汉语中的一些词汇,如面红耳赤、脸色铁青、满面红光等,都表明面部表情能够传达非常丰富的信息。威尔伯·施拉姆(Wilbur Schramm)在《传播学概论》中援引了美国知名记者约翰·根室(John Gunther)《回忆罗斯福》一书的场景:"在20分钟的时间里,罗斯福先生的脸上表现出诧异、好奇、假装震惊、真诚的兴趣、焦虑不安、胜似妙语的悬疑、同情、决断、嬉戏、庄重和超凡的魅力。但在整个过程中,他几乎没有说一句话。"③除面部表情外,其他的身体姿态,在不同的场合或特殊的环境中都有着耐人寻味的意义。例如,近年的网络热词"葛优躺",就传递出特殊的信息。

无论是动态的身体动作,还是静态的身体姿态,它们都像口头语言那样传递信息,甚至在面对面交流中远超语言媒介的功能。一般来说,体态语言既可以独立使用,也可以与口语并用,在形成传播情境方面起着重要的作用。

3.服饰等身体外表的附属物

人体的穿着打扮,如服饰、饰物、妆容等,都在面对面的交流中充当着向他人传递信息、表达意义的媒介。人们通过对这些人工制品的感知来获取相应的信息。

(二)非语言媒介的特点

1.信息传播的丰富性

非语言媒介时时传播着信息,在身体在场的面对面交流中,即使人们静止不动,但表情、姿态、目光的变化同样也在传递信息。"凶相毕露""满面春风""鹤发童颜"

---

① 郑红苹、吴文:《冯特手势理论的语言学分析》,《外国语文》2017年第6期,第68-74页。
② 方耀:《论从猿到人的过渡期》,《古脊椎动物与古人类》1976年第2期,第77-84页。
③ [美]威尔伯·施拉姆、[美]威廉·波特:《传播学概论(第二版)》,何道宽译,中国人民大学出版社2010年版,第71页。

"一脸平静""正襟危坐""目不斜视""衣衫褴褛"等,这些词语描绘的就是通过表情、姿态、目光、穿着传递出稀奇、好奇、真诚、同情、坚定、伪善、庄严等信息。以口音、外表评价他人,虽然是要反对的,但在面对面的交往当中,这具有一定的合理性,即通过对他人外貌、外表的非语言媒介传递的信息的判断,分析一个人的经历、性格、职业、家庭等背景要素。这反映出非语言媒介所传递的信息,比口语媒介更加丰富多彩。

2.面对面在场的情境性

与口语媒介一样,通过非语言媒介进行的传播,是基于特定的时空环境的,它总是在一定的空间范围和相同的时间中展开,要求传播的双方或多方共处于一个时空之中。这一物理时空影响着非语言媒介传递的信息及其意义,例如在不同的场合中,人们有着不同的行为方式、穿着打扮。而这些非语言媒介又反过来影响或营造一个特殊的传播情境,从而约束、限定人们在这一特殊情境中的信息传播行为。因此,身体媒介的在场不仅是非语言传播的必要条件,而且还决定了传播的情境,影响了人们面对面交往的效果。

3.身体媒介与信息内容的融合

在通过非语言媒介进行的身体在场的面对面传播中,身体是信息的表达者和意义的输出者。在这一传播场景中,人们通过对方身体传递出来的非语言符号来获取信息和意义,也借助身体的表达来定义传播情境,从而调整自己的身体语言的表达。在这种情况下,身体既作为承载和传递信息及意义的媒介存在,又作为传播者存在,换言之,身体的在场就是信息和意义的传播,这样的传播主要依靠身体非语言来进行。面对面的身体在场的传播,并不需要体外化的媒介,它是人类最原始、最基本的传播形态,即具身传播。

4.与口语行为组合使用,传递更多信息

一方面,非语言与语言传播行为往往互相增强和支持。非语言行为对语言的传播有一种补充说明的功能,用以弥补语言表达的不足。另一方面,各种非语言行为通常以组合的方式出现。一个非语言符号,通常与其他非语言符号相伴随,一个非语言符号也可以为其他非语言传播加上某种注解,构成非语言符号系统。因此,在识别某一非语言行为时,应尽可能完整地把握相关的所有非语言信息。

第二节　象征物和符号——文字的先驱(一)

随着所处世界逐渐复杂,先民们靠个体记忆储存信息,靠口语和身体非语言媒介传递信息的方式越来越难以满足生产生活的需要,开发体外化的记忆方式和传递手段来处理社会生活中日益增加的信息就成为必需,这就促生了物质性传播媒介。最早的体外化媒介具体是什么,以及它出现的确切时间是什么,这两个问题不可能被准确回答,只能根据考古材料推断。人类开始描绘形象、留下符号记录已经有25000多年的历史了,也就是说,大概在旧石器时代后期,体外化媒介开始出现。先民们通过对木器、骨器和石器的简单加工,比如以刻痕的方式来储存和传播信息,以适应生存环境的变化,满足信息传播的要求。这些工具和实物,就成为他们用符号记录信息的传播媒介。因此,要了解体外化媒介,首先需要理解符号。

一、作为媒介的符号

我们知道,人类的传播活动是一种通过信息交换而形成社会关系的活动。信息负载在一定的符号或符号体系中,比如原始图画中的各种形象就是代表着信息和意义的符号。承载信息的载体或工具,我们称之为媒介。人类早期描绘形象所使用的原始图画符号,当然是先民向同类传递信息的方式和渠道,因此这些方式和渠道自然也是媒介。

(一)传播学中的符号

符号(sign)是传达信息的事物。信息是符号和意义的统一体,符号是信息的外在形式或物质载体,而意义则是信息的精神内容。在社会传播中,符号与意义是密不可分的共生体。考察符号与意义的性质和作用,对把握人类信息传播行为的特性具有重要意义。

现实世界中的符号,形态多样,我们通过身体感官感知到的声音、色彩、形状、图案、气味甚至物体本身,只要它们被用于指代特定事物或表达特定意义,都可以是符号。我们通过符号感知事物,理解世界。换言之,符号不仅是信息和意义的外在形式或物化载体,还是传播中不可缺少的一种基本要素。符号是携带、传递意义的载体和工具,因此具有媒介的功能。

英国学者特伦斯·霍克斯(Terence Hawkes)在《结构主义和符号学》(*Structuralism and Semiotics*)一书中,对符号做了详尽的解释。他认为:"任何事物只要它独立存在,并和另一事物有联系,而且可以被'解释',那么它的功能就是符号。"[①]

---

① ［英]特伦斯·霍克斯:《结构主义和符号学》,瞿铁鹏译,上海译文出版社1987年版,第132页。

这就意味着,符号及其相关要素主要体现为三个特征:一是代表事物的形式,二是被符号指涉的对象,三是对符号的意义解释,符号也可以说成是媒介关联物、对象关联物和解释关联物①。这三个特征,完整地体现了符号的媒介属性,即作为载体表征事物及其意义。

上述定义及特征说明,符号作为媒介,它和事物的关系是指代、表述关系,它在形式上是独立于事物的。符号作为介质负载信息,其功能是完成意义的交流互动,符号在传受双方之间成为中介。因此,人类的传播活动实际上就是一种符号化活动,传受双方必须对符号拥有共同的"解释"。

人类传播活动中的符号现象丰富多彩,无法穷尽列举。本书采用一种常见的、简要的二分法,即把符号分为象征符(symbol)和信号(signal)两大类。象征符是使人们能够形成、表达和交流思想的事物。比如,在人类社会中,黑色象征死亡,星条旗象征美国,红十字象征人道主义、急救。使用象征符是人类行为的特征,它和人类一样古老。信号可分为自然界中的信号和人工信号,前者如一种自然现象的出现表示另一种自然现象即将发生,后者则是指人工制造的具有警示、提示人们行为的符号。信号不一定是人工物,但象征符一定是人工制造的。我们将在本节第二、三部分论述象征符和人工信号。

(二)符号的基本功能

符号是人类传播活动的媒介,人类只有通过符号中介才能传递、接收信息。从传播媒介的意义上,符号有以下几方面的功能。

首先是信息生产、保存和传达功能。信息只有转化为一定物质形式的符号,才能被保存和传播。因此,信息和数据的生产也是一个符号化的过程。原始图画、刻痕都是原始人用来记录、保存、传递信息的符号,我们通过对这些保存了几千年甚至上万年的符号的解读,得以窥探原始先民的生存状态和精神世界。

其次是表征功能。信息内容是无形的,只有借助可感知的物质才能表现出来,通过物质载体的移动,信息也就从传播者一方传输到接收者一方。符号就是承担负载信息功能的物质载体。比如,前面提到的原始图画,以及木棍、石器、骨器上的刻痕,都是负载信息的符号。借助这些符号,信息传播者和接收者收发信息及其意义。符号的表征功能意味着人类传播就是一个符号互动过程,即传播者将信息或意义转换为语言、声音、文字或其他符号,而信息接收者则对接收到的符号加以阐释和理解,读取其意义——传受双方不断互换角色,进行信息和意义交换的活动。

---

① 郭庆光:《传播学教程(第二版)》,中国人民大学出版社 2011 年版,第 35 页。

再次是标示和引发思考功能。符号提供了某一事物的形象或表象,人们看到某一符号就会和某个具体的事物、现象建立起联系。比如,考古学家猜测,溪水旁发现的鱼的形象的原始岩画,很可能是先民们用它来告诉同伴,这里可以捕到鱼这一信息。在各种符号之间建立联系的过程,就是人类的思维过程,思维离不开符号。

二、从实物到象征符媒介

原始社会的象征符的出现,从实物表意开始。实物表意是远古人类常用的一种传播手段。这种实物表意方式,在如今仍处于原始社会的部落里依旧不难看到。在古代美洲也出现过用贝壳记载、传递内容的信件,树叶信、贝壳信都是原始信函的雏形。随着人类生活范围的扩张、迁移,以及日常实践形式的多样化,人们发明了岩画、烽火、结绳和鼓声等象征符传播方式。

(一)旧石器时代的刻痕象征符——人类处理信息的新方式

考古发现,早在旧石器时代中期,尼安德特人(Homo neanderthalensis)于公元前60000年到公元前25000年间,发明并开始使用象征物。此后,旧石器时代晚期和中石器时代,在以色列的海约宁(Hayonim)(约公元前28000年)和黎巴嫩的吉塔(Jiita),以及科萨尔·阿基尔(Ksar Akil)(约公元前15000年—公元前12000年)的遗址群落里,也都发现了有刻痕的骨器。在海约宁,还出现了一种新的画像符号,这类符号取自石板上的形态,其中一个是一匹马的形象。

考古学家猜测,这些有刻痕的石器以及动物形象等图像符号,可能代表着巫术——宗教意义的象征物。也有考古学家将有刻痕的骨器解释为记账标签,每一刻痕代表着需要记住的一件事情。如果这一假设正确的话,那就意味着这一时期的原始人开始尝试用象征物储存并传播具体的信息,也意味着在仪式中使用符号的阶段之后,紧随而来的,就是通过使用符号传递实际信息的阶段。也就是说,这些刻画符号不仅产生了记录、处理和交流数据的新方式,而且还产生了信息处理的前所未有的客观性①。

(二)新时期时代的象征符——象形文字的先驱

新石器时代,地中海东部沿岸地区最早的农耕区延续了古老的象征物传统,同时出现了用黏土制作的新的象征物。为了与旧石器时代的木器、石器或骨器上的刻痕相区别,这类象征物被称作符物。

符物和以前的任何象征物在形态和内容上都有很大的不同。首先,它们完全是

---

① [加]戴维·克劳利、[加]保罗·海尔:《传播的历史:技术、文化和社会(第五版)》,董璐、何道宽、王树国译,北京大学出版社2011年版,第19-21页。

人造物,用无固定形态的黏土制成。黏土具有非常好的可塑性,易于从自然界获取且容易加工,无需特殊的工具和技能就可做成各种形态的泥坯,晾干、焙烧之后就可以定型。在地中海东部沿岸地区发现的新时期时代的黏土符物,形态多样,有锥体、球体、圆柱体、四面体等。其次,黏土符物传递清晰的信息,并形成信息系统。这些形态被赋予了特别的意义,每一种黏土符物就是一种独特的符号,意义单一、明晰,不同于旧石器时代的刻痕,有无限解释的可能性。而且,许多互相关联的黏土符物还创造、组成了一个符号系统,其中每一个成分都有其独特的意义。据学者猜测,圆锥体、圆球体、卵圆形体分别表示小型谷物、大型谷物和油料的计量器。对这些符物的使用还有一套基本的排列方式,计量器按照大小从右向左一字排开,展现出等级秩序。这种排列方式还可能影响到了后来苏美尔人在泥版上排列符号的方式。最后,这些符物所传达的信息逐渐丰富。例如,它既表示某一物品的数量,还传达关于质量的信息,即被计量的对象类型用符物的形状来表现,数量用相应符物的多少来表现[1]。

从上述这些特点来看,新石器时代地中海东部沿岸地区用黏土制作的象征物,取代了旧石器时代的刻痕符木,满足了农业生产中计数和记账的需要,在农耕区域成为传递信息的"新媒介"。这一"新媒介"对于人类信息生产和传播的意义是,它从具体事物中抽象出"数据",将具体的信息转化为抽象的符号,使"数据"从具体的语境中脱离出来,增强了信息和知识的客观性。每一种符物都具有明晰的意义,都在传递信息,而且它们还以各种组合的方式被使用,使得储存、处理、传递无限量的信息成为可能。因此,这种新的象征物成为信息传播的"新媒介",为象形文字的发明奠定了基础。

除地中海地区的黏土符物之外,考古发现世界各地都有先民创作的内容丰富的岩画。在旧石器时代中期,早期智人创作的图画出现了。这里的图画并不是今天意义上的图画,而是先民们把生活场景、人物形象、动物野兽等刻画在岩石等自然物质或人造物上,把外部事物的印象用客观记号表达出来的一种形式。从旧石器时代晚期到中石器时代,欧洲的晚期智人在西班牙北部阿尔塔米拉洞窟和法国西南部拉科斯洞窟的岩石上创作了漂亮的野牛、野马、野猪、鹿等动物画和人像,说明他们对猎获对象和自己的同伴作了长期细致的观察[2]。我国很多地区都发现了岩画,大部分创作于公元前 6000 年左右,最早的是在内蒙古自治区发现的一些动物图形,如鸵

---

[1]　[加]戴维·克劳利、[加]保罗·海尔:《传播的历史:技术、文化和社会(第五版)》,董璐、何道宽、王树国译,北京大学出版社 2011 年版,第 22 页。

[2]　王鸿生:《世界科学技术史(第 3 版)》,中国人民大学出版社 2008 年版,第 15 页。

鸟、大角鹿等，属后旧石器时代，创作时间约在 10000—12000 年前①。虽然我们还不能完全说清楚岩画中这些符号的意义，但学者们认为，无论是岩画中的人物，还是动物形象，都表现出了一种体系，一种近乎可称之为图文字的东西。同时，除图画之外，一些岩画中还留存了数以百计的符号痕迹，"其中有一部分或许已经可以被视为图像文字——象形文字的雏形，它正预示着人类传播史上又一次伟大革命即将来临"②。

陶器是我国新石器时代遗存里较常见的原始遗物，也是体现这一时期工艺技术水平的代表性器物。它在技术上的新突破是烧制技术的出现。烧制的陶器，既改变了物体的性质，又能比较容易地塑造便于使用的物体的形状。例如，公元前 5000 年左右出现的仰韶文化，其彩陶既是日常生活用品，也是很好的艺术品③。因此，陶器既具有新的技术意义，又具有实用意义和艺术意义。陶器不仅具有收纳储存的功能，它的外表面还是先民们用来承载精神意识、传递部落文化的重要载体。陶器上所表现的各种纹饰，如菱格纹、圆形纹、叶形纹、贝形纹、植物纹、螺旋纹、波浪纹、锯齿纹、三角纹、折线纹、花纹、网纹、左右对称的二方连续纹、平行条纹等，体现了远古人类对当时世界的认识，共同构成了庞大的纹饰系统，有学者认为它们对文字的发明也产生了一定的影响。

（三）象征符的媒介性质

首先，象征符是人工创造物，是人类创造出来的符号。象征符具有物质性，它是原始人类发挥想象力，以一定的物质材料或者人工加工物为物质基础，利用材料的具体物质属性和简单的加工技术，制作出来的具有一定意义的符号。例如骨器、石器、木器上的刻痕和陶器上的花纹、图案，都是如此，甚至地中海周边的黏土器物，也以其物质形态传递关于数量和质量的信息。因此可以说，象征符是物质性和人类思维结果的集合。

其次，象征符不仅表示具体的事物，还表达抽象的观念和思想。例如，陶器上纷繁多样的纹饰，以鱼、鸟、蛙等动物形象最为常见，这些纹饰是先民们观察世界的直接体现，也是他们对这些动物的崇拜，反映了先民们希望自己的部落被这些"神圣动物"具有的神秘力量所庇佑的愿望。刻痕、纹饰等象征符及其组成的象征符体系，可能还代表着先民们所崇尚的原始宗教。

再次，象征符与其指代的对象事物之间的关系具有任意性，因此只能通过后天

---

① 熊澄宇：《媒介史纲》，清华大学出版社 2011 年版，第 21 页。
② 熊澄宇：《媒介史纲》，清华大学出版社 2011 年版，第 22－23 页。
③ 杜石然、范楚玉、陈美东等：《中国科学技术史稿（修订版）》，北京大学出版社 2012 年版，第 10 页。

的学习来掌握。象征符是人工创造物,而且是先民们自由创造的,它与对象事物之间的联系并不是必然的、先在的,而是被人们赋予的。因此,对它的使用不具有遗传性,而只能在后天的学习过程中理解和掌握。人类史前遗迹中出现在各类器物上的大量符号,负载着大量的关于先民的信息,现代人只有通过不断掌握、积累相关知识才能破解。

最后,象征符是文字媒介的先声,为文字媒介的出现积累了物质和技术基础。地中海沿岸的先民用黏土制作器物,掌握了造型、晾干、焙烧等基本技术,为后世制作用以刻字的泥版提供了技术基础。在木器、石器、骨器上刻痕的技术,以储存、记忆和传递关于数据、事件的信息,这为后来泥版文字的发明积累了思维训练。中国古代先民在陶器上绘刻的纹饰,被认为是文字的来源之一,汉字“纹”通“文”就很好地说明了象征符媒介和文字媒介之间的关联。

三、信号媒介

与象征符一定是人工创造物不同,信号既有人工符号,也有自然界发出的信号。例如,冒烟是着火的信号,乌云压顶是大雨来临的信号,闪电之后伴随着雷鸣,萤火虫的发光是一种求偶行为等,这些都是自然界发出的信号。我们重点讨论人工信号。在文字尚未出现的远古时期,人类主要用以下几类信号传递信息。

(一)远古时期主要的信号媒介

1.烽火

不论东西方,远古时代都有用火光来传递信息的记录。根据《荷马史诗》记载,在著名的特洛伊战争后,希腊人就利用一个接一个的山顶火炬的火光来传递胜利的消息[①]。在中国,早在西周时期甚至更早,“烽火”就被用来传递军事信息。烽火台上值守的士兵一旦发现敌情,就会根据来犯之敌的多少,采取不同的放烟举火办法,“昼则燃烟,夜则举火”。烽火发出不同的信号,沿途接力相传,信息很快就能从边境传达到都城。烽火是人类早期传递信息的信号媒介。

在古代神话、传说当中,火还被当作传递文明的媒介,被人们所崇尚。在中国古代的传说中,燧人氏教人钻木取火之法,结束了远古人类茹毛饮血的历史,使人类与动物的生活习性区别开来。燧人氏被后世奉为“火祖”“燧皇”,是华夏文明的开创者之一,被列为“三皇”之首。在希腊神话中,普罗米修斯从天神宙斯那里盗取火种,并把它带到了地上供人类取用,为人类带来幸福和解放。这些神话、传说说明,没有火

---

① 熊澄宇:《媒介史纲》,清华大学出版社2011年版,第14页。

的使用,就不可能有文明的世界。火,不仅是人类从动物向人类转化的物质性媒介,也是把人类从蒙昧带向文明的想象性媒介。从这个意义上来说,火的使用,实际上也就是人类文明开始出现的"信号"。

2. 鼓声

人类使用鼓的历史十分悠久,考古资料显示,在捷克共和国东部的摩拉维亚地区出土的一面鼓,距今已有约 8000 年的历史。早在公元前 21 世纪,鼓声便已被中国人运用于音乐、舞蹈和诗歌中。此外,古巴比伦、古埃及、古印度等都是鼓的发源地[①]。人类生活早期,鼓除充当娱乐工具之外,还是重要的信息传播工具。在我国古代,作战时擂鼓者敲打巨型大鼓,使其发出响亮的声音传达指挥员的战斗指令,同时还用鼓声来鼓舞士气。成语"一鼓作气",其原意就是作战时擂响第一声战鼓发出进攻号令,这时士气最为高涨,能够乘势战胜敌人。在利用鼓声传递信息的时候,人们还能通过鼓点的密集程度、鼓调的变化等表达复杂的信息内容。鼓声在一定程度上克服了空间限制,使得消息"不胫而走",加快了传播速度,扩大了传播范围。在非洲,至今还可以看到当地土著用击鼓方式传收信息的情形。

与烽火、鼓声类似的媒介还有笛声、号角、旗语等。

(二)信号媒介的特点

首先,人工信号是人利用技术制造出来的符号,具有物理性质。上述烽火、鼓声、号角、旗语等,都是人工制造物,与当时的物质技术条件密切相关。

其次,人工信号作为媒介传递信息,与远古时代的其他媒介相比,最大的好处是传输速度快,在一定程度上克服了空间阻隔的限制,可及时传送信息。但传递复杂的信息比较困难,一般只用来传递简单的信息。

再次,与自然界的信号相比,人工信号与其表示的事物之间,一般具有一对一的对应关系,但并不绝对。人工信号并不一定具有客观的因果关系,而是人为设定的,人们对这类信号的掌握需要后天习得。

第三节 "结绳记事"——文字的先驱(二)

原始社会生活中需要记忆的事情越来越多,仅凭个人大脑记忆是不够的,而且不同的人对同一件事情的记忆可能存在不同的"版本",这就造成信息的误差和错漏。因此,寻找一种客观的方式来记载狩猎成果、农耕收成、部落祭祀活动以及不同

---

① 熊澄宇:《媒介史纲》,清华大学出版社 2011 年版,第 14 - 15 页。

部落之间的协议等,逐渐成为原始社会生活的必需事项。从考古资料和历史文献来看,在原始先民借助实物记事、计数的方式中,结绳是一种较为普遍的手段。

一、"结绳记事"是一种信息储存手段

"上古无文字,结绳以记事",说出了上古先民"结绳记事"的目的,即利用绳子这一物质载体进行信息储存。

绳子是原始先民们发明并使用的重要物品,它用途广泛,不但可以用于捆绑野兽、捆扎柴草、制作渔网、装饰身体等,更为重要的是,它还可以用来记事和计数。虽然并未有实物发现,但一般认为这种方法起源于母系氏族社会——旧石器时代后期。结绳记事或计数有一个前提条件和客观物质基础,即要有绳子且掌握打结的技术,同时还有一个社会条件,即有记事和计数的需要。也就是说,结绳记事或计数这种信息储存手段的出现,和原始社会的发展水平以及原始人类的思维水平密切相关。

"结绳记事"曾经广泛存在于世界上许多民族的史前史阶段,它是当时人类社会所共有的一种历史文化现象,如曾发生于古代中国、古代埃及、古代波斯以及古代美洲、古代大洋洲等地区。绘制于约公元前 3000 年的埃及壁画,记载了埃及人用打结的绳子丈量土地、估算收获、记录入库的生产生活场景[1]。中国古代典籍《周易·系辞下》载:"上古结绳而治。"《庄子·胠箧》云:"昔者容成氏、大庭氏、伯皇氏、中央氏、栗陆氏、骊畜氏、轩辕氏、赫胥氏、尊卢氏、祝融氏、伏羲氏、神农氏,当是时也,民结绳而用之。"由此可知,无论中外,结绳记事产生于人类文字发明之前的史前氏族阶段。虽然目前未发现原始先民遗留下的结绳实物,但原始社会绘画遗存中的网纹图、陶器上的绳纹和陶制网坠等实物均显示出先民结网是当时渔猎的主要条件。结绳记事(计数)作为当时的记录方式具有客观基础。

"结绳记事"在没有文字的国家和地区被延续下来。公元 16 世纪下半叶,位于秘鲁南部的印加帝国在被西班牙人完全征服之前,印加人还在用"基谱"(Quipu 或Khipu)来计数和记事。"基谱"是一组打结的绳子,一般是棉条,常染色,单色多色均有。古印加人的人口普查、贡税数量、库房的藏品以及社会新闻,都记录在"基谱"上。"基谱"可以横向解读,"基谱"记录人知道每一条绳子的结尾表示的含义。"基谱"还可以被赋予纵向的意义。垂直的绳子和顶端的横向绳子呈丁字形,悬垂绳被认为是向下的,顶端的绳子被认为是向上的。由此,上方和下方的语词也用得上了。这些属性的重要意义在于:绳子可以与不同的意义联系,判断意义的依据是绳子的

---

[1]　陈含章:《结绳记事的终结》,《河南图书馆学刊》2003 年第 6 期,第 71－76 页。

垂直方向、层次及其在主绳上的相对位置;副绳的意义则依据其在同一层次中的相对位置。每一根绳子不仅有其位置,也有其颜色。"基谱"中绳子的不同的颜色表示不同的意义,而不是颜色本身。随着颜色系统描绘的语境数量的增加,以及关系表述数量的增加,"基谱"象征符号系统的复杂性也随之增加①。

"结绳记事"说明,绳子这一物质在被人类规则化处理之后,就变成了供人们储存和传递信息的传播媒介。直至近代,中国的怒族、哈尼族、独龙族等少数民族聚居的地区,还采用"结绳记事"的方式来记录客观活动,以满足信息储存和传播的需要。这正说明,媒介技术和媒介应用与社会条件、文化传统等因素密切相关。

二、结绳的媒介功能

(一)记事

结绳记事是上古时期文字出现之前,先民们的一种原始记事方法。东汉郑玄《周易注》中说:"结绳为约,事大,大结其绳;事小,小结其绳。"记事的内容,涉及生产、生活、战事、祭祀、占卜等部落活动。后来,记事的内容还扩展到记候、记历、记时(记日、记月)。除了结的大小,还可以用绳子的颜色来区分事件,如古秘鲁印加人利用"黑色代表死亡或灾祸,红色代表军士及兵卒,黄色代表黄金,白色代表白银或和平"。

(二)计数

计数或计量是结绳最主要,也是最原始的功能。结绳记录的大都是关于渔猎和收获物的数目,随着打结方法的逐渐复杂,结绳计量、计数的用途也渐渐多样化。结绳计数、计量,就是指以绳子上打结的数量、多少、形状表示事物的数量和不同的事物。前文提及的古埃及壁画所反映的内容,就是结绳计数、计量的典型。除了记录收成情况,先民们还用结绳来记录经济、社会、军事、人口的资料。结绳计数的办法被某些民族一直沿用,云南傈僳族部分民众在 20 世纪还用结绳充当借据,一个结表示向他人借苞谷一斗,还债主一斗则自己解开一结②。琉球群岛也曾出现过类似"基谱"的绳结,人们把稻草或芦苇编织成各种不同形式的流苏以表示他们的工资③。

———————

① [加]戴维·克劳利、[加]保罗·海尔:《传播的历史:技术、文化和社会(第五版)》,董璐、何道宽、王树国译,北京大学出版社 2011 年版,第 36 - 39 页。

② 陈含章:《结绳记事的终结》,《河南图书馆学刊》2003 年第 6 期,第 71 - 76 页。

③ MENNINGER K, *Number Words and Number Symbols : A Cultural History of Numbers*, Courier Corporation, 1992, pp. 329 - 330.

(三)通信

这一功能是结绳作为媒介的重要体现。根据记载,鞑靼族在宋代时仍没有掌握文字,每当发生战争要调发军马时,就在草上打结,然后派人火速传达,有多少结就表示要调动相应数量的军马。印加帝国曾设置了邮差,负责王国和各省份之间重要消息的传送,而这些消息除用口头方式之外,"基谱"是重要的消息载体①。在我国西南,一些少数民族部落还曾利用结绳来传递信息。例如,瑶族村落内部出现纠纷,就会用禾秆一节穿入铜钱方孔,再行折回搓成小绳,派人送到外村人手里,邀请他们来评理②;独龙族在过节前,家家户户用结绳的方式向亲朋好友发出邀请③;普米族在作战的时候,常用"散羊毛疙瘩"的办法通知和联络集合队伍,疙瘩即表示事件、人数、时间等,例如,将羊毛绳结三个疙瘩,意为要大家在第三天清早赶到指定的地点集合④。

(四)契约和凭证

"结"被先民们赋予了"契"和"约"的法律表意功能。东汉郑玄《周易注》云:"结绳为约,事大,大结其绳;事小,小结其绳。"哈尼族曾经在买卖田地时,就用单股麻绳打结来标志田价,买卖双方各执一根,以为凭证。云南省博物馆就藏有这样一对麻绳,绳很细,约68厘米,其上各打了九个结,且两根绳子的结之间的间距完全一样⑤。

(五)社会管理

原始部落的人类以及后世的人们,将结绳记事的方法充分用于社会生活的各个领域,如耕种收成、人口统计、社会管理、气候历法、税收贡赋、军事战备、法律契约等。古籍《周易·系辞下》中说:"上古结绳而治,后世圣人易之以书契,百官以治,万民以察。"⑥晋代葛洪《抱朴子·钧世》中也说:"若舟车之代步涉,文墨之改结绳,诸作而善于前事。"⑦因此,古人也把上古时期的这种社会治理方式称作"结绳之政""结绳之治",它完全可以胜任当时旧石器时代后期和新石器时代前期生产力和生产关系发展的水平所赋予它的社会角色。

① [秘鲁]印卡·加西拉索·德拉维加:《印卡王室述评》,白凤森、杨衍永译,商务印书馆1993年版,第387-388页。

② 陈维刚:《瑶族的原始记事方法》,《中国民族》1963年第1期,第42页。

③ 刘文英:《漫长的历史源头》,中国社会科学出版社1996年版,第233-234页。

④ 詹承绪、王承权、李近春、刘龙初:《云南永宁纳西族的阿注婚姻》,《社会科学战线》1979年第2期,第210-223页。

⑤ 汪宁生:《从原始记事到文字发明》,《考古学报》1981年第1期,第1-44、147-148页。

⑥ 寇方墀:《全本周易精读本》,中华书局2018年版,第346页。

⑦ 葛洪:《抱朴子》,上海书店出版社1992年版,第156页。

三、结绳记事与文字发明的渊源

(一)结绳记事的传播局限

1. 物质材料的局限,影响了信息的长久留存

结绳需要的绳子,其材料都是田野间常见的麻、秸草等,这些材料非常不易保存,容易腐朽。因此,结绳这一远古人类普遍应用的媒介工具,在今天没有留下考古实物。我们只能在如今一些少数民族聚居地区遗留下来的小范围应用中看到这一远古媒介的遗存。作为一种信息储存手段,当一段绳子腐烂变朽,不少信息也就不存在了,一段历史可能再也不为人所知。

2. 包含的信息偏重于意象,难以提供明确的概念

虽然结绳作为先民们一种重要的体外化媒介,补充了身体媒介的诸多不足,但它储存和重现的都是关于信息的意象,只是起着提醒和辅助记忆的作用,结绳不能表达抽象的思想和关于事物的明确概念。由于结绳所表示的信息的内容,是由记录者个人或少数人联系具体场景而确定的,因此外人较难理解,传播信息时往往还要借助语言来解释和说明。

从"结绳记事"这一文化现象我们可以看到,首先,媒介的发明与使用建立在物质材料和技术水平的基础之上,与特定社会的技术、经济、文化水平相关;其次,体外化媒介是储存、传递、接收信息(数据)的中间物,是人们面对面交往中的物质性中介;再次,实物媒介信息传播的最大特点是不能给人以明确的概念,限制了生产生活所需要的社会交往,需要其他媒介予以补充。

(二)"结绳记事"是文字发明的源头之一

结绳在世界上许多民族的史前史阶段都出现过,反映了文字诞生之前原始先民认识世界、传递信息、表达情感的方式及特征。绳子和绳结作为重要的体外化媒介,为人们记载、保存、传播更多的信息提供了方便。"结绳记事"不仅是一种原始的文化现象,也是原始先民进行信息传播和关系交往的一项媒介技能。"结绳不曾留下什么符号,绳结本身不能变为文字,而结绳所用的方法,以结的大小来代表大数小数或大事小事,后来却是造字时常用的方法。"①因此,"结绳记事"是文字的先驱,常被人们称为"前文字"。

持这种观点的学者认为,结绳记事与象形文字存在着一种内在的传承关系,结绳记事、计数产生的数字记录方式,促进了象形文字的产生和发展,是象形文字中数

---

① 汪宁生:《从原始记事到文字发明》,《考古学报》1981年第1期,第1-44、147-148页。

字的主要来源。例如《周易·系辞下》载："上古结绳而治,后世圣人易之以书契,百官以治,万民以察",不仅认为上古时代曾存在结绳治世的史实,而且把结绳与书契(文字)联系起来。一些学者还认为汉字甲骨文中的数字的写法,正是结绳的形状与数量,如"十"记作█,"廿"记作█,"卅"记作█。

结绳重在传递意象,有学者认为,结绳的这种"意象"思维与古文字之间有着密切的关联。例如,西周晚期青铜器颂簋中的"终"作█,这种形状像"绳两端有结之形",其中含义在于"凡绳纠合既竟,则于两端加结,使不再分歧"[1]。虽然结绳不是真正的文字,但绳结的构造创造了"象",从而传达人们的思想——"意"。"这种特殊的传播思维方式可以从含有结绳遗迹的古文字中得到印证和启发。"[2]

因此,一般认为,结绳记事的方法为象形文字的表意功能的出现做出了贡献,而绳子的物质材料的局限性又促使人们寻找新的书写材料。可以说,结绳是人类最早使用的体外化媒介之一,它具有实物媒介和象征符媒介的特点和功能,是在之前的实物媒介的基础上逐渐产生的,在新的物质和技术条件下,它也会被新形态的媒介所代替。这类媒介,就是象形文字。

---

[1]　徐中舒:《徐中舒历史论文选辑(上)》,中华书局1998年版,第707页。

[2]　林凯、谢清果:《重返部落化:结绳记事的传播模式、机理与功能探赜》,《国际新闻界》2021年第2期,第159-176页。

第二章

文字媒介与第一次传播革命

人类社会绵延至今，经历了四次意义重大的传播革命，分别是文字的发明和使用、印刷术的发明和应用、电子技术的出现以及互联网技术的推广和使用①。传播革命也是技术革命和媒介革命，每一次传播革命的推动力都是传播技术和传播媒介的革新；传播革命还是社会革命，每一次传播革命最深刻的影响都是社会形态的变革。文字的发明和使用是传播技术史上的第一次飞跃，它将人类从动物世界中彻底分离出来，使人们拥有了创造文明、延续文化的可能。

第一节　文字媒介的出现

人类文明真正被记录下来，始于文字的诞生。作为记录人类活动、思想、情感的重要载体和传承文明的重要媒介，文字是在经历了口头语言的漫长发展和其他体外化媒介的长期应用之后才出现的。

一、文字起源的传说

关于文字起源，主要有以下几种说法。

（一）记账说

虽然古埃及、古代中国和中美洲遗存的文字里几乎没有记账的痕迹，但一些学者还是接受这样的假设：文字起源于记账，即文字是"经济扩张的紧迫需要的直接产物"②。在公元前4000年左右，两河流域早期城邦贸易和行政管理的复杂程度，已经超越了人们的记忆力极限，于是，在人类早期刻痕和图画基础上创造的记账文字出现了。结绳记事的重要功能——计数和计量，也被一些学者认为是象形文字出现的源头，如第一章提到的中国文字中的"十""廿""卅"等数字表示方式。

（二）神启说和个体或群体发明说

这一说法在中西文化中都很受欢迎。在18世纪启蒙运动之前的欧洲，人们认为文字是上帝创造的。在中国，很早就有仓颉造字的传说。相传仓颉是黄帝时期的史官，他观察鸟兽的足迹并从中受到启发，创造了文字。《淮南子·本经训》中说："昔者仓颉作书，而天雨粟，鬼夜哭。"《荀子·解蔽》称："好书者众矣，而仓颉独传者，壹也。"《吕氏春秋·君守》也说："奚仲作车，仓颉作书。"其实，文字由神或某一英雄人物创造的说法很难成立，文字的发明不可能是某一个人的"神迹"，应该是很多像

---

① 李良荣：《新传播革命》，复旦大学出版社2015年版，第1—2页。
② ［加］戴维·克劳利、［加］保罗·海尔：《传播的历史：技术、文化和社会（第五版）》，董璐、何道宽、王树国译，北京大学出版社2011年版，第46页。

仓颉这样的人共同努力慢慢丰富起来的。正如鲁迅先生所说:"仓颉也不止一个,有的在刀柄上刻一点图,有的在门户上画一些画,心心相印,口口相传,文字就多起来,史官一采集,便可以敷衍记事了。中国文字的由来,恐怕也逃不出这例子的。"①

(三)象形起源说

按照这一假说,最早的文字是形符,即对具体事物的象形描绘。人类历史上记述的文字发明,如苏美尔人的楔形文字(约公元前 3100 年)、埃及人的象形文字(约公元前 3000 年)、克里特岛米诺斯人的象形文字和线形文字(约公元前 2000 年),以及中国人的汉字(约公元前 2100 年),虽然除汉字外其他文字都没有流传下来,但一般认为这些文字都是象形文字。例如,鲁迅就认为,"只在铜器上,有时还可以看见一点写实的图形,如鹿,如象,而从这图形上,又能发现和文字相关的线索:中国文字的基础是'象形'"②。象形文字源于人类早期的图画,在长期的实践中,人们对图画文字进一步提炼和规范,产生了象形文字,象形文字介于图画与后世的文字之间,是人类最早创造的文字。象形文字在世界许多地方都有发现,而且今天很多民族的文字仍然采用着象形的构字方法。因此这种说法认为,如今世界上使用的各种拼音文字,也是源于古老的象形文字。

(四)长期进化说

也有人认为文字既不是偶然发现的结果,也不是个人或群体的创造,而是长期进化的产物。这种观点认为,文字从长期存在的黏土"符物"的记账系统演绎而来。也有人从不同侧面持这一假说,即文字是在口头语言的基础上,作为补充性交流和传播工具而演化得来的。由于生产的发展、社会的分工和交往的增多,社会信息逐渐"超载",需要更为复杂、准确的符号体系来处理信息,于是文字便在其他媒介的基础上逐渐出现并被使用了。

二、文字媒介的出现源于多种媒介形态的整合

从上述"假说"可以看出,这些不同观点,其实是从使媒介出现的物质、技术和社会等不同条件出发,各自侧重强调了文字媒介发明及应用的某一方面。

"记账说"反映了新媒介出现的社会条件,具体来说就是经济发展和相应的社会管理对新形态媒介出现的促进作用。

"神启说和个人或群体发明说"实际上看到的是新媒介早期发明和使用者的作用。新媒介的发明,离不开人的聪明才智,尤其是一些英雄人物的灵感和努力。但

---

① 鲁迅:《门外文谈》,文字改革出版社 1958 年版,第 11 页。
② 鲁迅:《门外文谈》,文字改革出版社 1958 年版,第 10 页。

一种新媒介的出现,是很多人,甚至几代人、几十代人长期钻研和智慧积累的结果,并非某一个人的杰作。

"象形起源说"得到了不同时代人们的普遍认可,中国也有"书画同源"的说法。这是从媒介形态本身来说的,具有一定的说服力。但媒介形态的变迁,并非仅靠媒介自身力量的推动,秦始皇推进"书同文"的例子说明,它与特定的社会、政治、经济条件密切相关。

"长期进化说"立足的是一种"需要论",即不同时代的社会需要和人的需要促使媒介变迁。这种"需要论",重点强调了社会因素,却淡化了媒介自身的逻辑。

从媒介形态演化和整体传播系统的角度出发,本书持这样的观点:文字的出现是对旧有的所有体外化媒介的整合。这是因为新的媒介形态的形成是由众多要素,如技术革新、物质生产、社会变迁等众多因素汇聚而成的结果,并非某个单一因素所决定,新形态的媒介的出现是对旧的媒介形态的整合。

第二节　文字媒介的演化与发展

追本溯源,现在全世界所使用的各种文字体系有四个独立的发源点:两河流域的苏美尔楔形文字、古埃及的象形文字、中国的汉字、中美洲的图形文字。这几种文字体系在经历了漫长的演化发展之后,有些湮没于历史当中,有些则沿用至今。最终,早期的文字体系,形成了当今世界上的两种文字系统。

一、文字及书写材料的演变

(一)两河流域的楔形文字

最早发展完备的一套文字系统是两河流域苏美尔人创造的文字,它是以斜尖的笔刻画在软泥版上的楔形文字。公元前3100年左右,楔形文字在今天伊拉克南部地区的乌鲁克首次出现[1]。苏美尔是当时一个由城邦组成的国家。有人说,苏美尔文字的发明与记账及记事有关,从目前现存的大量泥版来看,法律合同、买卖契约和土地交易文书、账目、库存目录,以及关于城邦的记述等,都说明它是数学的产物。

楔形文字的发明,和陶筹有关。公元前8000年前后,即新石器时期早期,两河流域美索不达米亚平原的人们就开始使用陶筹来帮助记忆。陶筹,英文称之为tokens,大多数呈现为几何形状,也有的表现为动物或器具等形状,是一种小型的陶

---

① 拱玉书:《楔形文字起源新论》,《世界历史》1997年第4期,第60—67页。

制器物,重在强调其计数功能。至公元前 4000 年左右,开始出现或打孔,或钻洞,或刻痕刻符的陶筹。同一时期,人们开始把陶筹串联在一起或包裹在空心泥球里保存。后来,人们发现,通过陶筹印迹就已经能够起到陶筹本身计数的作用,于是,人们逐渐淘汰掉陶筹实物,将三维的印封泥球变为二维的拓印泥版。这样,新的革命出现:人们用芦苇在泥版上直接刻画陶筹上的计数符号,楔形文字诞生了①。

书写楔形文字所用泥版由黏土反复揉搓压制而成,削制得锋利如刀的芦苇秆被当作"笔",长短和今天的铅笔相仿,笔尖呈三角形,削去一角以成斜面。这样的斜面呈楔形,在泥版上用力刻画时就会刻下楔形的线条,因此称为楔形文字。楔形文字呈三角形,笔画平行,线条长短深浅不一,刻写复杂。由于泥版的尺寸逐渐加大,手握泥版的角度也略有变化,这决定了笔的走向,图像转变为符号的过程随之加速,这一切都使文字加速走向约定俗成。到公元前 2900 年左右,楔形文字的形态已经成熟,符号样式丰富。到公元前 1900 年左右,词汇中出现了音节符号。楔形文字兼具音节文字和会意文字的性质,大多是一符一词。但它还没有发展出词性的变化,在行文中经常省略数词、人称和时态,字母和单词对应或与音节对应的思想还没有完全形成②。

(二)古埃及的象形文字

在世界上最长的河流——尼罗河的哺育下,古埃及成为北非的文化摇篮。大约在公元前 3100—前 3000 年,古埃及的第一个王朝就开始使用一种被称为"圣书文"的象形文字,意为"神圣的雕刻"。这种象形文字的图案形式更加固定,笔画更加简单,已经有了一定的抽象意识,属于表意文字,其在早期的发展过程中融入了代表埃及语言发音的表音元素③。

值得注意的是,埃及文字出现的时期也是美索不达米亚文明繁荣的时期,因此,有外国学者认为,文字并非在当地自然出现,很可能是激发式传播的产物,是埃及人在接触了美索不达米亚平原的楔形文字之后,受其启发而创造出的自己的文字④。

圣书文一直沿用到公元 4 世纪,这期间正式使用的象形文字符号有 6000 个左

---

① 拱玉书:《楔形文字起源新论》,《世界历史》1997 年第 4 期,第 60 - 67 页。

② [加]戴维·克劳利、[加]保罗·海尔:《传播的历史:技术、文化和社会(第五版)》,董璐、何道宽、王树国译,北京大学出版社 2011 年版,第 33 - 34 页。

③ [美]詹姆斯·E.麦克莱伦第三、[美]哈罗德·多恩:《世界科学技术通史》,王鸣阳译,上海科技教育出版社 2007 年版,第 66 页。

④ [美]亨利·乔治·弗斯科尔:《埃及文字的起源》,载黄亚平、白瑞斯、王霄冰:《广义文字研究》,齐鲁书社 2009 年版,第 119 页。

右,而法老的雕刻师和书写人在几千年间通常只使用 600～700 个①。在 3000 多年的历史中,其字符形式基本未变。正式的埃及象形文字难于书写,于是逐渐从圣书字中演变出简化字体——僧书字和世俗字。僧书字与圣书字完全是同一个文字体系,只是因为应用于不同的目的而导致字体有别。圣书字主要用于"神圣"事务,多刻于纪念碑上,美观大方;僧书字主要在日常事务中使用,多写于莎草纸上,力求简便②。世俗字是在公元前 7 世纪左右,从僧书字演变而来的一种书写速度更快的草书体文字,多用于日常公文的书写。莎草纸由纸莎草制作。纸莎草是尼罗河下游盛产的一种植物根茎,古埃及人将其采摘收集之后,剥去外皮,再将白色的芯切片,相互交错放置于木板之上,反复敲打使其纤维黏合在一起,晒干后成为可供书写用的"莎草纸"。古埃及抄书人以灯芯草作笔来书写,一头削尖,蘸上菜叶加烟渣调制而成的墨汁,用僧书体抄写,从右至左,或直行或横排,每行长宽度相等,构成一页。书写完成之后,卷起草纸,用细绳捆扎,纸草书卷就完成了③。莎草纸用料单一,不易推广,在公元 8 世纪中国造纸术传入之后,逐渐被弃之不用④。

(三)中国的汉字

一般认为汉字起源于图画,但到目前为止,人们在已出土的文物中没有看到作为汉字前身的传递信息的图画和图画文字,因此汉字起源的时间上限难以从实际应用层面确定下来。从考古资料看,和世界上其他地区的古老文字一样,汉字也是在新石器时期产生的,最早的是河南舞阳贾湖出土的刻在龟甲和个别石器上的 20 多个刻符,时间是公元前 6000 年左右,属新石器时期的早期,可以暂时把这一时期作为汉字起源的上限。当然,从理论上来说汉字的起源可能还要更早,那就需要将来的考古证明了。根据小屯殷墟出土的甲骨文,我们可以看到,这些刻在甲骨上的字符,已经达到了一定的数量,是能够完整记录汉语的文字体系,这个文字体系形成的开端应当在夏商之际。《尚书·多士》记载西周初年周公的话:"惟殷先人有册有典,殷革夏命。"这就是说,商人在灭夏时,已经有了记事典册。那么汉字字符开始积累的年代,似可估计为夏初,也就是公元前 2100 年左右。这样,汉字起源的过程就是从公元前 6000 年左右至公元前 2100 年左右⑤。

---

① 吴宇虹:《文字起源及象形文字、楔形文字、中国文字和字母文字之异同》,《上海师范大学学报(哲学社会科学版)》2006 年第 6 期,第 90-98 页。

② 郑也夫:《文字的起源》,《北京社会科学》2014 年第 10 期,第 4-34 页。

③ [加]戴维·克劳利、[加]保罗·海尔:《传播的历史:技术、文化和社会(第五版)》,董璐、何道宽、王树国译,北京大学出版社 2011 年版,第 28 页;半夏:《文字的载体(上)》,《出版广角》2014 年第 15 期,第 25 页。

④ 姜振寰:《技术通史》,中国社会科学出版社 2017 年版,第 42 页。

⑤ 张岱年、方克立:《中国文化概论(修订版)》,北京师范大学出版社 2004 年版,第 112 页。

　　小屯甲骨文是今天能见到的最早的汉字,出现在商王武丁时期,内容多为占卜记录。甲骨文一般是用刀刻在龟甲、牛肩胛骨等兽骨上。武丁时期的甲骨文,由数百名负责占卜的官员或祭师刻画而来,并在其后八位殷商帝王治下,历经150余年渐成体系①。从结构上来看,甲骨文已经是相当成熟的文字体系,传统六书中的象形、指事、会意、形声等结构方式在甲骨文中已经具备,说明商人已经懂得用已有的字作构件构成新的字,这为汉字系统的进一步完善奠定了基础。殷商甲骨文之后,汉字经历了西周金文、春秋金文、战国文字、秦代小篆、汉代隶书和魏晋以来的楷书,其历史变化主要表现在书写和构造两个方面。

　　周朝盛行铸造青铜器,青铜器等金属器具成为新的书写载体,史学家将这些铸刻文字称为金文。金文线条丰润,字形美观,排列整齐。金文中形声字大量增加,异体字相对减少,结构趋于稳定。春秋战国时期,各国文字上承西周金文,虽然外部书写形态有所差异,但在构件数量和结构方式上仍属于统一的文字体系。

　　秦统一六国之后,颁布"书同文"的政令,推行小篆字体。小篆的笔画完全线条化,象形性减弱。小篆中形声字大量增加,异体字大量减少,构件的写法趋于一致。小篆使汉字在总体上形成了一个相当严密的相互联系的网络。

　　在汉代,隶书成为通行的字体。隶书进一步将小篆的线条转变成为笔画,从此汉字完全失去了象形性。为了书写方便快捷,在结构上,隶书相对于小篆,调整颇多,同一个构件为了布局的需要而形成不同写法,不同的构件因为形体变异而变得混同,许多字的构件被省减或合并。隶书简化了汉字形体,但在一定程度上破坏了形义关系,使通过字形讲解字义变得困难。

　　随着隶书的出现,汉字出现了最早的草书——"章草"。草书作为一种特定的字体,形成于汉代,是为了书写简便在隶书基础上演变出来的。草书的由来,一说是由于汉章帝偏爱而得名,一说是由于汉元帝时史游用其书写所著《急就章》而得名。大约从东晋时代开始,为了跟当时的新体草书相区别,把汉代的草书称作"章草"。"章草"仍然保留隶书笔画的形迹,每个字的笔画相互连绵,字与字之间独立不连写。

　　魏晋时期,楷书流行,至盛唐臻于成熟,一直沿用至今。楷书吸收了行草便于书写的优势,形成了相互配合的笔形系统,结构严谨,便于识读,同时又笔形配合,便于书写,因此历千年而不变。

　　大约东汉末年,出现了一种介于楷书与草书之间的书体——行书。它是为了弥补楷书的书写速度太慢和草书的难于辨认而产生的。因此它不像草书那样潦草,也

---

① 郑也夫:《文字的起源》,《北京社会科学》2014年第10期,第4-34页。

不像楷书那样端正。实质上它是楷书的草化或草书的楷化。楷法多于草法的叫"行楷",草法多于楷法的叫"行草"。在书法艺术宝库中,行书是一座绚烂多姿、丰富厚重的宝库。其中王羲之的《兰亭序》被誉为"天下第一行书",颜真卿创作了"天下第二行书"《祭侄文稿》,苏轼的《寒食帖》则被称为"天下第三行书"。

汉字演变的历史可分为两个阶段:自甲骨文到秦代小篆,通称古汉字;自秦汉隶书以后,通称今汉字。古今汉字的重要区别是书写单位笔画的形成。古汉字的构成单位是各种各样的线条,这些线条是随着事物形体的变化而或曲或伸形成的,因此文字带有较明显的图形性。而今汉字的书写单位则是经过自然发展和人为规范的各种类型的笔画,这些笔画数量有限、样式固定、书写规范,由这些笔画书写出的汉字,原始的图形性已经大大淡化。当代正在使用的汉字,称作现代汉字,现代汉字在形制上也属于今汉字[①]。

汉字的演化还伴随着书写材料和工具的演变。中国殷商时期使用龟甲、兽骨、金石作为书写材料,战国秦汉时期使用毛笔在竹、木、绢帛等材料上书写。这些材料要么笨重,要么昂贵,都不是理想的书写佳品。1957 年西安灞桥出土的西汉初期的麻纸,是现存世界上最早的植物纤维纸,这表明中国早在公元前 2 世纪就已发明了造纸术。公元 105 年的东汉时期,蔡伦革新了造纸术,用树皮、麻布、渔网作原材料,降低了成本,提高了纸的质量,由此纸张得到迅速推广,人们称它为"蔡侯纸"。后世各朝代,造纸业都有重大发展。与汉字一样,中国人的"文房四宝"——笔、墨、纸、砚,为人类的文化传播、思想交流和科学发展,提供了不可缺少的信息存贮和传递的媒介。

(四)中美洲的图形文字

约公元前 3000 年前定居在中美洲的一支印第安人——玛雅人,自晚于公元前 100 年兴起以后,就在以今天的中美洲国家伯利兹为中心的美洲地区繁荣昌盛了 1000 年,他们创造的文明,史称"玛雅文明"。玛雅文字源自与其地理上毗邻的奥尔梅克文化,常写在一种树皮纸或鹿皮上,或雕刻在石材上。如今,残存下来的古抄本即抄写在树皮上和鹿皮上的书籍非常有限,目前仅有 4 件留存。因此,今天我们对玛雅文明的了解,凭借的主要是雕刻在石柱和其他建筑构件上的 5000 幅文字图案,有的图案上刻有数百个雕刻文字或者雕刻符号[②]。玛雅石刻书写方法,源于公元前 600 年左右出现的中美洲石刻。近年,考古学家认为,玛雅文字是同时使用表音和象

---

①   张岱年、方克立:《中国文化概论(修订版)》,北京师范大学出版社 2004 年版,第 113 - 114 页。

②   [美]詹姆斯·E.麦克莱伦第三、[美]哈罗德·多恩:《世界科学技术通史》,王鸣阳译,上海科技教育出版社 2007 年版,第 211 页。

形两种成分来记录的一种独特的语言符号。目前已经解读出来的象形符号和表音符号告诉我们,那些格式统一的石刻文字记录的主要是历代国王、王朝和统治者家族的显赫功业。

掌握玛雅文字是一件非常困难的事情,学者们猜想,玛雅社会中一定存在着一个专门从事书写的阶层,他们需要经过严格的训练才有可能从事这项工作。还有证据显示,书写工作是一种排他性的特殊职业,干这一行的人在一个等级分明的社会中处在顶层,享有很高的地位和声誉。他们的职位也许可以世袭,处在那个位置上的人会成为国王的近臣和亲信,与国王关系密切,有时显然也会觊觎政权。如果这些猜测和分析不错的话,那么就能够说玛雅人中存在着一个知识分子阶级。

从公元 9 世纪开始,玛雅文明突然走向衰败,到公元 10 世纪,玛雅城市被遗弃在丛林之中,到 15 世纪末期,玛雅文明最终消亡。

(五)拼音文字的演化与发展

除上述象形、会意文字之外,古埃及文字中的表音字符还发展出流行世界的拼音文字,形成了文字的另一大系统。

两河流域的苏美尔人被西奈半岛的阿卡德人征服,后者建立了巴比伦帝国。操闪米特语的阿卡德人借用苏美尔文字,将其改造以适合自己语言的需要[①]。公元前 16 世纪,闪米特部落从古埃及文字中借来辅音字母以及"限定性符号",用作辅音字母和元音发音的提示符号。这种文字体系被称为"伽南字母"。之后伽南字母逐渐传遍中东和地中海沿岸[②]。因此,字母文字滥觞于西奈和迦南,这一字母体系名为原始西奈文。闪米特部落是第一个使用纯拼音文字的民族[③]。

原始迦南字母演化为腓尼基字母和原始阿拉伯字母。大约在公元前 1500 年,包含 22 个字母的腓尼基字母出现。大约在公元前 1300 年,原始阿拉伯字母和原始迦南字母分道扬镳,并添加了一些辅音符号,演化为阿拉伯半岛和埃塞俄比亚的早期文字。腓尼基字母直接导致两种闪米特字母的产生:大约公元前 850 年形成的早期希伯来字母,以及公元前 750 年左右形成的阿拉米字母[④]。

公元前 850 年左右,腓尼基文字流传到了希腊。希腊人对腓尼基字母进行了改

---

① [加]罗伯特·洛根:《字母表效应:拼音文字与西方文明》,何道宽译,复旦大学出版社 2012 年版,第 23 页。

② 郑也夫:《文字的起源》,《北京社会科学》2014 年第 10 期,第 4 - 34 页。

③ [加]罗伯特·洛根:《字母表效应:拼音文字与西方文明》,何道宽译,复旦大学出版社 2012 年版,第 24 页。

④ [加]罗伯特·洛根:《字母表效应:拼音文字与西方文明》,何道宽译,复旦大学出版社 2012 年版,第 28 - 29 页。

造,将其用于转写自己的印欧语。希腊字母表成为一切欧洲字母表的基础。之后,希腊人把字母表传递给伊特鲁里亚人,公元前753年,伊特鲁里亚人又把根据希腊字母改造的自己的字母传递给罗马人。通过征服,罗马人又把他们的字母传遍欧洲。公元前1世纪,严整的拉丁字母产生。随着罗马帝国和基督教力量的不断扩张,拉丁文逐渐成为通行全欧洲的文字[①]。此后1000年间,欧洲各国的文字相继产生。法文于公元10世纪出现,中古英语于公元12世纪出现,德语于公元16世纪出现[②]。最后,除了皈依希腊东正教的东欧国家之外,欧洲国家都采纳了罗马字母表,只是略有小的修正而已。在地理大发现、世界贸易和战争的影响下,世界各地的殖民者又把罗马字母表传到美洲、澳大利亚、亚洲和非洲,如西班牙人殖民的菲律宾、法国人殖民的越南、荷兰人殖民的印度尼西亚[③]。字母文字最终成为这个世界上大多数国家的文字形式。

我们追溯拼音文字在西方发展的历史,就会发现,"字母表是转写口语的有效系统,它从一种文化传播到另一种文化,每传一次都有所修正,以适应当地语言的独特语音"。希腊语、拉丁语和腓尼基语的字母表基本上是一样的,字母表是利用数量有限的符号(20～30个)的文字系统,有固定顺序。"由古闪米特人发明、古希腊人完善的拼音字母表,将语音转换为可以看见的形式;在这个问题上,拼音字母表的适应力大大超过了其他的一切文字。"[④]

二、两种文字系统及其影响

文字是记录语言的书写符号系统,意义和声音是语言的两个属性。世界上的文字分为两大类型——表意文字和表音文字。这种分类是从文字形体直接显示信息是语义还是语音来确定的。例如,英语black直接拼出了意义为"黑"的词的声音而成为这个词的载体;汉语"黑"则用火焰从烟囱冒出来意会烟熏黑的意义而成为这个字的载体[⑤]。以汉字为代表的表意文字和以字母为代表的表音文字,是两种完全不同的文字形式,在发展过程中形成了两种文字系统。我们以汉字和欧洲的拼音文字为代表,简要比较一下两种文字系统的不同特点及影响。

---

① 郑也夫:《文字的起源》,《北京社会科学》2014年第10期,第4-34页。
② 郑也夫:《文字的起源》,《北京社会科学》2014年第10期,第4-34页。
③ [加]罗伯特·洛根:《字母表效应:拼音文字与西方文明》,何道宽译,复旦大学出版社2012年版,第34页。
④ [加]罗伯特·洛根:《字母表效应:拼音文字与西方文明》,何道宽译,复旦大学出版社2012年版,第28、32、34页。
⑤ 张岱年、方克立:《中国文化概论(修订版)》,北京师范大学出版社2004年版,第115页。

（一）汉字与拼音文字的比较

汉字是象形文字的典型代表，虽然经历了多次结构简化和调整，但汉字仍保留了一字一符的基本特征。而拼音文字则着重表现语音，以最直观的视觉形象来表示词语的发音，用作视觉符号的字母一般在 20～30 个。

作为表意文字的代表，汉字的形态和意义之间关系十分密切，在古文字阶段，汉字的构词方法主要有四种：象形、指事、会意、形声。《周礼》和《说文解字》上都说文字的构成法有六种，即"六书"。据汉朝郑玄注："六书：象形、会意、转注、处事、假借、谐声也。"汉朝许慎在《说文解字》中所说的稍有不同："指事、象形、形声、会意、转注、假借。"约有 1‰ 的汉语单字以象形表示，绝大部分的汉字由偏旁部首组成，其中部分用来提示发音，部分用来表明该字的语义范畴。

就形体的特点而言，汉字是在一个二维平面上构形的。这个两维度的空间为汉字构件的结合提供了许多区别的因素，除不同的构件可以组合成不同的汉字以外，相同的构件也可以构成不同的汉字。例如，"木""林""森"是构件多少的差别造成的，"叶"与"古"是构件位置不同造成的。这些在二维空间内造成的区别与拼音文字由字母线性排列而结合是不一样的。

就汉字记录汉语的单位而言，汉字属于"音节-语素"文字。一般情况下，一个汉字记录一个音节，而一个音节又往往代表一个语素。例如"一"这个字记录了"yi"这个音节，而这个音节代表"一"这个语素。比较而言，英文字母代表的是音位。例如 book 这个词，b、oo、k 分别代表［b］［u］［k］三个音位，book 是三个音位拼合的词①。

相对来说，用汉字读书写字，需要大量的记忆功夫，需要使用象形符号和会意符号，掌握起来相对不易。拼音文字是表音文字，相比汉语，它的学习成本相对较低。

（二）文字系统差异一定程度上引发文化差异

1981 年 9 月，著名的中国科学技术史专家、英国人李约瑟（Joseph Needham）博士提出一个问题：为什么在公元 15 世纪之前，中国文明在获取自然知识并将其应用于人类实践需要方面比西方有成就得多，但近代科学和科学革命只产生在欧洲呢②？这就是近代科学发展史上著名的"李约瑟之问"。针对这个问题，国内外学者进行过不少思索和探讨。加拿大学者罗伯特·洛根（Robert Logan）认为，中国和西方在科学技术方面的差异，一定程度上是文字差异引起的，这是表意文字与表音文字的差异。

在《字母表效应：拼音文字与西方文明》一书中，洛根指出："汉字是具象的，在促成科学思维的功能上，它们不如拼音文字；而且，汉字难以分类，所以它们也不如拼

---

① 张岱年、方克立：《中国文化概论（修订版）》，北京师范大学出版社 2004 年版，第 116 页。
② 《李约瑟文集》，陈养生等译，辽宁科学技术出版社 1986 年版，第 6 页。

音文字那样有助于科学思维。"①这导致中国文化和欧洲文化有着不同的演化方向。中国思想更注重形象,西方思想更看重抽象;中国技术的发展建立在类比和归纳的基础上,而西方科学的兴起离不开匹配和演绎的推动;中国数学偏重代数,西方数学则偏重几何。在推动人类发展的技术成就方面,中国不逊色于任何其他文明,但中国却从来没有将这些技术系统地开发利用,而系统地开发利用技术恰恰是西方工业革命的特征。中国拥有一整套纷繁复杂的司法体系,但却没有产生典型的法典。中国虽然也有鬼神信仰和崇拜,却没有形成如西方一般的一神教。

尽管罗伯特·洛根的观点有一定的说服力,但我们不能将其理解为,一个国家的阶段性发展状态受其使用的文字及其特征的影响,更不能把它理解为技术决定论或者媒介决定论的观点。洛根的意思是说,每个文化中都有其主导媒介和技术,不同的媒介产生不同的社会模式和不同的感知现实。了解了这种主导媒介和技术,我们就能知道形成"文化整体结构的原因和形塑力量,了解文化的心理和社会模式"。

第三节　第一次传播革命的兴起及意义

李良荣教授认为,人类社会绵延至今,共经历了四次意义重大的传播革命:文字的发明、使用,印刷术的发明,电报、广播、电视等电子传播技术与媒介的出现,互联网技术的推广与使用②。不难看出,所谓传播革命,其实背后是传播技术和传播媒介变迁所推动的传播方式、传播形态乃至社会形态的革新。文字的发明和使用,使得人类文明不仅能够被记录、保存,保证了信息在传播中不被扭曲、变形甚至丢失,更重要的是,文字媒介引导人类由"野蛮时代"迈向"文明时代"。

一、实现了信息的大量储存与传播

文字的诞生,使大量储存并提取信息成为可能,人类社会开始有了记载下来的历史,对过往的记忆变得更加确切和完整,文明因此达到了前所未有的规模,且具有复杂性③。作为"代表某些言语形式的看得见的记号",文字基本是一种改变了的语言,它使听觉符号转变成为视觉符号,使语言有形和得以保存。文字能保存记录大事或协议供以后使用,这样,人们就可以储存一部分经验而不必绞尽脑汁去铭记。

---

① ［加］罗伯特·洛根:《字母表效应:拼音文字与西方文明》,何道宽译,复旦大学出版社 2012 年版,第 50 页。
② 李良荣、郑雯:《论新传播革命:"新传播革命"研究之二》,《现代传播》2012 年第 4 期,第 34 - 39 页。
③ 王鸿生:《科学技术史》,中国人民大学出版社 2011 年版,第 16 页。

文字构成了一个相对独立的世界,它的功能体现在历时性上,即使时过境迁,其所负载的信息也不会消失。

文字的发展反过来影响了口头语言的标准化,语言开始从模糊走向精确,人们彼此交流中的表述更为准确,整个社会的生产力和效率因此大幅提升。文字把流动性很大的语义固定下来,思想、观念和想象成为可视的、稳定的东西,人类通过文字寄托感情和记录思维的火花,文学艺术和科学技术得以在世代更替中被传播,降低了在时间洪流中被吞没消失的风险,从而使祖先们通过实践所积累的经验成为下一代的知识。

文字的公开性、普遍性受到社会的认可,文字具有了准确性、权威性、严肃性的特点,人类开始习惯把文字作为最重要的信息来源之一。由于带有明确的传播目的,因此相对语言的使用,文字的使用要认真和严肃得多。文字的应用,也促进了语言的发展,使信息传播在准确化、精密化以及表达形式等方面都取得长足进步。书面文献使思想可以在原创者死去之后依然得以留存。文字媒介不要求作者和读者同时在场,这使文字媒介传播得以突破口耳相传时代的人员和时空限制,获得新的表达自由。

文字使得信息的传播可以跨越时空,不同地域的人们可以更为轻松地跨越语言沟通的障碍,对使用同一种文字的人来说,方言的差异不再成为彼此交流的阻隔,一定区域内使用同一文字的人拥有了更强的凝聚力。人类文明第一次突破时间、空间的限制,"通之于万里,推之于百年",使人类信息传播活动由"同时性"向"异时性"发展,信息传播活动有了更为自由、灵活的形式,对文化的传承、生产生活经验的交流、社会制度规范的形成都发挥了重要作用。

二、文字塑造了文化传统

首先,文字重新组织了知识和思想。

文字是人类发明和掌握的第一套体外化符号系统。文字的功能不仅是转写口语,文字是媒介,其内容是口语,但其用途和口语不同。文字组织和储存信息的方式和口语迥然不同。口语组织靠的是连续性、联接性和整合性,还依靠语调等副语言;文字书面语言是视觉媒介,其组织依靠离散性。文字允许信息的客体化,允许知者与知识分离,这就有助于抽象化、条理化和科学思想的客体化。识文断字的人看世界的方式和只靠口语交流方式接收信息的人是不相同的。字母表转写口语,但它独立于口语和信息,它不仅使西方文明有别于无文字社会,又有别于非字母表文字的社会。因此,媒介决定信息的组织方式,与口语文化相比,文字媒介所组织的书面文化是重新组织的知识和思想。

其次,文字媒介是文化的载体,一种文字的使用意味着一种文化的诞生、发展和长存。

文字是人类区别于动物的主要特征,不同的文字区别了不同民族,也代表了不同的文化。不同的民族有不同的文字,不同的文字代表着不同的习俗,每一种文字以其自身的特殊文化形式,构成了文化的重要特征。文字媒介这一文化事象在文化中的地位是相当重要的。例如,汉字的悠久历史铸就了中国文化的源远流长。

同时,文字还是文化中其他文化项的重要载体,它记录了文化,是文化的代码,是文化传播的媒介。文字传达人们头脑中的观念,只有通过文字媒介的传播,文化才能超越时间和空间,得到交流、发展和长存。例如,"中国文化灿烂辉煌,从流传下来的浩如烟海的古代文化典籍就足以证明,而这种功劳,是应归属于汉语汉字的","中国文化是世代发展的,这种发展相当大的一部分是靠汉语汉字的世代传承来完成的"①。

再次,文字作为人类掌握的第一套体外化符号系统,它的产生也大大加速了人类利用体外化媒介系统的进程,进而推动了文化融合、社会融合。

以汉字为例,从早期的岩石、陶器、甲骨、青铜器,到木(竹)简、绢帛,再到后来的纸张,书写材料不断轻便化,信息生产和传递越来越便利。而且,为满足信息传播需要,开辟交通运输道路,建设邮政驿站,更加方便了书面信息在更大范围内传播。以文字媒介为核心的体外化信息系统逐渐形成、完善,推动了文化融合和社会融合。秦始皇统一中国后实施的书同文、车同轨的制度,大大加速了中华文化的大一统进程,汉字在中华民族和中国文化的形成和发展过程中发挥的巨大作用,由此可见一斑。

手写的文字显著增多,抽象思维进一步发展。传播模式的差异也会产生思维模式和社会形式的差异。书写和阅读量增加,行政管理更加有效;抄书、写作成为一门享受特权的职业,抄书人成为一个特定的阶级。

总之,文字媒介的出现,不仅创新了信息加工和传播的模式,也改变了人们的文化传统,形成了新的思维方式和知识体系,而且,文字媒介还带来了一种新的文化形态,塑造了文化传统。

三、文字媒介形成文化控制

文字在特定的传播范围内具有公开性和普遍性的特点。名义上,在一个国家、一个民族的范围内,文字是全民共有的财富,是所有人都有可能利用的书写工具。但实际上,文字的使用受到一定条件的限制,即传播者和受传者都需要具备一定的

---

① 张岱年、方克立:《中国文化概论(修订版)》,北京师范大学出版社 2004 年版,第 117 页。

文字识别能力,同时文字的使用还受到了书写材料等稀缺物质要素的限制,因此识文断字成为少数人的特权,造成了一定范围的知识垄断。历史上的王公大臣、祭司僧侣、文人士子等,他们垄断了当时的文字媒介,因此也就控制了各个社会占统治地位的话语。

文字与文化控制的关系,主要在于以下三个方面。

第一,文字的使用局限于特定的阶级和群体,知识文化被少数人垄断。一方面,由于古代社会劳动生产力低下,相当多的人穷其一生都在为温饱挣扎,他们根本没有时间和精力去学习文字。只有那些不事生产的王公大臣、祭司僧侣、文人士子、巨商富贾等,才有机会学习精密的文字系统。另一方面,在造纸术发明之前,文字的使用还受到了书写材料等稀缺物质要素的限制。不论是埃及的莎草纸,还是希腊罗马的羊皮纸,抑或是中国的竹简木牍,都需要耗费颇多的资金才能够支撑起文字的习得过程和日常使用。综上所述,少数上层阶级垄断了文字媒介,继而垄断了知识生产,使得他们控制了各个社会占统治地位的话语权。而归根结底,话语权就是统治权。

第二,文字以其强大的实用性和传播力,成为统治阶级管理国家的有效工具。在媒介环境学者哈罗德·伊尼斯(Harold Innis)看来,古代帝国之所以能够建立大一统的国家,原因就在于拥有以文字为核心的、轻便易携的所谓"空间媒介"[①]。帝制时代,文字的服务对象也显然是组织、控制和计划大范围且多元化的经济和政治行为的王朝宫廷[②]。面对辽阔的疆域、庞大的人口、繁杂的事务,帝国必须借助于一定的工具才能实现有效的管理。文字可以长久保存的功能帮助了早期统治者,使他们的控制力和总揽力能够达到一个前所未有的高度[③]。文字作为传播媒介可以连接、组织和沟通国家治理的组织机构,并实现各机构的有序运转[④]。以文字形式颁布的诏书、命令,可以播之于四海之内,使帝国的权威抵达每一个角落。所有那些闻名于世的古代文明,如古埃及、古希腊和古代中国,从某种程度上说,其统治阶级都有书写能力,他们在统治和技术方面的发展无疑与文字系统的发明有关[⑤]。

---

① 李彬:《传播学引论(第三版)》,高等教育出版社 2013 年版,第 7 页。

② [德]扬·阿斯曼:《有文字和无文字的社会:对记忆的记录及其发展》,载黄亚平、白瑞斯、王霄冰编,《广义文字研究》,齐鲁书社 2009 年版,第 16 页。

③ [德]扬·阿斯曼:《有文字和无文字的社会:对记忆的记录及其发展》,载黄亚平、白瑞斯、王霄冰编,《广义文字研究》,齐鲁书社 2009 年版,第 16 页。

④ 杨磊:《中国古代书写与国家治理简论》,《云南师范大学学报(哲学社会科学版)》2021 年第 2 期,第 39-49 页。

⑤ [英]杰克·古迪、[英]伊安·沃特:《文字的社会功能》,黄亚平、白瑞斯、王霄冰编,《广义文字研究》,齐鲁书社 2009 年版,第 340 页.

第三,文字在传承文化上潜移默化的作用,使其成为维护统治权威的必要手段。文字记事,可以传之于百世。以文字记录的典章故事、文化成果和文明信息,是统治阶级实行教化的工具和资源。为了强化自己的统治权,秦始皇焚书坑儒、禁止私学,以文化控制来达到政治控制的目的。汉武帝以后的中国,以儒治天下,凭借的是儒家经典中蕴含的礼法规则精神。欧洲中世纪,宗教神学依靠文字引导人们的信仰,教堂里、碑文中的十诫影响了一代又一代人的观念。文字促进了文化的发展和繁荣,但同时文化也被作为手段来维护统治阶级的利益。

第三章

印刷术的出现与
第二次传播革命

纸张和活字印刷术都为中国人所发明。造纸术在 12 世纪传入欧洲,15 世纪欧洲出现了机械印刷术。这两项技术发明不仅直接影响了知识的广泛传播,机械印刷术还是一项影响了其他技术的技术,它是大批量生产的原型。因而,印刷术的发明与应用具有推动历史变革的非凡意义。

第一节　造纸术、印刷术的发明与传播

纸的发明是人类文字载体的一次革命。在植物纤维纸出现之前,人们书面交流思想、传播知识信息,只能采用泥版、龟甲、兽骨、铜版、竹木等原始粗重的材料,这些材料都不是理想的书写佳品。纸的出现,抑或是造纸术的发明,都是古代中国的创举,是一项最可以确定的完全来自中国的发明。它为人类的文化传播、思想交流和科学发展提供了不可缺少的信息储存和传递手段。

一、造纸术的发明与传播

美国汉学家托马斯·F.卡特(Thomas F.Carter)认为:"即便人们可以质疑其他发明其实只是从中国起源,而在西方的继续发展下才成为有用之物,但是纸张的确是以完全发展成熟的形式从中国的版图上流传到欧洲的。"[①]中国的造纸术,也经历了一个漫长的改进、发展过程。

(一)中国古代早期书写材料的演变

汉字使用初期,是以兽骨、龟甲以及青铜器作为载体的;到西周后期,以竹片制简、以木片制牍的风气渐盛。人们将竹木劈成狭长的细条,刮削平整之后用毛笔和墨在上面书写,因此古代有"漆书"之说;写错的字要用刀削去,因此古人有"刀笔"并提的说法。单独的竹木片叫"简";人们用绳子或熟牛皮条将若干简编连起来,叫作"策"或者"册";连成册后卷为一束,称为"一卷"。这是现在称一本书为一册书的起源。用丝线编连的叫"丝编",用麻绳编连的叫"绳编",用熟牛皮绳编连的叫"韦编",书翻的次数过多,编连的绳子会断,这就是成语"韦编三绝"的由来。

在竹木简盛行的同时,古人也用木版作为文字载体。未写字的木版称为"版",写了字的木版称为"牍"。一尺见方的牍,叫作"方"。版牍是正规书籍形式之一。《礼记》上说的"百名以上书于策,不及百名书于方"[②],指的就是不到百字的短文便写

---

①　[加]戴维·克劳利、[加]保罗·海尔:《传播的历史:技术、文化和社会(第五版)》,董璐、何道宽、王树国译,北京大学出版社 2011 年版,第 104 页。

②　《仪礼》,任晓彤译注,中国社会科学出版社 2006 年版,第 232 页。

在一尺见方的版牍上;百字以上的长文方牍不能容纳,就需写在简策上。

古人还用缣帛这种丝织品做书写载体,一般称为帛书,也有人称为缯书,因其色白,又称之为"素书"。缣帛文献约起源于春秋时代,盛行于两汉,与简牍并存了很长一段时期。缣帛的优点是柔软轻便,便于书写,宜于绘图,也方便根据内容篇幅长短来裁剪尺寸。其缺点在于,一是普通人难以承受其昂贵的价格,二是一经书写不易更改,一般只用作定本。因此,缣帛始终未能取代简牍成为记录知识的主要载体。到晋代纸张普及,缣帛仍在使用,但只用作某些文书以及书法、绘画的材料。

上述这些书写材料,或粗重,或昂贵,严重阻碍了知识和思想的记录与传播。《墨子·贵义》记载:"子墨子南游使卫,关中载书甚多。"①意思是说,墨子南游到卫国去,要以马车载书,足见不易。《史记·秦始皇本纪》中说:"天下之事,无大小皆决于上,上至以衡石量书,日夜有呈,不中呈不得休息。"②秦朝的一石相当于现在的六十公斤,"书"要用重量单位而且是表示极高重量的"衡石"来衡量,足以说明书写材料流通的不便。

(二)造纸术的发明和革新

1957年,陕西西安灞桥出土的西汉初期的麻纸,是现存世界上最早的植物纤维纸。在此前后,新疆罗布泊、甘肃居延、陕西扶风、甘肃敦煌马圈湾、甘肃天水放马滩等地都有西汉麻纸被发现。这确凿表明,中国人早在公元前2世纪就已经发明了造纸术③,也说明麻纸已由中原传入边塞地区,且造纸的技术已具雏形④。

公元105年,东汉宦官蔡伦完成了造纸技术的重大革新,他在总结麻纸制造经验的基础上,以树皮、废渔网、破布、麻头等为原材料,不仅大大扩充了造纸原料的来源,降低了成本,而且提高了纸的质量。蔡伦对造纸术更大的贡献是在工艺的革新上。他在淘洗、切碎、泡沤原料等程序的基础之上加入石灰进行碱液烹煮,使植物纤维能够分解为质地更细密的材料,大大提高了生产质量和效率⑤。

经蔡伦革新工艺和原材料而制造出来的纸,"有纸草之便而不似其易于破损,有竹木简牍之廉而不似其庸赘,有甲骨金石之坚而不似其笨重,有缣帛羊皮之柔而不似其昂贵"⑥。因此,纸张得到迅速推广,人们都称它为"蔡侯纸"。后世公认蔡伦为

---

① 《墨子》,蒋重母、邓海霞译注,岳麓书社2014年版,第365页。
② 司马迁:《史记》(卷6-7),中华书局1912年版,第20页。
③ 张岱年、方克立:《中国文化概论(修订版)》,北京师范大学出版社2004年版,第134页。
④ 杜石然、范楚玉、陈美东等:《中国科学技术史稿(修订版)》,北京大学出版社2012年版,第122页。
⑤ 杜石然、范楚玉、陈美东等:《中国科学技术史稿(修订版)》,北京大学出版社2012年版,第123页。
⑥ 张岱年、方克立:《中国文化概论(修订版)》,北京师范大学出版社2004年版,第134页。

纸的发明者。《后汉书·蔡伦传》记载：

> 自古书契多编以竹简，其用缣帛者谓之为纸。缣贵而简重，并不便于人。伦乃造意，用树肤、麻头及敝布、渔网以为纸。元兴元年，奏上之。帝善其能，自是莫不从用焉，故天下咸称"蔡侯纸"①。

"蔡侯纸"的出现虽然晚于古埃及的莎草纸，但它与莎草纸的区别在于，莎草纸并非现代意义上的纸，在当时也未能大量生产以供社会各阶层使用。莎草纸是将纸莎草的茎浸泡、叠放、捶打、晾干后的所得，不具备"蔡侯纸"的纤维提取这一开创性的工艺，而这正是现代用纸的基础所在。这表明造纸术超越了直观地借金石龟甲、木牍竹简等原材料的外形来作为书写材料的阶段，而开始形成以大量生产、成本低廉、纸张耐用为特性的技术，并在使用过程中不断将技术精细化。在蔡伦之后，纸的基本形态被确定下来，此后历朝历代的改良都是基于这一生产条件之上的。

自汉代以后，手工造纸的工艺更趋精细，造纸也逐渐成为专人专任的产业。唐宋两代造纸业又有重大发展，唐代开始以竹造纸，至宋时竹纸已成主流。竹纤维硬且易断，技术处理的难度较大，而竹纸质地柔软，可长久保存，因此竹纸的出现意味着古代中国的造纸工艺已臻成熟②。唐宋期间，不仅纸的产地遍布全国，宣纸、蜀纸、歙纸、苏纸、池纸、蠲纸等竞相出现，而且质量上乘，都成为誉满天下的名纸。到清代，宣纸制造技术有很大的突破，不仅纸色洁白，久不变色，而且韧性极强，久折不断，享有"纸寿千年"的盛誉。

（三）中国造纸术的对外传播

古代中国的造纸术最早在汉字文化圈内传播。公元 2 世纪末，越南北部已有中原匠人在此造纸。公元 4—5 世纪的中国南北朝时期，造纸术传入朝鲜半岛，并在此后生产出质量更优的高丽纸。北宋陈槱的《负暄野录》记载："（高丽纸）以绵茧造成，色白如绫，坚韧如帛，用以书写，发墨可爱，此中国所无，亦奇品也。"这说明朝鲜已能自行造纸，并在技艺上有所发展。造纸术经朝鲜僧人传入日本，推古天皇十八年（610 年），日本也开始造纸。奈良时代（710—794 年）的日本已使用与中国类似的麻纸；进入平安时代（794—1192 年）后，日本开始以本土的雁皮树作为造纸原料，由此超越了单纯模仿唐纸技艺的时期，开创了至今仍极具影响力的和纸文化。公元 7—8 世纪，中国造纸术传入印度，13 世纪又传入缅甸。

---

① 范晔：《后汉书》，中华书局 1999 年版，第 1697 页。
② 杜石然、范楚玉、陈美东等：《中国科学技术史稿（修订版）》，北京大学出版社 2012 年版，第 211 页。

阿拉伯世界的造纸始于唐朝。公元 751 年,唐朝大将高仙芝率军与黑衣大食的军队在怛罗斯城(今哈萨克斯坦塔拉兹市附近)作战失败,唐军战俘中的造纸工匠把造纸术传入撒马尔罕(今乌兹别克斯坦撒马尔罕市),此后又传入阿拉伯。阿拉伯人由此开办起自己的造纸厂,其生产工艺与中国的麻纸基本相似。公元 12—13 世纪,阿拉伯人将造纸术传授给摩尔人(当时居住在非洲西北部和伊比利亚半岛的信奉伊斯兰教的民族),摩尔人又把这一技术传授给西班牙人。公元 1150 年,在萨狄瓦城(今西班牙瓦伦西亚附近)建立起欧洲第一家造纸厂。此后,这项技术逐渐又传入法、意、德、荷、英、俄等国。到 17 世纪时,欧洲各国基本都有了自己的造纸厂,但生产的仍然是麻纸,其工艺水平不高于中国的唐代①。

造纸术传至欧洲后,造纸工艺与欧洲近代技术相结合,有了新的发展。17 世纪,荷兰人改进了西班牙人在 11 世纪发明的使用风车的捣碎机,提高了制造纸浆的效率。18 世纪初,出现了荷兰式打浆机,改变了捣捶成浆的工艺,使造纸过程开始走向机械化。1798 年,法国人尼古拉斯-路易·罗伯特(Nicholas-Louis Robert)发明了手摇抄纸机,借鉴中国的抄纸竹帘,在纸张规格和造纸效率上都有所提高。在此基础上,英国人布莱恩·唐金(Bryan Donkin)于 1803 年进一步制造出长网造纸机,这种机器生产的纸经干燥后可绕卷保存,而此前的抄纸技术仅可单张生产。1866 年,美国人本杰明·丘·蒂尔曼(Benjamin Chew Tilghman)取得将木材用亚硫酸氢钙和二氧化硫溶液在受压系统中制造纸浆的专利。这种制浆法所制的纸浆颜色较浅,可不经漂白直接用于生产许多品种的纸,且成本较低。1874 年世界上第一家亚硫酸盐制浆厂在瑞典投产。1884 年,在德国出现硫酸盐木材制浆技术。这些技术开辟了用木材作为主要造纸原料的途径,使得造纸技术、工艺进一步现代化②。

造纸术的传播和影响大致沿着两条路径:一是作为实物的纸及纸本走出国门,二是作为技艺的造纸术不断外传。美国学者德克·卜德(Derk Bodde)说:"纸对后来西方文明整个进程的影响无论怎样估计都不会过分。"纸这一廉价媒介的普及引发了书写革命,普遍的知识和个人化的表达均被可保存的纸张固定下来。中世纪的欧洲抄写一本《圣经》需 300 多张羊皮,这极大地限制了知识和文化信息的传播范围,也使得识字和阅读成为精英阶层的一种特权。中国的造纸技术从根本上改变了这一状况。在这个意义上可以说,"世界受蔡侯的恩惠要比受许多更知名的人的恩惠更大"③。

---

① 姜振寰:《技术通史》,中国社会科学出版社 2017 年版,第 84—85 页。

② 姜振寰:《技术通史》,中国社会科学出版社 2017 年版,第 85 页。

③ [美]德克·卜德:《中国物品西传考》,《中国文化(第 2 辑)》1985 年版,第 358 页。

二、印刷术的发明与发展

纸张能够大规模生产,为现代意义上书籍的出现奠定了基础。但很长一段时间内,书籍都靠手抄,费时费力,还可能因为相互传抄而常常出现错漏。这就大大限制了书籍知识传播的效能。印刷术的发明,提升了书籍制作的效率,加快了知识传播和革新的速度,开创了人类文明的新纪元。但从传统印刷术的发明和应用,到现代印刷技术的出现,经历了一个漫长的发展过程。

(一)印刷术发明的早期准备

印刷术发明的先决条件是必须具备纸张、笔、墨等物质材料,刻印的工艺技术,以及掌握反文印刷的原理。这些条件,在古代中国早已具备。

纸自汉代发明之后,到三国、两晋、南北朝时期,已普遍使用。先秦时,笔墨已经被使用,东汉时已有松烟墨。松烟墨既是优良的书写原料,也是印刷优良的着色原料,用它印刷时,字迹清晰整齐,不会模糊。现存西晋及六朝墨迹,虽然经历了一千四五百年,但依然墨光漆黑,字迹如新。

中国的刻字技术历史悠久,可追溯至殷商时期的甲骨文,先秦时又出现了印玺制作技艺,秦汉时代的石刻和魏晋时道教刻制的木刻符箓技术,以及晋代反写阳文凸字的砖志,南朝梁时的反写反刻阴文神通石柱等,都说明当时的人们已掌握了熟练的反刻文字的刻凿技术[1]。

正是在上述坚实的物质技术基础上,印章、拓石向印刷的过渡具备了条件,被誉为"文明之母"的印刷术才得以诞生。

(二)雕版印刷的出现

雕版印刷术发明的确切年代至今未有定论,但大致认为其出现于公元 7 世纪左右的隋末唐初。晋人借鉴古代印玺和石刻的经验,发明了墨拓技术,后来隋末唐初又在墨拓的基础上发明了真正的印刷术——雕版印刷。唐初,佛教开始盛行,佛像、佛经的需求量很大,绘画手抄满足不了需要,因而采用木刻印刷。据记载,7 世纪中叶玄奘东归之后,"以回锋纸印普贤像,施于四方,每岁五驮无余",足以说明佛像的印刷和发行量都甚为可观。

这种雕版印刷选用纹质细密坚实的木版为原材料,由刻工将所印的字反体刻于木版,然后将纸覆于刷墨的版面之上,用刷子均匀推平,揭下晾干后即完成印制文字和图案的过程。由于木刻工艺简单,费用低廉,印刷便捷,各方面均大大优于手写传

---

① 　杜石然、范楚玉、陈美东等:《中国科学技术史稿(修订版)》,北京大学出版社 2012 年版,第 207 页。

抄,因而雕版印刷很快被推广和传播开来。

世界上最早的雕版印刷物可以推定的时间是公元 868 年,即唐懿宗咸通九年印刷的《金刚经》。这件雕版印刷品由卷首画、经文及施刻人组成,卷末印有"咸通九年四月十五日王玠为二亲敬造普施"。全卷由 6 张纸相接连成一卷,卷首刻有佛像,其后刊印全部经文,文字浑朴凝重,构图繁简得当,人物表情生动,刀法纯熟细腻,线条圆润流畅,墨色浓厚匀称,表明当时的刊印技术已经达到高度纯熟的程度。这件艺术珍品发现于敦煌莫高窟藏经洞,被英国人马尔克·奥莱尔·斯坦因(Marc Aurel Stein)骗掠到英国,现存于英国国家图书馆。

雕版印刷在唐代被民间广泛应用于三个领域。一是宗教活动,尤其是印刷佛教经文和佛像。二是刻印时人诗集、音韵书和教学用书。当时印刷出售诗集已很普遍,中唐著名诗人元稹、白居易的诗歌被大量刊印,卖于市肆之中。三是用于历法、医药等科学技术书籍的印刷。唐代农业生产发达,中央政权颁行的历日往往发行较慢,因而民间刻印历日出售的活动很活跃。

正是民间印刷活动的繁荣,到 9 世纪时,印刷业成为一个新兴的重要手工部门,对当时的经济生活和科技文化生活所起的作用越来越大。唐宋之间的五代时期,虽然国家处于战乱动荡之中,但私家的刻印业仍很活跃,所刻印的书籍除儒、释、道三家经典外,还有文学、史学、法律、类书、历本等。五代时期印刷事业的发展,为宋代印刷术的高度发展奠定了基础。这一时期,官方刻印儒家经典兴起。后唐明宗长兴三年(932 年)起,历后唐、后晋、后汉、后周四朝,到后周广顺三年(953 年),刻成印版《九经》《五经文字》《九经字样》各 2 部,130 册,并印刷出售。自此,刻印书籍成为政府的出版事业①。

至宋代,雕版印刷进入鼎盛时期。宋太祖开宝四年(971 年),张徒信在成都雕印整部《大藏经》,计 1076 部,5048 卷,共耗时 12 年,所用雕版达 13 万块之多。宋以后,木版印刷之外还出现了铜版印刷,更为复杂、精密的彩色套印技术得到应用。套印技术与版画技术相结合,便产生了套色版画。明清时代,优秀版画已成为世界艺术的珍品②。

中国的雕版印刷术在公元 8 世纪传到日本,8 世纪后期日本刻印了《陀罗尼经》。10 世纪末传到朝鲜,11 世纪初,朝鲜花六七十年时间雕成了共约 6000 卷的整部《大藏经》。13 世纪中叶,雕版印刷术传到越南,13 世纪末经土耳其传到伊朗,14 世纪从伊朗传到埃及和欧洲。欧洲现存最早的、有确切日期的雕版印刷品,是今德国南部

---

① 杜石然、范楚玉、陈美东等:《中国科学技术史稿(修订版)》,北京大学出版社 2012 年版,第 209 页。
② 张岱年、方克立:《中国文化概论(修订版)》,北京师范大学出版社 2004 年版,第 135 页。

于 1423 年刻印的《圣克利斯托菲尔》画像,晚于我国近 600 年。

(三)活字印刷术的发明与传播

虽然印刷术兴盛,雕版数量剧增,印刷活动繁荣,但雕版印刷的缺点却日趋显露。这是因为,雕版印刷每印一部书就要雕一次版,刻制木版费时费力,大部头书往往要花费几年时间,存放版片又要占用很大的地方。印量少又不重要的书,版片用后便再无它用,造成人、财、物、时的很大浪费。因此就在雕版印刷盛行之时,我国古代印刷术迎来了重大革新。北宋庆历年间(1041—1048 年),平民毕昇发明了活字印刷术。

北宋著名的科学家沈括在其著作《梦溪笔谈》中,用 270 余字记载了活字印刷术的材料和工艺。

庆历中,有布衣毕昇,又为活板。其法用胶泥刻字,薄如钱唇,每字为一印,火烧令坚。先设一铁板,其上以松脂、蜡和纸灰之类冒之。欲印,则以一铁范置铁板上,乃密布字印,满铁范为一板,持就火炀之;药稍熔,则以一平板按其面,则字平如砥。若止印三二本,未为简易;若印数十百千本,则极为神速。常作二铁板,一板印刷,一板已自布字,此印者才毕,则第二板已具,更互用之,瞬息可就。每一字皆有数印,如"之""也"等字,每字有二十余印,以备一板内有重复者。不用,则以纸帖之,每韵为一帖,木格贮之。有奇字素无备者,旋刻之,以草火烧,瞬息可成。不以木为之者,文理有疏密,沾水则高下不平,兼与药相粘,不可取;不若燔土,用讫再火令药熔,以手拂之,其印自落,殊不沾污。昇死,其印为予群从所得,至今保藏。

毕昇活字印刷术的基本原理,与近现代盛行的铅字排印方法完全相同。活字印刷术的发明大大节省了雕版人力,缩短了书籍刊印周期,方便经济,是印刷史上又一次重要的技术革命,也是一项伟大的创举,它的影响是十分深远的。

元代,王祯创制木活字,他在安徽旌德请工匠刻制木活字 3 万多个,于 1298 年试印 6 万多字的《旌德县志》,不到一个月便印成 100 部,速度既快,质量又好。这是有记录的第一部木活字印本。王祯较好地解决了写刻字体的大小划一、排字上版的平整、如何刷印油墨等技术问题,并对这些方法做了详细记载。王祯还创造了转轮排字架,将活字按韵分放在轮盘的特定部位,每韵每字都依次编好号码,登录成册,排版时一人从册子上报号码,另一人坐在轮旁转轮取字,既提高了排字效率,又减轻了排字工的体力劳动。

除木活字、泥活字外,13 世纪时我国已有人制成锡活字,且是世界上最早的锡活字。元明两朝还有不少人用锡、铜、铅等金属材料制成活字,与雕版印刷并行。到 15、16 世纪,江浙一带大多以铅活字、铜活字印书。清代于 1713 年用铜活字印《御定星历考原》,1726 年又印制《古今图书集成》66 部,每部 5020 册[①]。

木活字、泥活字和金属活字,在明清时期并行于世。山东泰安人徐志定于 1718 年制成磁活字,印行《周易说略》。1773 年,清政府刻成 253000 余枚枣木活字,先后印行《武英殿聚珍版书》138 种,共 2300 多卷。当时,有《钦定武英殿聚珍版程式》一书,篇幅虽不大,但堪称印刷技术的典型。《武英殿聚珍版书》的刻印,分工明确,程序严密,造字工艺十分精到周全,说明木活字印刷又向前迈进了一步[②]。

19 世纪初,安徽泾县的翟金生,按照毕昇的方法花费 30 年时间,造成泥活字 10 万多个,分大、中、小、次小、最小五号。到 1844 年,终于印出了《泥版试印初编》,自称为泥斗版,又称泥聚珍版。所以泥活字印刷术的发明创造并非易事,它牵涉许多实际技术问题。与翟金生同时,江苏无锡、江西宜黄也有人用泥活字印书。

中国的活字印刷术大约在 14 世纪传到朝鲜和日本,15 世纪传到欧洲。公元 1456 年德国人古腾堡印刷的《圣经》,是欧洲活字印刷的第一部重要作品,比毕昇晚 400 多年。自此,雕版与活字印刷即流行于欧洲。毕昇发明的活字印刷术不但直接传播到亚洲各国,并且影响了整个世界,影响了世界的文明和进步。它是我国人民对人类的重大贡献之一。

三、造纸术、印刷术的早期应用及社会影响

(一)纸质书信作为新媒介活跃了私人交往

纸张普及之前,中国古人的书信以简、牍、帛为载体,故也有"尺牍""尺素"等代称。这些材料既不便书写,也难以递送,因此早期的书信活动大多以公文内容为主,私人通信并不活跃。因此,"书",即书信,这种中国古代的应用型文体,在魏晋之前并不发达。

造纸术发明后,纸与竹简并用数百年,这段时期的读书人存在"重简轻纸"的倾向,直至东晋时逐渐将纸作为非正式的通信工具。在这之后,纸成为社会通行的书写材料,私人书信活动逐渐发展起来。唐代欧阳询的《艺文类聚》中有《与窦伯向书》一篇:"孟陵奴来,赐书,见手迹,欢喜何量,次于面也。书虽两纸,纸八行,行七字,七八五十六字,百十二言耳。"[③]该文记录了东汉的马融与其同乡窦章的书信往来,可以看出两人已使用纸来通信。《晋书·陆机传》也记载了陆机以狗"黄耳"送信的轶事。

———————————

① 潘云泽、侯友谊、胡春燕:《现代传播技术》,科学出版社 2004 年版,第 25 页。
② 杜石然、范楚玉、陈美东等:《中国科学技术史稿(修订版)》,北京大学出版社 2012 年版,第 243 页。
③ 欧阳询:《艺文类聚》,汪绍楹校,上海古籍出版社 1965 年版,第 560 页。

初机有骏犬，名曰黄耳，甚爱之。既而羁寓京师，久无家问，笑语犬曰："我家绝无书信，汝能赍书取消息不？"犬摇尾作声。机乃为书以竹筒盛之而系其颈，犬寻路南走，遂至其家，得报还洛。其后因以为常①。

读书人以一纸书信来讨论时政、阐发思想、传道授业、抒写处境、凭吊友人等，内容集议论、叙述和抒情为一体，文情相映，文风雅致，既具艺术性，又不失生活气息，具有文学和议论性质。可以说，纸的发明和广泛应用对"书"这种文体的逐渐繁荣具有推动意义。

（二）印刷地图扩展了人们的疆域空间想象

中国人在纸张和印刷术发明之前就开始绘制并使用地图，尤其是全国性地图，在唐代之前便已出现，但如今仅在文献中可见，原图已散佚。宋代开始以印刷术刊印地图，《历代地理指掌图》即是现存最早的历史地图集，共载地图 44 幅，上至帝喾，下至本朝，形制基本相似。现存全国总图中，能追溯到的最早行政区划名称是宋代的。这是因为，"不仅现存中国古代全国总图中基本没有宋代之前的地名，而且在宋代之后古籍中长期留存、具有较大影响力的全国总图，绘制时间基本只能追溯到宋代，要不就是图面上找不到宋代之前的地理要素信息"②。

地图具有知识生产和留存的功能，从这个意义上看，地图就是承载知识的媒介。唐代及之前的手绘地图，没有广泛流传，也没有长时间留存，不仅未能对宋代的地图产生影响，也未能将其所承载的知识形成清晰、系统的体系，影响后人对地理和疆域的知识性认知。印刷地图改变了手绘地图的随意性，宋代之后，以地图作为载体的知识类型形成了明确的发展脉络，这与唐代及其之前极低的地图留存率以及所承载的知识缺乏传承形成了明显的差异。因此，宋代印刷术的普及从根本上改变了中国古代知识的发展方式。

更值得重视的是，地图的另一种媒介意义，即它扩展了人们的地理和空间想象。地图是对位置和空间的描摹，给人以位置感、空间感。人们对未曾到过的地理位置和空间的认识和想象，都是基于地图的。换句话说，地图上有的，便为人们所认识，地图建构了人们的空间想象。当宋代的印刷地图出现，它传递的不仅仅是关于地理的知识，更是对空间、疆域的想象。印刷地图相较手工绘制地图的规范性、严密性，

---

① 房玄龄等：《晋书》，中华书局 2000 年版，第 975 页。
② 成一农：《印刷术与宋代知识发展方式的转型：以中国古代全国总图的发展为例》，《安徽史学》2018 年第 3 期，第 12 - 19 页。

有助于人们对国家疆域的把握和想象。

印刷地图能够在之前的基础上不断增补、翻刻,这不仅造就了知识的留存、传播和创新,更是古人对空间、疆域的进一步把握和认同。

(三)印刷术促进知识发展方式的转型

到了宋代,书籍的大规模生产、发行扩大了文化传播的范围,拓展了能接触到"知识"的群体,引发了科举应试等领域的变革,"使得文字永存的力量引起了经学的复兴,也改变了治学和写作的方式"[①]。

印刷术扩大了知识分子群体。赣东民谣中的"临川才子金溪书"点明了科举应试、知识分子群体扩大和印书之间的关系。临川和金溪是毗邻的两个区县,历史上临川考取进士700余人、举人1000余人,而金溪浒湾镇在明清时期有印书堂号60多家。由此来看,大量书籍的印行,不仅为士子提供了教材和复习资料,也有利于知识的积累和再生产。

印刷术还是促进书院在宋代兴起的重要原因之一。中国古代的书院从古代的"精舍""精庐""学馆"发展而来,最早的书院出现于唐代。宋代书院大规模出现,其中著名的有"北宋六大书院":江西庐山的白鹿洞书院、湖南长沙的岳麓书院、湖南衡阳的石鼓书院、河南商丘的应天府书院(又称睢阳书院)、河南登封的嵩阳书院(又称太室书院)、江苏句容的茅山书院。历代书院都以讲解研究理学为根本,基本教材为"四书五经"。印刷术的出现,能够为书院提供大量的印刷书籍作为教材,保证了教学活动的开展。

在手抄时代,知识复制的低效率影响了知识传播的范围,对知识传承也是不利的,由此也使得知识的积累和创新极为缓慢。印刷术的应用不但扩大了知识传播的范围,提高了知识保存的可能性,更为重要的是,印刷术让知识以文本的形式大量地、体系性地留存和不断增补,从而形成了新知识。因此,印刷书籍改变了中国古代知识积累和创新的节奏。从这层意义上可以说,唐宋之际是中国古代知识形成方式的变革期[②]。

---

① 李约瑟:《中国科学技术史(第5卷,第1分册)》,科学出版社、上海古籍出版社1990年版,第337－338页。

② 成一农:《印刷术与宋代知识发展方式的转型:以中国古代全国总图的发展为例》,《安徽史学》2018年第3期,第12－19页。

第二节 印刷术的改进与应用

一、古腾堡改进印刷术

进入中世纪以后，德国成为印刷出版的中心。以研究金属活字印刷而闻名的约翰内斯·根斯弗莱施·古腾堡（又译古登堡）（Johannes Gensfleisch Gutenberg）就是当时杰出的代表。古腾堡出生于德国法兰克福西部莱茵河畔美因茨市的一个旧贵族家庭，早期是做金银首饰的手工匠人。古腾堡一家为了逃避当时美因茨市的贵族和平民之间不断发生的争斗，于1434年迁居到莱茵河下游的斯特拉斯堡市。这一时期正是欧洲文艺复兴时期，宗教书籍的抄写和出版发行盛行，书籍的需求量迅速增加。古腾堡在做金银首饰的同时，研究了铅活字的铸造技术，最终发明了在铅中加入少量锡和锑做铅字的"三元合金"材料，这是古腾堡的一大功绩。这种三元合金在500年后的今天也几乎没有什么更改，在计算机排版印刷普及前一直作为印刷活字材料使用。

古腾堡从一种黏性油漆中提炼出铅活字印刷用的油墨。受莱茵地区使用的葡萄压榨机的启示，他设计出了采用全新加压方式的木制螺旋印刷机。以前靠手工操作的木版印刷方法，只能在纸的单面印刷，而古腾堡的这种印刷机，可以双面同时印刷。1440年前后，古腾堡已经能够印刷出相当精美的印刷品。1444年，斯特拉斯堡的农民战争爆发，古腾堡又搬回了美因茨，靠借贷继续研究印刷术，并试印了《36行圣经》。

1450年，古腾堡向首饰商人约翰·福斯特（John Foster）借贷了一笔数目可观的钱，建立了自己的印刷厂，并按福斯特要求开始印刷《圣经》。1455年，福斯特向古腾堡催讨借款，无力偿还的古腾堡在诉讼中失败，包括活字在内的所有印刷设备，以及正在印制中的拉丁文《42行圣经》全部落入福斯特手中。这个版本的《圣经》，每面42行，双栏排列，因此叫《42行圣经》。由于是古腾堡经手的，又叫作《古腾堡圣经》。

1455年2月23日，《42行圣经》印刷出品。这部拉丁文版本的《圣经》，共印了180册，在正式出版前就被订购一空。《42行圣经》现存49本，是西方第一部完整的以印刷书籍形式出现的《圣经》。它被人们看作是古腾堡印刷术的"皇冠上的明珠"。

后来，古腾堡得到一些人的资助，在美因茨建立了一个新的印刷厂，再度从事印刷工作,但终因欠债太多而破产,古腾堡在孤独中于 1468 年 2 月凄凉地去世。1462 年,福斯特的印刷厂被战火烧毁,工人逃亡到其他地区,于是古腾堡印刷术在欧洲传播开来①。

"古腾堡印刷术"也被称为"古腾堡机器印刷术""古腾堡活字印刷术""西式活字印刷术""欧洲活字印刷术"等。它不是仅指单个印刷术,而是包含了金属活字、油墨、纸张及印刷机在内的整个印刷技术。古腾堡金属活字印刷术在印刷材料、技术和工艺方面都取得了重大突破。一是制造出能够批量生产金属合金活字的字模,且用于铸字的锡铅锑合金可保证活字规格完全相同。二是混合煤灰、亚麻籽油、熔化的铅和氧化铜,调制出适用于金属活字的油性墨水,具有较强的黏着力和干燥性。三是创造性地改造了旧式的亚麻压棒机,使之实现了以螺旋下压的方式复制字模,批量复制和印刷至此成为可能;活动模板将所需字模进行排列组合,可以任意排版与再排版,保证了副本复制的统一性问题②。

二、印刷术的机械化及其传播与发展

古腾堡印刷术首先在德国传播开来,斯特拉斯堡、纽伦堡、科隆、奥格斯堡等地很快都建立了印刷工厂,其中纽伦堡成为印刷出版业的中心。意大利的印刷业继而迅速兴起,1470 年,古腾堡的弟子、法国人尼古劳斯·让松(Nicolaus Jenson)在威尼斯公国开始经营印刷业,他还发明了罗马字体。巴黎的索邦大学于 1470 年开始了印刷工作,后来法国盛行出版小说类书籍。1475 年,英国人威廉·卡克斯顿(William Caxton)在荷兰从事印刷业务,1476 年回国后在威斯敏斯特教堂中开设了卡克斯顿印刷厂,成为英国第一个从事出版印刷工作的人,并以"卡克斯顿版"而闻名。

1478 年,英国剑桥大学创设了出版局。西班牙和葡萄牙也分别于 1474 年和 1489 年先后开设了印刷厂。从 15 世纪中叶兴起的印刷术,到这个世纪末的 50 余年内,取得了长足发展,在欧洲各地的 250 个大小城镇创建了大约 1000 家印刷厂③。在古腾堡破产的那年,据说全欧洲只有 3 万册图书,但 50 年后,他的技术使欧洲的书籍达到约 1000 万册④。

---

① 〔日〕中山秀太郎:《技术史入门》,姜振寰译,山东教育出版社 2015 年版,第 44—46 页。
② 〔美〕汤姆·惠勒:《连接未来:从古登堡到谷歌的网络革命》,王昉译,北京时代华文书局 2022 年版,第 43—48 页。
③ 〔日〕中山秀太郎:《技术史入门》,姜振寰译,山东教育出版社 2015 年版,第 47 页。
④ 王鸿生:《世界科学技术史(第 3 版)》,中国人民大学出版社 2008 年版,第 94 页。

古腾堡印刷机靠手工排字,造纸、印刷、装订也都是手工作业。这种方法在欧洲持续了约 350 年。然而,工业革命改变了印刷工艺,实现了印刷术的第二次革命[①]。

第一次工业革命中,以蒸汽机为动力的新机械的出现推动了印刷业走向机械化时期。英国仪器工人詹姆斯·瓦特(James Watt)经过多年的独立安装冷凝器的实验,终于在 1784 年成功研制了能在各个工业部门普遍应用的动力蒸汽机,完成了在工业中将热能转化成机械能的伟大功业[②]。此后,蒸汽机在不断的技术改良中逐渐成为主流的动力机械,促使欧洲新兴的工业部门由工场手工业迈向大机器生产时代,印刷业也随之发生了革命性的转变。

印刷业引入蒸汽机之后,19 世纪的德国再次成为印刷革命的中心。在印刷方面,弗里德里希·柯尼希(Friedrich Knig)和安德里亚斯·鲍尔(Andreas Paul)于 1812 年发明了以蒸汽机为动力的滚筒式高速印刷机,改古腾堡的一次性印刷为连续印刷,自此印刷开始走向机械化时代。1814 年《泰晤士报》即以柯尼希和鲍尔的印刷机印制了 11 月 24 日的报纸。

在造纸方面,19 世纪初的欧洲已出现较为先进的造纸机,但破布这一造纸原料仍较为短缺。基于此,1845 年,弗里德里希·哥特罗布·开勒(Friedrich Gottlob Keller)改革了纸浆的成分,加入更多木质纤维,以适应报纸发行的需要。同年,美国纽约的理查德·霍(Richard Hoe)取得了报纸轮转印刷机的专利,这种机器在 1881 年时已经能在一小时内印出 2.5 万份 8 页的报纸。它的速度把平压的高速印刷机远远甩在后面,使报纸真正开始成为大宗工业产品。

在排版方面,美籍德国人奥特马·摩尔根塔勒(Ottmar Mergenthaler)于 1884 年发明了自动铸排机,排字时可一次铸成整行字版,极大提高了制版效率,同年的《纽约先驱报》已采用这种行排技术。除上述进步之外,乔治·麦森巴赫(Georg Meisenbach)还发明了照片印刷术,图画的印制逐渐脱离原有的雕版工艺,并促成了新闻摄影的繁荣[③]。

经过这一系列技术革新后,印刷业均由手工印刷走向大机器印刷,各种出版物的数量骤增,也为报业的大众化奠定了基础。印刷术的机械化使各种消息和文化产品能快速大量传播,构成了现代文明的一部分,影响深远。

[①] 王鸿生:《世界科学技术史(第 3 版)》,中国人民大学出版社 2008 年版,第 115 页。

[②] 姜振寰:《技术通史》,中国社会科学出版社 2017 年版,第 190-192 页。

[③] 李银波:《论德国人与 19 世纪的印刷技术革命》,《武汉大学学报(人文科学版)》2007 年第 4 期,第 540-546 页。

三、印刷术的革命性影响

印刷术被称为"思想炸药"，它点燃了五六种引信，并一直在思想爆炸中唱独角戏，直到19世纪电报、摄影术等新一代的发明登台为止。具体来说，印刷术带来的社会变革，表现在以下方面。

（一）引领资本主义生产制度变革趋向

古腾堡印刷术表征和引领了现代化大生产趋势。欧洲中世纪缓慢的技术进步使手工业和商业有了更大规模，在地中海沿岸形成了大大小小的商业和手工业中心，一些脱离了土地流落到城市的贫民被吸收到新开办的工场中，集中生产城市生活所需的产品。自由的商业竞争使工场主不得不设法改进技术，通过专业分工来提升生产效率，缩短生产周期。同时，分工使操作过程专业化，手工劳动变得简单，专门化的工具逐渐出现，生产工艺慢慢改进，工业生产领域因此出现了资本主义现代化大生产的雏形。

机械印刷术的现代化生产方式，主要体现在三个方面：规模化、标准化和流程化。

（1）规模化。机械印刷术这一技术革新的最直接影响，就是它实现了大规模、高效率的信息复制。"一旦排好了一页纸的字，古腾堡的机器一天就能复制出好几百页，这比手工抄录快100多倍。"在古腾堡印刷机刚投入使用时，3个人操作一部印刷机工作3个月，可以印出300册书，这么多书要是用手工抄录，需要3个抄写人一辈子的时间。大概50年后，遍布在欧洲约250个大小城镇的约1000架印刷机，总共印出大约1000万册图书。

（2）标准化。机械印刷术使得铸造活字、排版上具有标准化的统一性，有效保证了同一批次印刷的图书内容、格式和页码完全一致，能够复制多个相同的副本，具有标准化的趋向。这使得信息、资料的搜集、整理和再加工大大便利，知识的生产进一步标准化。

（3）流程化。印刷活动是一套全面系统的生产流程。这一生产流程分成很多步骤，需要几个工人在专业化分工的基础上协同作业。

所以，从工业生产的角度来说，机械印刷术和所有工业技术的进步有类似特征：已经标准化的产品按照更严密的方式进一步规范化，通过机器模板将手工艺人从人工制作模板的苦差事里解放出来。机械印刷术在中世纪结束之际出现，标志着一种新型生产制度的诞生，它具备资本主义工业化大生产的基本特点。印刷业的发展，使得工商业信息得到加速传播，工商业知识得以普及和积累，资本主义工商业迅速发展，由此推动了17世纪英国的科学革命，最终引发了第一次工业革命。

(二)助力宗教改革运动

16 世纪初期的欧洲,有关宗教内容的出版物已开始面向普通公众,但教会仍把持着对宗教事务的解释权。教会改革是宗教改革的中心,而教会的改革是由奥古斯丁修道院修士马丁·路德(Martin Luther)在 1517 年"发表"的《九十五条论纲》触发的。当时的美因茨大主教大肆印刷赎罪券,并在教众中间售卖,鼓吹其不仅可为自己赎罪,也可保死去的亲人免下地狱。马丁·路德震惊于教会借上帝的恩典搜刮民财的做法,对教廷的赎罪券提出异议,由此掀起教会改革和宗教改革运动。

极大地推动了这次宗教改革的两项重要事件是印刷术的应用和本国语言的使用。由于印刷物具有影响公众的想法和观点的能力,因此产生了第一个借助出版的力量而展开的宗教宣传运动。宗教改革者试图让每个人都能得到用本国语言所写的《圣经》,以此成为宗教改革和宗教复兴的基础[①]。路德张贴的《九十五条论纲》唤醒了整个基督教世界的底层信众,传单、布告等印刷物以及对僧侣的讽刺画册确保了路德的论纲和其他作品广泛传播,官方教义与教士实践之间的割裂开始颠覆教会作为权威的地位,人们转而要求打破神职人员对与上帝交流的垄断。印刷术曾被教会用来印刷赎罪券而牟利,同时它又使路德的宗教思想广泛传播。仅 1518 年,路德就以德语发表了 18 部新作品,并在 1522 年将《圣经》由晦涩的拉丁文译为信众都能看懂的德语,获得巨大成功[②]。路德的思想之于印刷商,与教会的赎罪券一样,都是巨大的商机,这些作品不断被翻印,并经由传教士、推销员、旅行者等人之手传到了更为底层的农民手中,直接影响了 1524—1525 年的农民起义。此后,路德开始将改革的观念限于宗教和神学的范围之内,印刷事业已经成为其传播思想的重要工具。

宗教改革最深刻的历史影响是使教会放松了对教义的控制,个人对《圣经》的自由理解开始了。中世纪教会的专制局面已不能维持,宗教必须在精神领域逐步给科学让开一些地盘,思想自由的大势已经不可逆转了。宗教改革对科学发展的影响是复杂而深远的,使各种新思想得到了越来越多的信奉者和支持者,并使越来越多的人相信科学。

可以说,机械印刷术敲响了"黑暗的中世纪"的丧钟,以巨大的力量促进了人类

---

① [加]戴维·克劳利、[加]保罗·海尔:《传播的历史:技术、文化和社会(第五版)》,董璐、何道宽、王树国译,北京大学出版社 2011 年版,第 132 页。

② [美]汤姆·惠勒:《连接未来:从古登堡到谷歌的网络革命》,王昉译,北京时代华文书局 2022 年版,第 31 - 38 页。

精神解放。从社会史的视角来看,这是从中世纪迈向近代的关键一步,架在新旧世界之间的,是印刷术搭建起的桥梁。

(三)形成新的社会文化形态

首先,由于机械印刷术的普及,大量图书得以发行,知识的大范围扩散成为现实。印刷物的普及和知识的扩散,提升了社会的识字率和知识水平,这反过来又推动了知识的生产和扩散,受教育者的认知结构发生明显变化,从而改变了整个社会的知识分布状况。

其次,印刷术打破了贵族对学问的垄断,使得更多的人能够有条件投身到钻研科学技术和思想创造中去,这就创新了知识的生产方式。印刷术将科学知识向大众传播,科学从以巫术而存在变成为理性的、从外部现实验证的思想。而且,印刷术还将伽利略和其他天文学家的观察报告传递给其他科学家去验证,又把其他科学家验证的消息传递给依靠舆论形成的大众。

再次,印刷术推动了公共教育的发展,促使阅读群体兴起。印刷术的使用使宣传宗教改革的小册子、传单能迅速而广泛地流传,宗教改革者试图让每一个人能阅读到用本国语言所写的《圣经》。这就使得新教的改革运动成为提升普通民众读写能力和推广普及教育的积极的推动力。印刷革命推动了书本特性的变化,它的标准化印制能够保证读者读到完全相同的文本、地图和图表,这本身就是一场革命。印刷书籍的大规模、批量化发行,有助于读者群体共同思维方式的形成,而这正是印刷文本所具有的追求理性和强调逻辑的特征。印刷书籍大规模的传播,最终在全社会形成了一个关心共同的公共事务的阅读群体。

最后,印刷术推动了全球地理大发现。文艺复兴在16世纪达到了高峰,当地中海沿岸的城市缓慢形成了资本主义的萌芽时,当时的印刷物大量介绍了东方的富饶,欧洲人对东方的黄金和财富的幻想被远行商人和航海家激发起来。处于地中海西端、直接毗邻大西洋的西班牙和葡萄牙,首先开始探索通往东方的新航路,因此有"报纸发现了美洲"的说法。新航路的发现促使一部分人从事科学研究,由此推动了天文、大地测量、力学和数学的发展。地理大发现之后,意大利进入到一个艺术繁荣的时代,画家、雕塑家成为文艺复兴的主角。他们把人的意识深深融入作品,创造了比文学更生动直观的形象。

(四)引发传播形态变迁

文字的发明是人类历史上第一次传播革命,人类由此突破了因时空因素而受限的面对面传播形态,但依靠手写文字依旧未能完全摆脱身体对传播的限制。机械印刷术的应用和印刷出版物的普及,使得媒介形态、传播形态有了一次根本性的变化。

体外化技术和工具的接入,不仅解放了人类的身体劳动,而且还颠覆了信息生产和复制的方式与形态。

机械印刷术的发明、改进和普及,推动了现代报刊的出现,为大众传播时代的来临奠定了物质基础。机械印刷术应用于新闻生产和分发之后,定期出版物开始出现,这是这项技术规模化、标准化、流程化的完美体现。可以说,现代报刊业和新闻业就是资本主义现代化大生产的先声。

当近代报刊在 17 世纪初出现时,社会上也有了一批专事新闻传播的人员,直到 19 世纪 30 年代现代新闻业奠定,新闻工作者正式成为一个新兴的职业,从事社会的信息传播工作。

以提供各种信息为宗旨的定期出版物的出现,一方面加速了社会信息的流通,另一方面它作为流通的商品,又缩短了资本主义社会的生产周期,并加快了工商业的发展。因此,近现代报刊同时造就了关注社会变化的群体和商品消费群体。这是大众传播区别于此前社会信息传播的一个重要特征。

印刷出版物成为信息传播的媒介之后,人类传播从依靠身体的书写场景转向依靠机械的印刷场景,它开始作为一种社会媒介系统将不同的个体连接到同一个信息世界中。虽然普通人的信息接触行为从面对面场景转移到私人性的阅读之中,但印刷出版物却造就了一个关心社会公共事务的阅读群体,形成了另一种形态的公共交往。交往的内涵被延展了,人们的社会关系打破了在地化范围的限制,人们能够与远方形成一种以印刷媒介为中介的连接。

机械印刷术的发展改变了早期欧洲社会的传播模式。在印刷术出现之前,中世纪的欧洲已经存在四种传播网络:一是由教堂控制的跨教区的宗教传播网络;二是由世俗政治势力掌握的国家内传播网络;三是由商人构建起的私人化的信息传播网络;四是由流动的中间人如说书人、推销员、旅行者等搭建起的不稳定的传播网络。将机械印刷术运用到新闻信息的生产和分发上,是早期欧洲传播网络产生的深远影响之一。信息的大范围迅速流通,影响到欧洲国家政治、经济、文化的运行机制,进而开启了从封建制度向资本主义制度的过渡,社会形态开始变化。

总之,机械印刷术及印刷出版物作为体外化传播媒介,当它一旦介入到人类信息传播的过程中,在基于身体在场的传播中插入了一个物质性中介,就改变了原来面对面的传播形态。具体来讲,就是人类传播的媒介、传受双方、传播环境、信息传播过程等传播要素发生了全方位的变化。传播形态的变化,也就是社会形态的变化。换句话说,机械印刷术的出现引发了传播技术和媒介的变迁,进而推动了人类社会的变迁。

第三节　近现代新闻业的兴起

机械印刷术的发展改变了早期现代欧洲社会的传播模式，它催生了各种定期出版物，最终导致现代报纸的出现，从而为现代新闻业的诞生提供了物质技术基础。

一、机械印刷术出现之前的出版物

(一)服务于政务的早期官方出版物

书的出现早于造纸术和印刷术的出现。两河流域的苏美尔人曾将其楔形文字记录在湿黏土版上，所述内容包括法典、宗教、文学、契约等诸多方面，这种"泥版书"便初具书的雏形。中国古代也曾以竹简、绢帛等材料记录文字，并将其装订成册，以供知识的储存。在印刷术普及之前，书通常需要手工抄写，其作为商品的流通属性也不强。

在东西方，很早便出现了"报纸"。古罗马时期的《每日纪闻》以及中国古代的邸报，均已具有信息交换和新闻传播的色彩，但这一活动不具备商品属性，也不是专门化的面向社会的信息传播活动，因此也不是独立的新闻事业。

《每日纪闻》出现于公元前 59 年的罗马，是公告式的官方公报，也是世界上最早的定期手写新闻之一。盖乌斯·尤里乌斯·恺撒(Gaius Julius Caesar)当选为罗马执政官后，下令每日公布元老院及公民大会的议事记录，并将其书写在罗马议事厅外涂有石膏的特制木板上，当时的名称是"阿尔布"(Album)，后来人们称之为《每日纪闻》。内容多为政府要事，具有很强的政治性，是民主派与贵族派进行政治斗争的工具。公元前 6 年，屋大维(Gaius Octavius Augustus)恢复《每日纪闻》，不定期发布会议记录、帝国政事、宗教祭祀、贵族的婚丧嫁娶和战争消息等，并抄写多份分派给各地政要[①]。《每日纪闻》在巩固政权、整合社会方面起了很大作用，但随着罗马帝国疆域的不断扩大，传播系统远远落后于军事、商业、行政等社会组织的发展，间接导致了罗马的分裂。

邸报是对中国古代报纸的统称，是由封建王朝有关中央机关直接编发的朝廷官报，发源于唐代的进奏院状，在宋代开始被称为邸报。邸报是实行高度中央集权制度的封建社会的产物，是维护和巩固封建统治的工具，内容受到严格的控制，基本没有自己采写的文章，主要涉及皇帝诏旨、皇帝起居、官员任免、臣僚章奏、战报以及刑

---

① 郑超然:《外国新闻传播史》，中国人民大学出版社 2000 年版，第 2-3 页。

罚等①。邸报的读者主要是政府官员和一般士大夫知识分子,虽是为宣达皇权、统一思想而设,但客观上也为各级官吏提供了决策所需要的信息。因此,朝廷专门机构发行的邸报,并非面向社会的信息传播系统或媒介,虽然具有信息传播的功能,但依然不能称作社会的新闻活动。

(二)提供商业信息服务的手抄新闻

到 14 世纪时,意大利威尼斯开始兴起一种手抄新闻,内容主要包括商品行情、船期和交通信息以及政局变化、战争消息等。威尼斯处于欧洲与远东贸易的有利位置,资本主义商品经济最早萌芽、最先发展,世界各地的政客、商人等都需要了解威尼斯的情况,因此催生出一批以专门打听信息为谋生手段的人。手抄新闻主要有五种发行方式:一是贴于公共场所,用绳或栏杆围起来,阅读者需付一枚铜圆,即"格塞塔"(Gazetta),后来该词成为欧洲各国早期报纸的名称;二是贴于"新闻房"中,形式与展览会相似,阅读者同样需付一枚铜圆;三是抄写多份,沿街兜售;四是客户指定信息,代为打听;五是定期寄给订阅者②。手抄新闻集编、写、发于一人,产生了世界上第一批真正靠传播信息为生的职业工作者。

(三)内容主题广泛的小册子

英国在 15 世纪末开始流行小册子,这种由个人发行的出版物体量较小,通常仅有数十页,且多为四开本或八开本,售价低廉;其内容没有固定的主题,既包含剧本、小说等文学作品,也记录重大战争、自然灾害、政策变化等新闻性的信息。早期的小册子主要在民间传播,到 17 世纪时才被各个阶层广泛接受。在定期报刊出现之前,小册子被当作政治宣传的工具,在官方进行出版管制的情况下继续传播思想,并以此来进行观点的论战,实际上成为思想流通与传播的阵地。约翰·弥尔顿(John Milton)的《论出版自由》(*Areopagitica*)就是政论小册子的典型代表。

二、机械印刷术催生近现代新闻业

15 世纪中期,欧洲各地就出现了各种各样的印刷传单、海报和大张印刷品,内容包括政府政令、重大事件、自然灾害、军事冲突,以及对超自然现象的耸人听闻的报道等。但这些传单往往是一次性或不定期的出版物,既充当了人们的信息来源,也被当作信息商品来贩卖。刊载新闻和信息的定期出版物在 16 世纪后半期才开始出现。

---

① 方汉奇:《中国新闻传播史》,中国人民大学出版社 2002 年版,第 6-7 页。
② 方汉奇:《中国新闻传播史》,中国人民大学出版社 2002 年版,第 3-4 页。

现存欧洲最早的印刷报纸是 1609 年在德国出版的《新闻报》①。坐落在欧洲主要贸易路线上的城市,如科隆、法兰克福和柏林,成为早期的报纸生产中心。报纸上的新闻主要由邮政局长提供,收到信息的个人就可以编辑邮政局长的报道。《新闻报》还被翻译成其他文字,在不同国家的城市出售。1620 年 12 月 2 日,荷兰印刷工人和地图刻版师皮特尔·范·德·科尔(Pieter van den Keere)在阿姆斯特丹印刷了第一份英文报纸,而后出口到伦敦。阿姆斯特丹很快发展成为新闻贸易迅速扩张的中心②。现存最早的在英国印刷的英语报纸是 1621 年 9 月 24 日出版的《来自意大利、德意志、匈牙利、波兰、波希米亚、莱茵河西岸地区、法兰西和荷兰的每周新闻》③。早期的这些报纸首先关注的是外国新闻,即发生在遥远的地方的大事件。这为大量的受众定期提供信息,逐渐产生了传播信息的新模式。

1586 年,英国的星法院(Star Chamber)法令颁布,形成了特许和新闻审查的综合体系,它限制了印刷工场的工人数量,并且要求他们生产的各种类型的出版物都要接受审查,直至 1640 年"星法院法令"被废止。此后,报纸出版相对不受控制,新闻书和小册子都大量地涉及内战和与之相关的事情。但随着查尔斯二世在 1660 年恢复君主制度,政府重新对出版进行严苛的控制,直至 1688 年"光荣革命"之后,报纸才得以长足发展。

商业性的期刊在 18 世纪的英国进入了新的发展阶段。英国的第一份日报是爱德华·马利特(Edward Mallet)创刊于 1702 年的《每日新闻》(*The Daily Courant*)。很快,英国又有其他日报出版。大量更加专业化的期刊也不断涌现,它们内容针对性强,或关注娱乐和文化活动,或关注金融和商业新闻,还有一些社会和政治评论④。

17 世纪初在德国出现了定期出版的近代周报,如《德国观察周刊》《法兰克福邮报》《马德堡新闻》等,这是由于德国拥有先进的活字印刷技术、规模庞大的邮政网络以及较为薄弱的封建统治势力。1650 年,蒂莫休·里兹赫(Timotheus Ritzsch)在莱比锡发行了全世界现存最早的印刷日报《新到新闻》。该报的特点是注重评论,新闻报道数量较少。这其中的原因是,近代报业产生之后,随着各国资产阶级革命的完成,政党报刊成为主流。这种报刊在政治上有明显的倾向性,内容上侧重于时政新

---

① 〔美〕米切尔·斯蒂芬斯:《新闻的历史(第三版)》,陈继静译,北京大学出版社 2014 年版,第 3 页。
② 〔加〕戴维·克劳利、〔加〕保罗·海尔:《传播的历史:技术、文化和社会(第五版)》,董璐、何道宽、王树国译,北京大学出版社 2011 年版,第 145 页。
③ 〔美〕米切尔·斯蒂芬斯:《新闻的历史(第三版)》,陈继静译,北京大学出版社 2014 年版,第 4 页。
④ 〔加〕戴维·克劳利、〔加〕保罗·海尔:《传播的历史:技术、文化和社会(第五版)》,董璐、何道宽、王树国译,北京大学出版社 2011 年版,第 146 页。

闻和言论,读者对象主要是政界和上层人士,不重视发行量及广告收入,主要作为政党间政治斗争的工具[1]。

1833年,本杰明·戴(Benjamin Day)在纽约创办了美国最早的廉价报刊《太阳报》,被视为"便士报"的早期代表,开创了美国大众化报纸的先河。这类报刊被称为市场化报刊或大众报纸,其特点是:政治上标榜独立,不受制于某个党派;经济上自主经营,不依赖政府或政党的津贴;读者对象为平民大众,因此也称大众化报纸;内容上注重地方新闻、社会新闻以及各种消闲性、趣味性的软新闻;形式上文字通俗,版面活泼,可读性强;经营上完全商业化,大量刊登广告,以此来降低售价、扩大发行,进而赢得更多的广告[2]。正是基于这些特点,《太阳报》也被视为现代报业的开端。而现代新闻业的最终成型,还要等到电报这一电子媒介出现之后。

---

[1]　郑超然:《外国新闻传播史》,中国人民大学出版社2000年版,第6页。
[2]　郑超然:《外国新闻传播史》,中国人民大学出版社2000年版,第38页。

>> 第四章

蒸汽机、交通运输与媒介

虽然印刷术让信息得以大规模、大范围传播,但信息传播和人类交往仍然受到自然条件的限制,地理距离在不同地域和不同人群之间造成的隔阂,甚至比封建时代统治阶层为禁锢知识和思想而建造的保护墙更加难以逾越。幸运的是,人们从 17 世纪起对自然的研究日益深化,并发现了许多新的原理。进入 18 世纪后,人类发明的各类机械的性能进一步提高,曾经靠人力驱动的机械,逐渐改用风力、水力等自然力或蒸汽、电力等技术动力来驱动。19 世纪初,蒸汽机车让人类克服了地理距离带来的障碍,近代交通运输事业得以快速发展,成为人类媒介史和传播史上的重要事件。

第一节　蒸汽机与交通运输工具的发展

蒸汽机是第一次技术革命的成果,蒸汽轮船和蒸汽机车(火车)皆以蒸汽机作为技术动力。此后,采用燃料的内燃机出现,推动了以新型发动机为动力的汽车、摩托车更新换代,由此促使现代世界交通运输网络形成。交通工具与传播媒介、交通运输与信息传播,在这一时期呈现出新的形态。

一、蒸汽机的早期发展

1680 年,荷兰物理学家克里斯蒂安·惠更斯(Christiaan Huygens)设计了一台由气缸和活塞组成的用火药膨胀力做功的机器。惠更斯的助手,法国物理学家、工程师德·巴本(Denis Papin)在 1690 年设计了改用水蒸气作工质①的活塞式发动机,这部发动机的汽缸活塞结构成为后来许多热机的基本结构形式②。此后,英国的军事工程师托马斯·萨弗里(Thomas Savery)成功设计出了可用于矿井抽水的蒸汽机。1712 年,英国人工程师托马斯·纽科门(Thomas Newcomen)制成了直立气缸密封式活塞、缸内喷水冷却的真空式蒸汽机③。

18 世纪中叶,第一次技术革命发生。这场革命首先从英国最发达的、为海外贸易生产产品的纺织部门开始。1733 年,钟表匠约翰·凯伊(John Kay)发明了飞梭,利用飞梭的自动往返代替手工投递,就能大幅提高织布效率。1764—1765 年,织工詹姆斯·哈格利夫斯(James Hargreaves)发明了由一个人可以同时纺出多支棉纱的纺纱机,使纺纱效率提高了十几倍。他以自己女儿珍妮的名字命名这个新式纺纱

---

① 工质,即工作物质的简称,指各种热机或热力设备借以完成热能与机械能相互转换的媒介物质。常见的有燃烧气体、水蒸气、制冷剂以及空气等。
② 姜振寰:《技术通史》,中国社会科学出版社 2017 年版,第 186 - 187 页。
③ [日]中山秀太郎:《技术史入门》,姜振寰译,山东教育出版社 2015 年版,第 108 页。

机。"珍妮机"(Spinning Jenny)结构简单,造价低廉,即便是最小机型也抵得上七八个工人的劳动。因此,它逐渐取代了手工式纺车。

1768年,理发师理查德·阿克莱特(Richard Arkwright)制成了水力带动的滚筒纺纱机,进一步推动了纺纱技术的革新。1779年,童工出身的英国发明家塞缪尔·克隆普敦(Samuel Crompton)兼采"珍妮机"和水力纺纱机的优点,制造了效率更高、纺出的纱更结实均匀的"骡机"(混合机之意)。机械工理查德·罗伯茨(Richard Roberts)进一步改革了纺纱机,使之能够自动调节纱锭的回转速度①。纺织机器更新,提高了生产效率,刺激了市场对纺织品的需求,这反过来又推动技术和设备不断更新。到1800年,英国的纺织业已基本实现了机械化②。

随着纺织部门的机械化,机器的动力问题又成为工业生产的制约因素。人类的力量有限,风车又不够稳定,水车在冬季和旱季受限很大,都不足以稳定开动这些新机器。1765年,曾在格拉斯哥大学当过仪器工人的英国人詹姆斯·瓦特(James Watt),提出了独立安装冷凝器的想法,其基本设想是分离加热和冷却过程,将蒸汽抽入一个由冷水包围的活塞缸中,以使蒸汽迅速凝结,而发动机的加热部分则始终保持高温并不断产生蒸汽驱动活塞,由此省略了"加热→冷却→再加热→再冷却"的过程③。瓦特立即制作了装置并进行了实验。直到1784年,瓦特才把这一设想变成了现实,成功制造出了蒸汽机。

蒸汽机、机械纺织机的出现迎合了迅速扩张的工业化趋势,而蒸汽机又带动了冲孔机、蒸汽锤、离心式水泵等大型机器的发明。第一次工业革命在一定程度上开创了一个"机器制造机器"的时代,从此,包括蒸汽机在内的所有机器都不再由手工制造,而是由机器迅速、精确、大批地制造出来,装备所有工业部门。

瓦特蒸汽机投入生产实践之后,工业对蒸汽机燃料——煤的需求量大增,机器制造行业对作为机器材料的钢铁的需求量也大大增长。于是,矿业、冶金业企业和生产基地开始扩张,煤和钢铁以及其他生产原料及产品的运输又成为一个突出问题。社会化大生产必须依赖大量原材料和大宗货物的运输能力,这就需要交通运输工具的革新,其中最关键的就是解决动力问题。

1814年,矿工出身的英国机械工程师乔治·斯蒂芬森(George Stephenson)制成世界上第一台蒸汽机车。1825年,斯蒂芬森成功研发世界上第一台客货两用蒸汽机车——"旅行者号"。"旅行者号"机车牵引满载乘客和货物的火车,最高时速达

① [日]中山秀太郎:《技术史入门》,姜振寰译,山东教育出版社2015年版,第106页。
② 王鸿生:《世界科学技术史(第3版)》,中国人民大学出版社2008年版,第153页。
③ 姜振寰:《技术通史》,中国社会科学出版社2017年版,第190-192页。

到20~24千米。"旅行者号"试车成功开辟了陆上运输的新纪元。1829年,斯蒂芬森又研制成功了时速达到46千米的新机车。从此,火车正式被用于交通运输事业[①]。

1785—1790年,美国人约翰·菲奇(John Fitch)成功研制了蒸汽机驱动的船只。1807年,美国工程师罗伯特·富尔顿(Robert Fulton)设计建造的"克莱蒙特号"汽船在北美哈德逊河上试航成功。1819年,以蒸汽动力作为风帆辅助动力的"萨凡纳号"从美国佐治亚州的萨凡纳出发,横渡大西洋顺利到达英国利物浦,用29天走完了哥伦布72天走过的航程。1838年,单用蒸汽机推动的"大西洋号"轮船又把这一航程缩短为15天。两年后,大西洋两岸的利物浦和波士顿之间开通定期航班。1850年,螺旋桨取代了击水明轮,钢铁船壳开始代替木结构船壳。自此,造船业在欧美各个港口城市兴盛起来。燃料动力船满载着工业原料和产品在各大洲之间穿梭,世界各大洲被联结在一起[②]。

二、内燃机促进机器交通工具的发明与应用

内燃机,特别是汽油机和柴油机在社会经济各个领域得到广泛的应用,是各种交通运输工具的强大技术动力。现代社会化大生产,如果没有内燃机所创造的交通运输业是根本无法进行下去的。内燃机的工作原理是:燃料直接在气缸内燃烧,燃烧时产生的气体推动活塞或转子,将热能转化为机械能。内燃机可分为复式内燃机和转动式内燃机两种类型。从采用的燃料上看,内燃机的发展经历了火药机→煤气机→汽油机→煤油机→柴油机这一过程。

18世纪50年代末,定居在法国巴黎的埃蒂安·里诺(Étienne Lenoir)发明了煤气发动机,并于1860年申请了专利。这种发动机用煤气和空气的混合气体取代往复式蒸汽机的蒸汽,使用电池和感应线圈产生电火花,用电火花将混合气点燃爆发。煤气发动机由气缸、活塞、连杆、飞轮等组成,是内燃机的初级产品,因为它的压缩比为零。

1876年,德国人尼古拉斯·奥托(Nikolaus A. Otto)受里诺研制煤气发动机的启发,制作了一台卧式气压煤气发动机,后经过改进,于1878年在法国举办的国际展览会上展出了他制作的样品。该发动机工作效率高,引起了参观者极大的兴趣。在长期的研究过程中,奥托提出了内燃机的四冲程理论,为内燃机的发明奠定了理论基础。德国人卡尔·本茨(Karl Benz)和戈特利布·戴姆勒(Gottlieb Daimler)据

---

①　姜振寰:《技术通史》,中国社会科学出版社2017年版,第210-211页。
②　王鸿生:《世界科学技术史(第3版)》,中国人民大学出版社2008年版,第156页。

奥托发动机的原理,各自研制出具有现代意义的汽油发动机,为汽车的发展铺平了道路。

1881年,戴姆勒同威廉·迈巴赫(Wilhelm Maybach)合作开办了当时的第一家汽车工厂。1883年8月15日,戴姆勒和迈巴赫发明了汽油内燃机。1885年末,戴姆勒将马车改装,增加了转向、传动装置,安装了功率为1.1千瓦的内燃机,并装上四个轮子,车速可达14.4千米/小时。1886年,戴姆勒发明了第一辆四轮汽车。同年,本茨制造出世界上第一辆以汽油为动力的三轮汽车。

19世纪末,德国人鲁道夫·狄塞尔(Rudolf Diesel)成功试制出第一台柴油机,柴油机从设想变为现实经历了20余年的时间。柴油机是动力工程方面又一项伟大的发明,它的出现不仅为柴油找到了用武之地,而且它比汽油机省油、动力大并且污染小,是汽车又一颗良好的"心脏"。鲁道夫·狄塞尔的发明改变了整个世界,人们为了纪念他,就把柴油机称作狄塞尔柴油机[1]。

内燃机与传统蒸汽机相比,有以下几点劣势:对燃料适用性较差,仅能使用汽油、柴油、天然气、生物质油及其他代用燃料;对高海拔适用性较差,随着海拔提高,内燃机性能会不断下降。但内燃机也有优于蒸汽机的几点特征:同等功率下内燃机重量轻、体积小;做功的热效率高,能达到30%以上。

由内燃机驱动的火车、轮船、汽车、摩托车等交通工具的发明和使用,给世界交通运输业带来了巨变,进而改变了世界工业体系的结构。随后,公路、铁路、桥梁、航道、港口、机场等基础设施成为现代社会重要的生活空间,由这些基础设施形成的交通网络也成为重要的信息传播和交往网络。可以说,正是内燃机的发明带动了机器交通工具的应用,打破了人类在地理上的孤立,改变了人类依赖本地资源、分散居住、自给自足的生存模式。

第二节　世界性交通网络的形成

始于蒸汽机的能源动力,推动了人类交通工具的发展,更新了人们在陆地、河流、海洋上的交通方式,将全世界各大洲连接起来,由此形成了一个全新的世界性交通网络,人类不再分散在一个个孤立的、自给自足的、依赖本地资源的社群中。

---

① 刘从臻:《汽车发动机原理》,机械工业出版社2020年版,第2—3页。

一、铁路与陆地交通

(一)各大洲铁路的修建

17世纪早期,英国人发明了轨道车——在平滑的轨道上奔跑的马车。轨道车主要行驶于煤矿和运河之间,作为运河、船只的延伸交通工具。后来铁轨代替木轨,蒸汽机动力代替畜力,推动了铁路运输事业的发展。当1825年英国人斯蒂芬森建造的铁路正式通车,古老的乡间小道和马车道很快都让位于这股钢铁洪流。英国的铁路兴建热潮于19世纪40年代达到顶峰,仅1847年,在建的铁路线就将近6500英里(约合10461千米)①。继而,铁路很快在欧美大陆乃至全世界铺设,陆地上渐渐布满了铁路网。

1829年,蒸汽机车被引入美国,铁路迅速将这个国家带进了工业时代。1830年,美国第一条能够准点发车的人货两用铁路——巴尔的摩—俄亥俄铁路建成。相比开凿运河,在地面铺设铁路运输货物要更加方便、快捷、经济。得益于长途铁路的建设,美国农业从自给自足的生产模式逐渐转型为大规模的商业活动。1848年,第一条横穿芝加哥的铁路开工,《芝加哥日报》认为,铁路的到来为这片"牧场"中丰富的物产打开了市场,促进了商业活动的发展。1854年,这条铁路开通仅仅6年,芝加哥就从一个只拥有几千居民的小镇,成为美国东部的交通枢纽。到1860年,有15条铁路在这座城市交汇。1849年,林肯要花费11天时间,转乘马车、船只和巴尔的摩到俄亥俄的火车,才能从华盛顿到伊利诺伊州斯普林菲尔德市的家中;而在1861年2月,已当选总统的林肯只需搭乘2天的火车就能由家到达首都。这12年间,全美铁路从8000英里(约合12875千米)激增到30000英里(约合48280千米),它以令人惊叹的速度将这个国家的各个地方连接在一起②。

在大洋洲,1850年,澳大利亚第一条铁路开始修建,从悉尼至巴拉瑞特,全长14英里(约合22.5千米);1863年,新西兰建成第一条铁路,从南岛的克赖斯特彻奇至费里米德,全长4.8千米。在南亚次大陆,英国的东印度公司为了运输该国的经济支柱——棉花,将铁路带到了印度。1853年,孟买到塔那的铁路通车,全长33.81千米,是印度历史上第一条蒸汽火车线路。19世纪70年代后,铁路进入东亚和东南亚地区。1872年,英国人霍雷肖·纳尔逊·李(Horatia Nelson Lay)从伦

① 〔美〕詹姆斯·E.麦克来伦第三、〔美〕哈罗德·多恩:《世界科学技术通史》,王鸣阳译,上海科技教育出版社2007年版,第389页。
② 〔美〕汤姆·惠勒:《连接未来:从古登堡到谷歌的网络革命》,王昉译,北京时代华文书局2022年版,第71-75页。

敦金融市场筹资 100 万英镑,在东京和横滨之间建起日本第一条铁路①。

1876 年,中国的第一条铁路——从上海闸北经江湾至吴淞口的吴淞铁路正式通车运营。因这条全长 14.5 千米的窄轨铁路为英国怡和洋行擅自修建,清政府于次年购买接管后彻底拆除。中国人修建的第一条铁路——唐胥铁路于 1881 年竣工,从胥各庄至唐山,全程仅约 9.7 千米。唐胥铁路的建成促进了开平煤矿的开发,在一定程度上减少了外煤的进口②,标志着中国铁路运输业的开始。1887 年,这条铁路向西延伸至天津,称唐津铁路。1894 年,唐津铁路向东延展,经山海关修筑至今辽宁省绥中县,称关东铁路——目的是沟通关内关外。关东铁路是中国首条国有铁路。1887 年 6 月,首任台湾巡抚刘铭传在台北设立铁路总局,以台北为中心开始修建铁路。1891 年,基隆至台北段完工;1893 年,台北至新竹段完工。1894 年,张之洞创办了汉阳铁厂,为便利矿石运输,于 1893 年动工建设大冶铁路,次年竣工,干线长 18 千米。

甲午战争之前,中国共修筑铁路约 470 千米。修建铁路的首要目的是服务经济,如唐津铁路主要是为了煤炭的运输。后来清政府认识到了铁路在战备、国防上的重要作用,关东铁路和台湾铁路就是在这个背景下修建的。这一时期的铁路发展处于起步阶段,并没有形成网络,只是零星地分布在京津地区。

1905 年,清政府设立京张铁路局,由詹天佑主持京张全路事宜。1909 年 9 月,从北京丰台经八达岭、居庸关、康庄、怀来、宣化至张家口的京张铁路竣工,长约 200 千米。京张铁路为中国工程师用中国款项修筑的第一条干线。

截至 1911 年底,中国共修建铁路 9000 余千米。其中,东北地区因其重要的战略位置,共修建铁路约为 3400 千米,占全国铁路里程的 30%,主要有中东铁路、南满铁路和京奉铁路三条干线以及几条支线,初步构成了整个东北地区的铁路骨架。以北京为中心的京奉、京汉、津浦、京张四条干线以及与这些干线相连的正太、汴洛、胶济、道清四条支线,初步构成了华北铁路网。除拱卫北京之外,华北地区铁路发挥了和大运河同样的运输粮食、煤炭等大宗资源的作用。华东地区主要是以上海为中心修建的淞沪、沪宁、沪杭几条铁路。中南地区只有广九、潮汕、漳厦、粤汉、株萍等短线。这些铁路大部分是商办铁路,零星分布在经济较发达地区,没有像北方一样形成铁路网络。

"铁路作为机器,其特征有两个方面:其一,蒸汽发动机(机车)产生的是匀速的

① [英]克里斯蒂安·沃尔玛尔:《铁路改变世界》,刘媺译,上海人民出版社 2014 年版,第 155 页。
② 孙毓棠:《中国近代工业史资料(第一辑)》,科学出版社 1957 年版,第 666 页。

机械运动;其二,运动通过车轮和轨道这一套组合机械,转化为空间中的移动。"①铁路的发展,就是由蒸汽动力所开启的人类运动脱离自然的过程。世界上第一条铁路开通后不到10年,蒸汽机车带动的火车遍布欧洲20多年后,中美洲的古巴、南美洲的秘鲁、北非的埃及、亚洲的印度,均开始了铁路建设。从交通运输的意义上,在"先前无法通行的内陆地区建立可靠的陆上交通,铁路推动了集中化和标准化,并有助于将散乱而不同的各省,打造成一个现代化的国家"②,而且还将世界陆地连接起来。

(二)铁路建设预示一个新交通时代的到来

铁路作为一种技术手段,克服了山川河岳的阻隔,帮助人们跨越了自然的障碍而实现物质、信息和人员的交往。这预示着一个新的交通时代的到来,人类的信息传播和交往网络也因此而重构。铁路具有媒介的意义,或者说,它就是媒介。

首先,铁路进一步加快了大规模工业生产和大众市场的到来。铁路铺设之前,商品的生产只能靠近原材料产地,运输能力限制之下,生产规模小且产地分散。铁路大大增加了运力,降低了远距离运输重货的成本,大宗物资因此能以相对低廉的价格从产地运输到加工中心。与材料运输的方向相反,大规模生产的产品又通过铁路进入新兴的大众市场,分发到各地市场被消费。铁路网络因此成为个体和商业活动的大熔炉③。

其次,铁路催生出日益庞大的工业城镇,聚集了广大的人群,构建了新的人群组织方式。铁路将原材料运往制造业中心,将商品运往各消费中心,同时还将大量操作、维护机器的工人运往这些地方。在这个过程中,铁路使商品和人离开最初的地方,曾因远离河流或海洋而无法进行商业活动的城镇,由于铁路的连接而成为新的商业中心。在铁路时代拉开序幕的1830年,全美只有90座人口超过2000的城镇。到1860年,这样规模的城镇已经增长到近400个。铁路创造出新的中心城市,田野上的农民和刚靠岸的移民源源不断地进入新城镇。到1890年人口普查时,大部分美国人已经居住在城市而非农村。"当城市吸引更多的人定居时,每个人都不得不放弃自身的一部分独立性。城市生活向个体施加了一种围绕企业集体主义而起的新型社会准则。"④因此,铁路的发展改变了地貌,重塑了城市,颠覆了千百万人的生

①　[德]沃尔夫冈·希弗尔布施:《铁道之旅:19世纪空间与时间的工业化》,金毅译,上海人民出版社2018年版,第41页。
②　[英]克里斯蒂安·沃尔玛尔:《铁路改变世界》,刘媺译,上海人民出版社2014年版,第158页。
③　[美]汤姆·惠勒:《连接未来:从古登堡到谷歌的网络革命》,王昉译,北京时代华文书局2022年版,第18页。
④　[美]汤姆·惠勒:《连接未来:从古登堡到谷歌的网络革命》,王昉译,北京时代华文书局2022年版,第90页。

活方式,也引发了一系列新的问题。

再次,铁路让信息传输进一步提速,并且改变了信息传播的形态。最初,火车的移动速度比动物快5～10倍,后来提速到动物的40倍,大大加快了社会生活节奏。在速度加快的同时,铁路里程也在呈指数增长。1830年,全美铁路总长只有30英里(约合48.28千米);到1860年,全美铁路总长已达30000英里(约合48280千米)。到1869年,蒸汽机车跨越了此前被认为无法逾越的美洲大陆,加速了最边远地区的发展变迁[1]。

最后,铁路改变了时空观念。铁路应用之前,自然时间是世界上大多数国家使用的时间观念和时间标准。人类早期将斗转星移、季节交替、植物枯荣为参照的天文时间作为自身的生命尺度,并以此来组织农牧劳动。铁路开行之时,英国多家公司就决定合作,建立一个全国铁路网,并引入格林尼治时间作为标准时间,适用于全体线路。1847年,英国的铁路票据交换采用格林尼治时间作为"铁路时间",被大部分铁路所用,并最终成为通用标准[2]。19世纪中叶的美国使用"太阳时间",即根据太阳相对当地的地标建筑物(通常是教堂尖顶)的位置来确定时刻。这样一来,不同的地区就有不同的"太阳时间"。这样的计时方式非常不利于火车在不同地区开行。1872年,各家铁路公司召开了"通用铁路时间公约大会",试图寻求解决办法。1883年11月18日,"铁路标准时间"生效,将北美大陆分割成五个时区。但在铁路系统之外,这套时间并没有被强制使用[3]。

二、汽车和公路交通网络的出现

内燃机的发明推动了汽车制造业的兴起,内燃机的动力更足,能够保证车辆的高速度和远距离行驶。汽车(automobile)一词在英语中是能自动移动、行走的意思。汽车是较火车更为灵活便捷的交通运输工具,大大降低了货运成本和客流运输成本。汽车行驶必须依托于公路,它的大规模使用促进了公路交通网络的发展。

早在汽车发明之前,人类社会便有了公路体系,包括古罗马、古波斯、古印加等都有自己的公路体系。文献记载,中国在夏代就已经有了车和舟。中国人有意识的交通建设,始于夏朝统治的核心区域,即今天山西东南部和河南西北部这一范围[4]。

---

① [美]汤姆·惠勒:《连接未来:从古登堡到谷歌的网络革命》,王昉译,北京时代华文书局2022年版,第25页。

② [英]克里斯蒂安·沃尔玛尔:《铁路改变世界》,刘媺译,上海人民出版社2020年版,第171页。

③ [美]汤姆·惠勒:《连接未来:从古登堡到谷歌的网络革命》,王昉译,北京时代华文书局2022年版,第92页。

④ 白寿彝:《中国交通史》,团结出版社2007年版,第6页。

秦王嬴政统一全国之后,下令修筑驰道和栈道。秦代还颁布"车同轨"的命令,开启全国交通建设,充分表现了秦代交通大一统的新精神。"这时的交通,有一个全国最大的中心。这时的交通建设,如道路的开辟和河渠的开凿,也都有一个辐射的焦点。"①这是秦汉交通最大的特征。

近代公路体系极具特色的当属法国。法国的公路体系形成于17—18世纪,它以巴黎为中心,将重要的农业区与港口、商品集散中心联系起来,同时将国王及其军队的权威延伸至边疆,有时直达叛乱地区。美国早期的公路系统也体现了政治和经济的用途。"它将全国划成1英里(约合1.61千米)见方的方格或区块,然后每36个区块划为1个城镇单元","方格网体系一共覆盖了2/3的美国国土",目标是"让每一位公民、每一个土地所有者都能方便地抵达通往政治中心"②。

不难看出,世界各国早期的道路和公路体系,径直通往政治、军事或商业目的地,主要是服务政治、经济、宗教等公共活动,便于社会中某一特定阶级的聚集,如行政的、宗教的或军事的领袖们,很大程度上成为或充当了强化或改变社会秩序的政治工具。

而汽车出现之后的新的公路交通网络建设,改变了公路体系和交通网络建设的目标。具体来说,就是最大范围地把人们聚集在一起,并创造出一种类似公共场所的地方,以便人们在那里面对面地接触、交谈③。

首先,汽车的出现和使用改变了城市空间的形态。在19世纪20年代,人们的交通出行距离从十几千米扩展到几十千米的范围,城市半径和城市尺度极大扩张,城市规模扩展,并进入了郊区中心地区,城市用地密度较低,呈现出较为松散的状态,郊区生长速度明显快于城市中心地区,城市同心环状结构再次被构建出来④。

其次,从社会层面来说,汽车的使用和现代公路交通的建设推动了城乡格局变化,改变了人们的生产和生活方式。汽车的使用和推广不仅解决了城市人口的出行问题,也影响了乡村发展。以美国为例,美国对汽车的推广导致农业专业化程度增加,农业人口急剧减少,乡村的小集市从分散到逐渐消失,取而代之的是公路旁出现的小镇。这些小镇的旅游业崛起,加油站、百货商店、邮局等随之出现,学校、医院、图书馆等纷纷建立,小镇成为乡村生活的中心⑤。

---

① 白寿彝:《中国交通史》,团结出版社2007年版,第50页。

② [美]约翰·布林克霍夫·杰克逊:《发现乡土景观》,俞孔坚、陈义勇、莫琳等译,商务印书馆2016年版,第58-61页。

③ [美]约翰·布林克霍夫·杰克逊:《发现乡土景观》,俞孔坚、陈义勇、莫琳等译,商务印书馆2016年版,第58-59页。

④ 黎德扬、高鸣放、成元君等:《交通社会学》,中国社会科学出版社2012年版,第231-233页。

⑤ 曹南燕、刘立群:《汽车文化:中国面临的挑战》,山东教育出版社1996年版,第89-90页。

再次,现代公路交通网络是一个兼具连接与隔离的流动性网络,具有媒介的本质意义。随着汽车制造技术越来越精密,它对公路的要求也越来越高,高等级公路、高速公路构成了现代公路交通网络。这一网络加速了人、货物和信息的流动,实现了人与人、人与物、物与物的连接,但同时又造成了隔离。现代公路系统越来越成为一个封闭流动性的系统,表现为一种既连接又隔离此地和彼地的跨地域状态,它不属于任何地方。同样,对道路上的行人、货物、信息而言,道路就是其以流动的状态而赖以存在的流动的空间。人们总是寄望于道路打破隔离、建立连接,但人们在修筑道路实现地点、人员连接的同时,也隔离了其他的地点和人员。无论是驿道、近代公路,还是如今的高速公路、铁路,当目的地成为最终的目标,两点或多点之间的过程就被大幅压缩和忽略。当横亘于村落之上的封闭的高速公路取代了国道和马帮驿道,"不仅'切割'了自然景观,也在一定程度上割裂了原有的社会生态","两侧民众的生产方式、生活习惯以及社会网络被高速公路以一种硬性的方式进行了调整"[①]。公路尤其是高速道路的封闭性和限制性,造成了原本相邻地域之间人们的隔离,损坏了原本根据生产生活而自然形成的交往关系和沟通方式。"高速公路的诞生使道路成为人和乡村之间的围墙……空运使过去的城市-乡村复合体进一步瓦解"[②],现代公路在国家的主导下,从首都、省会等中心城市向农村、边疆地区辐射,形成"中心-边缘"的格局。

三、轮船、港口与航运

蒸汽机的发明推动了船舶业的发展,扬帆航海逐渐向蒸汽航海发展,其过程经历了四个阶段。第一阶段是扬帆航海,这是一种古老的运输技术。"斯芬克斯号"商船的诞生标志第二阶段的到来,19世纪20年代人们穿越大西洋一直利用帆的功能,而蒸汽机的出现替代了自然动力,克服了帆船有时因风力不足无法顺利航行的缺陷。此时蒸汽机和帆这两种技术同时发挥作用。在第三阶段,蒸汽机成为船舶主要的推进方式,帆成为蒸汽机的"备用轮",以防范蒸汽机出现故障或燃料不足。第四阶段,船帆这种旧技术被彻底抛弃。1845年,一艘由英国大不列颠造船厂制造的配有螺旋推进器,船体完全是铁的轮船第一次穿越大西洋[③]。而铁壳蒸汽轮船的出现,使远洋运输进入常态化。

---

① 朱凌飞、宋婧:《历时性视阈中的社区过程与道路的隐喻:对甘庄道路的人类学研究》,载周永明:《路学:道路、空间与文化》,重庆大学出版社2016年版,第110页。

② [加]马歇尔·麦克卢汉:《理解媒介:论人的延伸》,何道宽译,译林出版社2011年版,第115页。

③ [法]布律诺·雅科米:《PLIP时代:技术革新编年史》,侯智荣译,中国人民大学出版社2007年版,第15-17页。

　　从 18 世纪末起,菲奇、拉姆齐、斯坦厄普和布兰克等人就试图将瓦特的蒸汽机用于推进船舶发展。18 世纪 80 年代,美国发明家约翰·菲奇(John Fitch)制成复动式蒸汽机,并用这台蒸汽机制造了一艘划桨蒸汽船①。1788 年,苏格兰机械师威廉·赛明顿(William Symington)制造了一艘能够短途使用的汽船②。但这一时期制造的轮船使用价值不是很大,只能空船行驶,载货行驶的速度比帆船还慢。1807 年,美国发明家罗伯特·富尔顿(Robert Fulton)设计制造了第一艘以蒸汽机作为动力的客轮"克莱蒙特号",首航哈德逊河。1812 年,英国人亨利·贝尔(Henry Bell)吸取美国人的经验,设计制造了英国第一艘利用蒸汽机驱动的轮船"慧星号",从 1814 年开始在泰晤士河上航行。自此以后,蒸汽轮船开始占据英国水上运输的重要地位,许多家轮船公司成立,制造出了"天狼星号""大西方号""大不列颠号"等多艘著名轮船,水路交通进入了新的时代③。

　　随着资本的对外扩张,远洋轮船发展起来了。1819 年,美国的蒸汽轮船"萨凡纳号",自佐治亚州的萨凡纳横渡大西洋开往利物浦。1838 年,英国轮船"天狼星号"和"大西方号"完全依靠蒸汽机动力,横渡大西洋成功④。1869 年,苏伊士运河畅通。连接爱奥尼亚海和爱琴海的科林斯运河于 1893 年完工。连接太平洋和大西洋的巴拿马运河的开通也经历了漫长的过程。1513 年 9 月 25 日,巴斯克·努涅斯·德·巴尔波亚(Vasco Núñez de Balboa)在巴拿马沿岸的高山上发现了太平洋⑤。1514 年,佩德拉里亚斯·达维拉(Pedrarias Davila)率领 2000 人和 22 艘船组成的船队前去征服新的地区。新建立的西班牙省份跨越巴拿马地峡以及尼加拉瓜、哥伦比亚的土地,面向加勒比海。1519 年 8 月 15 日,达维拉在太平洋一侧建立了巴拿马城,以 50 只骡子作为交通工具连接巴拿马和大西洋一侧的农布雷德迪奥斯,帆船从这里出发驶向哥伦比亚港口卡塔赫纳。1804 年,德国自然学者、工程师、洪堡男爵弗里德里希·威廉·海因里希(Friedrich Wilhelm Heinrich)首次对两个大洋之间建造运河的可能性进行了研究。1879 年,巴拿马洋际运河公司成立,但运河工程因资金和丑闻等问题陷入停滞。1903 年美国国会购入原属法国公司的股份,重新开启运河工程。1914 年 8 月 14 日,欧洲卷入世界大战之时,美国货船"安贡号"(Ancon)穿越新落成的巴拿马运河。2006 年巴拿马政府决定开展扩建工程,新的巴拿马运河可供容纳

---

①　姜振寰:《技术通史》,中国社会科学出版社 2017 年版,第 216 页。

②　刘建统:《科学技术史》,国防科技大学出版社 1986 年版,第 93 页。

③　刘兵、杨舰、戴吾三:《科学技术史二十一讲》,清华大学出版社 2006 年版,第 167 页。

④　李思孟、宋子良:《科学技术史》,华中科技大学出版社 2000 年版,第 199 页。

⑤　[法]弗朗索瓦·舍瓦利耶:《航线与航船演绎的世界史》,刘且依译,华中科技大学出版社 2019 年版,第 186 页。

14000 个集装箱的货船通过①。

近代以来,我国航线逐渐增多,港口密集,北洋航线以上海为船舶主要聚泊地,从上海分别开辟了到烟台、天津等的航线。南洋航线有上海、宁波、福州、厦门、广州等重要口岸②。同时,我国是世界上内河航运最发达的国家之一,重要流域拥有庞大的船舶运输体系,为国内各地之间贸易往来提供运输网络。长江是我国的第一大河流,拥有庞大的木船航运体系,其运货量约占全国内河水运量的 70%。珠江及其西江、北江、东江三大支流构成我国第二大内河水系。此外我国还拥有黑龙江水系及淮河、黄河、海河、钱塘江等众多河流,构成了四通八达的内河运输网络③。

我国近代航运业的诞生始于鸦片战争之后,西方资本主义航运势力的入侵和先进造船技术的引入直接影响了我国旧式木船航运业的嬗变过程,从客观上刺激了我国新式轮船运输业的产生和航线的变迁,我国被动地与世界各国联系起来。在国际航线上,我国远洋航线主要有中国—新加坡线、中国—日本线和中国—安南线等,以东亚、东南亚各国为主。19 世纪 40 年代末,西方对华贸易和航运中心从广州逐渐转移到上海。英国轮船公司在 1840 年开辟了英国和印度之间的定期航线,1844 年又开辟了苏伊士运河到香港的航线,1850 年这条苏伊士—香港航线又延伸到了上海,并开启了定期航班,标志着近代上海远洋航运进入新的阶段④。外资航运也在我国内河与沿海航线进行扩张,1895—1911 年,英国在中国的太古与怡和两大老牌轮船公司稳居长江和南、北沿海航运的垄断地位。长江航线还有麦边洋行、鸿安轮船公司的船只行驶。甲午战争后,日本的第二大轮船企业大阪商船株式会社派船驶入长江,开始了在上海与汉口、宜昌间的航行,由此拉开了列强航运势力争夺战的序幕⑤。

鸦片战争后,我国沿海及其岛屿上的主要港口都已经通过不平等条约对外开放,海外交通的局面也发生了重大的变化。其中,上海港周围有纵横交错的内河交通运输网,又是我国黄金水道长江的咽喉,处于海岸线的中心。1870—1910 年,上海港在进出口贸易总值上一直居全国首位,它超越广州港并开始成为中国海外交通最大的港口。北方港口的开放也在我国海上交通中发挥了重要作用。到 19 世纪末,烟台、天津、大连等港口已经开通前往朝鲜、日本乃至东南亚、非洲、欧洲、美洲等地方的航线⑥,我国与世界各地的联系逐渐紧密起来。

---

① [法]弗朗索瓦·舍瓦利耶:《航线与航船演绎的世界史》,刘且依译,华中科技大学出版社 2019 年版,第 186－188 页。

② 张后铨:《航运史话》,社会科学文献出版社 2011 年版,第 3 页。

③ 张后铨:《航运史话》,社会科学文献出版社 2011 年版,第 4 页。

④ 中国航海博物馆:《沧澜航程:中国近代航海史话》,上海书店出版社 2021 年版,第 34 页。

⑤ 周群华、顾宇辉:《中国近代航运史(1895—1937)》,大连海事大学出版社 2020 年版,第 8－9 页。

⑥ 陈高华、陈尚胜:《中国海外交通史》,中国社会科学出版社 2017 年版,第 238－239 页。

从独木舟到装载成吨货物的集装箱船,轮船在人类文明漫长的历史中不断演化,在远洋交通网络中扮演着重要的角色。为了回应不断增长的国际贸易需求,造船业走在技术进步的前沿。造船技术的更新是对海洋空间距离不断征服和整合的过程,而海上航线也随着轮船性能的提高显现自身曲折的变化。世界各大洲、各大洋通过船舶、港口和航线连接在一起,形成海洋上的传播网络,拓展了人们在海洋上的空间活动范围,轮船、海洋、陆地、人类和社会在远洋传播网络中形成一种复杂的关系,影响着世界经济、政治和文化生活的发展。

第三节　作为媒介的交通基础设施及其社会影响

在欧美,直到19世纪中叶电报问世之前,交通运输和信息传递一直被视为本质相同的过程,即都可以用"传播"来描述,也都具有建立并拓展上帝领地的精神含义。这一观念也贯彻在世俗国家建设中,托马斯·杰斐逊(Thomas Jefferson)将发展道路、运河等传播基础设施和国民教育事业确定为保证国家统一的信息和知识传播通道①。交通工具、基础设施都具有媒介的意义,或者说,它们就是传递信息、沟通交往的媒介。

一、交通基础设施成为媒介与传播环境

"基础设施"一词最开始是一个军事用语。人类的进步和发展需要人口、经济、政治和文化的流动。而自由畅通的流动又需要有扮演重要作用的交通节点,并在这些交通节点建设相应的基础设施。一般认为,基础设施就是机场、公路、桥梁、港口、河道、电力、高架引水渠等体积庞大且很难移动的系统。19世纪早期,全世界都经历了前所未有的基础设施大建设,所建设项目包括铁路、电报线路、电信网络、水利大坝、发电厂、天气预报系统、高速公路等。基础设施也被定义为各种大型的、具有力量放大能力的系统,它跨越巨大的时间和空间将人和机构联系起来;或者还可以定义为大型的、耐用的和运行良好的系统或服务②。

从狭义上讲,基础设施是国家为社会提供公共服务的物质工程。长久以来,我们对基础设施建设的理解与技术和文明进步联系在一起,但越来越多的学者对基础设施建设提出了更丰富的定义。2015年,在曼彻斯特召开的人类学理论会议上,

---

① [美]詹姆斯·凯瑞:《作为文化的传播:"媒介与社会"论文集》,丁未译,华夏出版社2005年版,第5页。

② [美]约翰·杜海姆·彼得斯:《奇云:媒介即存有》,邓建国译,复旦大学出版社2020年版,第36页。

劳拉·贝尔(Laura Bear)就曾提出任何物件都可以被称为是基础设施建设,即用"关系"(relational)的角度观察和分析某物件与其他物件、个体、人群存在着预设或非预设的联系。在贝尔定义的基础上,贝莉·哈维(Penny Harvey)认为基础设施建设是一个物质集成,它可以通过预设(譬如建设公路是为了便利交通)和非预设(譬如建设公路使得一个村落逐渐分化为了两个村落)的行为产生效应和社会关系。伊利诺伊大学厄巴纳-香槟分校的杰弗里·伯克(Geoffrey Bowker)认为,基础设施建设通过与周围的其他人造物以及自然环境的互动,在不知不觉中形塑着人类的身体、人类社会组织和文化,以及人类对于其所处环境的知识和话语。也就是说,基础设施建设不仅仅在实现人类赋予其的功能,而且在许多不为人知的方面渐渐改造人类[①]。

道路是重要、常用的基础设施。道路作为媒介,并不仅仅是交通运输和信息传播的载体和渠道。人们不只是注重它承载、运输、传播的具体内容,而且将道路作为人类行为和人类社会演变的基点,呈现其既连接又隔离的人与人关系。人一踏上道路,便进入了寻求连接与沟通的日常实践之中。道路的意义和价值在于实现沟通。道路实践包括人们通过道路进行的交通运输、信息传递、社会交往和意义生成等多种传播实践活动。道路的可沟通,就是道路实践带来的连接、流通、对等和融通,即在充分实现人性维度上的多重可沟通性。首先,就是道路在社区、乡村、国家以及其他城市之间形成多重维度、多种机制的连接。其次,道路及路网应保障和促进物质、信息、人、意义的流动,进而形成多重交往网络。再次,道路和路网的建设注重平等和融通,"离心的"和"向心的"道路建设并重,摒弃城乡二元对立的立场和城市中心主义,以此处理城市与社区、乡村之间以及城市之间的互动关系。

桥梁是路的延伸,也是基础设施的重要组成部分。桥梁是一种利于行人、车辆跨越山川河岳障碍的建筑物,交通是其最原始的功能。由于技术更新和人们对交通运输功能优化的需求,桥梁在形态和功能上从最初的浮桥、索桥等发展成为近代铁路桥梁、公路桥梁和城市桥梁等。桥梁连接两岸,将原本被隔离和中断的两地连接起来,并将行人、货物、车辆、信息输送到对岸,是居中、连接两端的媒介。桥梁也是传播人类文化的媒介,人们在交往中不断赋予桥梁新的象征意义。桥梁同时也塑造了新空间。具有地标意义的桥梁,围绕它产生的政治、消费和人们日常生活的交往场景拓展了其最初"天堑变通途"的交通功能,也成为体验具有独特意义的城市历史景观。

---

① 曹寅:《自行车、港口与缝纫机:西方基建与日常技术在亚洲的相遇》,北京大学出版社 2022 年版,第 10-13 页。

港口不仅是船只停泊和出发的具体位置,更是联系世界各个区域、产生文化交流与传播的交通纽带,具有联通和聚集的特征。人员、资本、商品、思想的流通通过不同港口进行传播,因此港口也是接受外来事物的交通媒介,发挥着既连接又隔离的作用。作为媒介的港口是沿海城市发展的重要依托场所。港口城市拥有强大的连接内陆的内辐射功能和通过海上航线连接海外市场的外辐射功能,作为交通枢纽连接本地与外地、国外市场,利用自身的集散性形成充沛的人流、货流和信息流,强化了城市的信息传播和交流功能。

二、交通与媒介、传播的关系

交通技术可促进社会发展,交通是由人、车、路和环境四大因素所构成的系统。交通发展促进社会发展的过程,是货客、信息等要素在空间上聚集与扩散的过程,也是社会生产力发展所引起的改变人类生产方式、生活方式和出行方式的空间组织化过程[①]。人和物都有空间坐标,都处在某一个地点或一个地区,把散布在各地的人和物、人和人、物和物联系在一起,而又转运输送于各地,因此,人和货物的空间位移被称为交通运输[②]。

"交通"和"传播"原本就是一个词。马歇尔·麦克卢汉(Marshall McLuhan)注意到,在电力时代以前,"交通运输"(communication)一词曾广泛与道路、桥梁、海路、江河、运河等结合起来使用[③]。道路交通不仅使得物资的运输和信息的传播成为现实,还促进了物种、人种在一定范围内的交流和扩散。雷蒙·威廉斯(Raymond Williams)在《关键词:文化与社会的词汇》一书中讨论了"传播"和"交通"的关系:communication 这个词自从 15 世纪以来,其现代的普遍意涵就已经存在。最接近的词源为古法文词 communicacion,是指"使普及于大众""传授"的动作。communication 最初是指这种动作。但从 17 世纪末起,communication 有一个重要的引申意涵,是指"传播媒介、通信工具"。在道路、运河与铁路蓬勃发展的时期里,communication 通常是一个普遍的抽象名词,代表通信设施。进入 20 世纪,随着其他传递信息与维系社会联系的工具不断发展,communication 也可用来指涉媒介(media),例如:新闻、广播——虽然这种用法(在美国比在英国更早使用)在 20 世纪之前并没有被确定[④]。阿芒·马特拉(Armand Mattelart)认为,道路是传播的基础

---

① 黎德扬、高鸣放、成元君等:《交通社会学》,中国社会科学出版社 2012 年版,第 14 页。

② 魏启宇:《交通史学概论》,兰州大学出版社 1990 年版,第 21 页。

③ [加]马歇尔·麦克卢汉:《理解媒介:论人的延伸》,何道宽译,译林出版社 2011 年版,第 111 页。

④ [英]雷蒙·威廉斯:《关键词:文化与社会的词汇》,刘建基译,生活·读书·新知三联书店 2016 年版,第 119 页。

设施,交通道路和远距离传输网络、象征性交换手段一起,构成了"涵盖了财产、人员和信息的诸多交换和流动回路"这一传播的定义①。由此可知,在大众传播时代来临之前,"交通"和"传播"的意涵相通,在抽象意义上都与信息、人、货物的扩散、传递等相关。

现代通信技术的发明使传播和交通成为泾渭分明的事物,二者有了communication 和 transportation 的区分。正如詹姆斯·凯瑞(James Carey)所言:"当电报早于横跨大陆的铁路干线 8 年到达西海岸时,传播与运输这两个概念的同一性,无论在事实上,还是在符号上都已不复存在。在电报之前,信息的运动倚仗双足、马背或铁轨运载,因此 communication 被描述为运输,还用于为简单的原因而进行信息传送。电报终结了这种同一性,它使符号独立于运输工具而运动,而且比运输的速度更快。"②在大众传播出现之后的传播研究中,"传播"的概念中只容纳了报纸和广播等"媒介",而将道路、桥梁、铁路等交通技术舍弃,并将研究的视角聚焦在媒介内容、受众和效果等层面上。以内容和效果为重心的传播研究忽略了信息传播的物质基础,遮蔽了交通对人类交往的作用以及人类对于生存和交流的基本经验。

17 世纪以来交通技术和运输事业随着两次技术革命得到显著发展。铁路、汽车、飞机等交通工具改变了人们的出行方式和对时空的体验,现代城市空间被现代交通道路和技术所构建,无论是电报等通信技术的媒介传播,还是交通工具运输都通过缩减时间与空间的距离传播信息。从对人类生活影响上来讲,交通和传播的作用是相同的,交通运输技术和信息传播媒介一样,都影响人口流动、贸易发展、文化传播和环境改变。因此,当下传播研究中"交通"的概念及其重要性重新凸显,交通运输成为传播与媒介研究的重要范畴。戴维·莫利(David Morley)认为当代的媒体理论应该回归历史传播,将诸如河运、航运、公路交通系统,铁路文化,政治,经济等纳入传播研究的范围③。雷吉斯·德布雷(Régis Debray)也曾批判传播学研究对传播运输的忽视,倡导媒介与传播研究应采取延续式的历史观,尝试"联接传递革命史和运输革命史"④。

---

① [法]阿芒·马特拉:《全球传播的起源》,朱振明译,清华大学出版社 2015 年版,第 4 页。

② [美]詹姆斯·凯瑞:《作为文化的传播:"媒介与社会"论文集》,丁未译,华夏出版社 2005 年版,第 162 页。

③ [英]戴维·莫利:《传播和运输:信息、人和商品的流动性》,王鑫译,《新闻记者》2020 年第 3 期,第 71-82 页。

④ [法]雷吉斯·德布雷:《普通媒介学教程》,陈卫星、王杨译,清华大学出版社 2014 年版,第 273 页。

第五章

电子媒介的应用与
第三次传播革命

通过对前几章的学习,我们可以认识到,无论是身体媒介,还是体外化媒介,都是以物质形式携带和传递信息,即信息的流动需要通过媒介的移动。进入 19 世纪,人们发现了可供利用的电流,使得人们对媒介和传播的理解发生巨变,电报和电话掀起了新的传播革命。从此,远距离的信息传播不再依赖交通运输工具,传播(communication)与交通运输(transportation)分离开来,人类的传播形态又一次改变,这一突破影响至今。

第一节　电报的兴起与应用

19 世纪,人们不仅探索电的规律,同时也利用被认为是速度极限的电做通信手段。这方面最重要的发明就是电报技术。与此前的印刷术、交通技术一样,电报技术也是既有技术重新组合的结果。这里的既有技术,是指电流和电磁技术。电报是改变人类文明的伟大发明之一,它不仅使人类的远距离信息传播瞬时、高效、准确,而且也对人类生活和整个世界产生了深刻影响。

一、电报的发明与早期应用

电报是利用电流来传送信息的技术应用,兴起于 19 世纪三四十年代的英国和美国。电报通过专用的交换线路以电信号的方式发送信息,该信号用编码代替文字和数字,通常使用的编码是莫尔斯电码。

(一)有线电报

1800 年,意大利物理学家亚历山德罗·伏打(Alessandro Volta)完成了用化学方法产生电的试验,制造出了电堆(电池)。此后,物理学家开始对电进行了一系列的研究。1831 年,美国人约瑟夫·亨利(Joseph Henry)发现了电磁感应现象,之后发表了关于电动机的研究论文。同年,英国的米歇尔·法拉第(Michael Faraday)发现,当磁铁插入或拔离线圈时,在线圈中有感应电流流动的现象,因此确立了著名的"法拉第电磁感应定律",这一定律奠定了现代电化学的基础。亨利和法拉第确立的电磁学基础,在后来的电动机和发电机中获得了实际应用,电力与蒸汽机、内燃机一起成为 20 世纪机械文明的重要标志。

电的另一个应用领域是通信。法国物理学家安德烈-马利·安培(André-Marie Ampère)于 1821 年建议用电磁装置来传递信号。1833 年,德国人卡尔·弗里德里希·高斯(Carl Friedrich Gauss)和威廉·韦伯(Wilhelm Weber)在 9000 英尺(约合 2.74 千米)的距离内架设了原始的电报线。这些早期的电报接收装置虽未得到应用和推广,但为后来的研究者提供了试验基础。1832 年,从欧洲返回美国的画家塞缪尔·莫尔斯(Samuel Morse)在邮轮上受到偶然相识的化学家查尔斯·托马斯·杰克逊(Charles Thomas Jackson)的影响,开始对电气通信产生兴趣,从而热衷于制造电报机。后来他结识了亨利并得到指点,掌握了有关电学的知识。几年后,莫尔斯制造出了美国最早的由按键、电磁铁、钢笔、记录纸构成的莫尔斯电报机。之后,他又发明了莫尔斯电码。莫尔斯电码是电信史上最早的编码,它是利用"点"(0.1秒的通电时间)、"划"(0.3秒的通电时间)和"间隔"(断开电路)的不同组合来表示字母、数字、标点和符号,将断断续续的电流用继电器转换成机械运动,用记录装置记下所传得到信号,发报速度达每分钟30个单词①。

1844年,莫尔斯在华盛顿到巴尔的摩之间40英里(约合64.4千米)的电报线路上发送了世界上第一封电报,内容为《圣经》上的一句话:"上帝创造了何等奇迹!"(What hath God wrought!)当天下午晚些时候,莫尔斯发出了第一条登在报纸上的电讯稿。这家报纸是《巴尔的摩爱国者报》,电讯内容是众议院就俄勒冈问题的动议被否决。这是19世纪最重大的新闻报道之一——不是因为其内在的新闻价值,而是因为它预示了一种全新的传播体系的出现。

从此,电报由实验阶段进入实用阶段。19世纪50年代,莫尔斯的电报系统应用于美国铁路线,并开始向北美和西欧普及。由于战争比人类其他活动更依赖于有效通信,因此电报一经试验成功便立即引起了军方关注。1854年,英军第一次在战争中采用了电报。1857年,在印度独立战争中,分散四处的英军和设在加尔各答的政府之间主要靠电报取得联系。1861—1865年,美国南北战争期间,电报第一次在战争中被大规模使用。联邦政府架设了2400千米的电报线路,北方部队与司令部之间共发送了650万份电报。

1866年,大西洋海底架设了电缆,英美两国首次利用电缆通信。1869年,从英国伦敦出发,经欧洲大陆直到印度卡利卡特城的电缆建成。1871年,自印度加尔各答经上海、香港至日本长崎的电缆铺设完成,并在上海南京路设立报房。这也是中国有电报之始。19世纪末,从印度到澳大利亚的海底电缆建成。1902年,电缆又将大洋洲和加拿大联系起来。从此,全球各个大陆都可以用电报联系起来了。

(二)无线电报

在莫尔斯发明了有线电报后,很多科学家、发明家如德国的西门子、美国的爱迪生等,对电器通信产生了极大兴趣,但他们都是通过有线介质进行信息传播。到19世纪90年代,世界各地还是需要架设电线和铺设电缆来传递信息。1894年12月,意大利电气工程师、发明家古列尔莫·马可尼(Guglielmo Marconi)完成了电磁波的

---

① 姜振寰:《技术通史》,中国社会科学出版社2017年版,第264页。

发送和接收实验,成功通过发射机打响了 3 米远的隔壁房间的电铃。1895 年春天,马可尼在自家的花园里成功进行了无线电波传递实验,将通信距离扩展至 1207 米。1896 年 6 月 2 日,马可尼获得了英国颁发的电报专利申请书,这是世界上第一个专利无线电报系统。1897 年 5 月,马可尼进行从英国本土到布里斯托尔海峡中的弗雷索岛的跨海通信实验,传输距离达到 1450 米。1898 年,在英国举行了一次游艇赛,《都柏林快报》特聘马可尼为信息员,他在终点用无线电报机向岸上的观众及时通报了比赛的结果,引起了很大的轰动,这被认为是无线电通信的第一次实际应用①。马可尼利用英国资本的支持,成立了"马可尼无线电报公司",计划沿着英国海岸在灯船和灯塔上安装无线电设备②。1899 年,马可尼的无线电报征服了英吉利海峡,法国和英国之间建立起无线电通信。1900 年马可尼为其"调谐式无线电报"取得了著名的第 7777 号专利。1901 年,27 岁的马可尼再次创造了奇迹,他在加拿大纽芬兰市的圣约翰斯港通过系在 122 米高空中风筝牵引的天线,成功接收到来自英国某海岸的一座无线电发射站发出的莫尔斯电码,实现了跨洋通信,标志着无线电已然成为全球性事业,走向了全面实用的阶段。自此马可尼的名字享誉全球,《纽约时报》头版头条打上了"划时代的马可尼"的标题。1903 年马可尼开始推广无线电的使用,在美国纽约州建立了大型电台。1909 年,马可尼凭借着在无线电领域的突出成就获得诺贝尔物理学奖。1924 年,他成功说服英国政府使用他发明设计的短波技术建设全球联网的无线电台。1931 年他创建了全球首个商业广播服务机构。

二、电报与西方社会

电报在美国的扩展速度是最快的。1846 年初,美国仅有一条从华盛顿到巴尔的摩的长约 40 英里(约合 64.4 千米)的试验电报线路。两年后,美国的电报线路突飞猛进到 2000 英里(约合 3218 千米),1850 年的时候已经超过了 12000 英里(约合 19312 千米),并且有 20 家公司经营此业务。1852 年,美国已有 23000 英里(约合 37015 千米)的电报线路,还有 10000 英里(约合 16093 千米)正在建设之中。在 1846 年到 1852 年的 6 年间,电报网络扩展了 600 倍,已经遍布整个国家。有媒体断言:"在现代社会里,没有哪一项发明像电子电报那样迅速地扩大着它的影响。电报的速度几乎和诺贝尔发明本身一样都是绝妙的。"③

---

① 熊澄宇:《媒介史纲》,清华大学出版社 2011 年版,第 106 页。
② [美]丹尼尔·杰·切特罗姆:《传播媒介与美国人的思想:从莫尔斯到麦克卢汉》,曹静生、黄艾禾译,中国广播电视出版社 1991 年版,第 69 页。
③ [加]戴维·克劳利、[加]保罗·海尔:《传播的历史:技术、文化和社会(第五版)》,董璐、何道宽、王树国译,北京大学出版社 2011 年版,第 155 - 156 页。

电报更新了人们的科技观念。在电报早期的应用中,人们把电报称作"奇妙的发明""近乎神奇的媒介""异乎寻常的发现",有报纸评论说,"电报完全不同于我们所熟悉的任何东西",它带来的是一场"由于时间被超越而引起的革命"。1858年,在庆祝大西洋海底电缆竣工的活动中,约瑟夫·亨利发表演说,将电报誉为美国创造力的最大体现。他宣称:"19世纪历史的显著特点是将抽象理论应用于实用技术,以及物质世界的内在力量为智慧所控制,成为文明人的驯服工具。"这个说法精确地体现了当时的人们对电报和科技的理解——电报是那个时代最显著的科技进步,是应用科学结出的果实的最显而易见的证明①。

电报带来了新的信息传输方式,扩大了社会信息量,促进了商业的繁荣。在1852年,有11条单独的信路从纽约辐射而出,对纽约的一些银行家来说,每天发送并接收1~10条电讯是平常的事。每天都有上百条信息通过主线路传递,每天都有新的人和业务加入电报业。1861年10月,横穿美国大陆、到达西部加利福尼亚州的电报线路完成,电报在美国开始取代由马匹和驿路传送信件的系统。

电报加速了铁路运输的发展,促进了时间的标准化。电报在其他领域得到普遍推广之前,最初被应用于铁路线上。1836年,电报机被安设在利物浦和曼彻斯特之间的铁路线上,形成电报应用中的一种专类,即铁路电报,在铁路发展史上发挥着重要作用②。旅客可以通过电报了解列车的时刻、车次、票价等信息,这对铁路经营创造更高经济收益十分重要。电报可以方便铁路调度,各站点之间可以通过电报预报列车的行程、时间、人数等运行情况,这对于铁路的正常运转具有重要意义。除方便旅客出行以外,电报还是控制客流量和货运量的关键工具。在19世纪末,电报可以提前传递火车到达的消息,通知相向运行的火车向旁边转轨,这样使铁路无需建造双轨线路,而是能够通过运营单轨线路而带来巨大经济效益,这还使得列车的准点率极大提高,事故发生率大幅降低。更为重要的是,电报有力解决了铁路运输如何在广袤国土上不同的地方、时间之间进行协调的难题,结果就是原本与地方生活、传统习俗紧密联系着的时间,被整合成抽象统一的具有时区标识的铁路时间,也就是被工业和政府用于全国性控制与协调行动中的全国时间③。

电报和铁路一起,增强了国家在政治和军事方面的团结。电报传递的信息能够以最快的速度到达全国范围,能够让生活在这个空间中的人们进行思想和智慧上快

① [美]丹尼尔·杰·切特罗姆:《传播媒介与美国人的思想:从莫尔斯到麦克卢汉》,曹静生、黄艾禾译,中国广播电视出版社1991年版,第2-5页。

② 国际电信联盟:《电信发展100年》,李珊珊译,人民邮电出版社1983年版,第12页。

③ 孙藜:《重构"共同体想象":从电报诞生到新闻客观性在美国的确立》,《苏州大学学报(哲学社会科学版)》2015年第2期,第151-158页。

速的、完整的和彻底的交流,有助于建立共同的国家意识和民族意识。这一时期,有关选举结果、总统指示和政治演说的电报快讯数量激增。1852年和1853年出版的《美国电讯》杂志的编辑连续发表文章认为,"我们所有分散的、众多的人口不仅被政治制度联结在一起,而且也被电报和闪电般的信息联系和同情紧密地联结在一起,这使我们团结如一人"①。

电报改变了新闻界,它增强了现代的新闻观念,改善了现行的新闻采集方式。电报这种最新形式的信息通信工具被美国"便士报纸"应用,它使快速传递信息和有规律地大规模合作采集新闻成为可能,并且为新闻业带来了巨大的发行利润和巨额广告收入②。而且,不断扩大的电报网促进了通讯社的发展,而且通讯社反过来也使电报网更加发达。这两者还催生了新的职业,即电报通讯员。他们在城市间收集商业情报,将它们卖给报界。可以说,电报在19世纪美国新闻业中的应用彻底改变了新闻业的生态。

三、电报与中国社会

(一)电报的引入及应用

第二次鸦片战争后,电报技术传入中国,大体经历了三个阶段:第一个阶段为19世纪60年代的全面禁止阶段;第二个阶段为19世纪70年代清政府逐渐接受并开始使用西方电报机构的电报设备传递信息的阶段;第三个阶段是从19世纪80年代起,中国开始自主修建电报线路的阶段。

1861年,俄国公使巴留捷克向清政府提出在京、津间设立电报的要求,清政府以不便为由拒绝。1871年,丹麦大北公司主持建设的经香港、上海至长崎的海底电缆建成,"从此大北公司在上海,北经日本长崎至海参崴可与俄国通报,南经香港可与欧美通报,中国与世界各地的电信网络正式建成"③。1873年,华侨商人王承荣与福州人王斌研制出我国第一台电报机,并呈请政府自办电报,但清政府拒不采纳。

1873年,法国驻华人员威基杰参照《康熙字典》的部首排列方法,挑选了常用汉字6800多个,编成了第一部汉字电码本,定名《电报新书》。后来,郑观应将其改编成《中国电报新编》,是为中国最早的汉字电码本。

① 〔美〕丹尼尔·杰·切特罗姆:《传播媒介与美国人的思想:从莫尔斯到麦克卢汉》,曹静生、黄艾禾译,中国广播电视出版社1991年版,第11页。
② 〔美〕丹尼尔·杰·切特罗姆:《传播媒介与美国人的思想:从莫尔斯到麦克卢汉》,曹静生、黄艾禾译,中国广播电视出版社1991年版,第15页。
③ 李雪:《晚清西方电报技术向中国的转移》,山东教育出版社2013年版,第18页。

1877年，福建巡抚丁日昌利用去台湾视事的机会提出设立台湾电报局，于当年10月建设了一条全长95华里（合47.5千米）的电报线路，这是中国人自己修建、自己掌管的第一条电报线。1879年，中国政府出资，委托丹麦大北电报公司修建大沽（炮台）、北塘（炮台）至天津，以及从天津兵工厂至李鸿章衙门的电报线路。这是中国大陆上自主建设的第一条军用电报线路。1880年，李鸿章在天津设立电报总局，派盛宣怀为总办，并在天津设立电报学堂，培养中国自己的电信人才。1881年12月24日，全长3075华里（合1537.5千米）的津沪电报线路全线竣工，12月28日正式营业，收发公私电报。这是中国自主建设的第一条长途公众电报线路。台湾巡抚刘铭传花费重金建造了长达433华里（合216.5千米）的福州至台湾的电报水线——闽台海缆，于1887年竣工。它使台湾与大陆联通，对台湾的开发起了重要作用。

1897年，《时务报》刊出译文《无线电报》，介绍了1896年马可尼进行无线电报通信实验的情况，"无线电报"一词从此在中国出现。从清末到民国时期，无线电报、无线电广播等无线电业务进入中国的时间基本上与国际社会同步。1899年初，清政府购买了几部马可尼猝灭火花式无线电报机，安装在广州两广总督府和马口、威远等要塞以及南洋舰队各舰艇上，供远程军事指挥之用。这是无线电报业务在中国的首次使用。1905年，北洋大臣袁世凯聘请意大利人葛拉斯为教师，在天津开办了中国最早的无线电训练班。1908年，英商在上海英租界的汇中旅馆私设了一部无线电台，与海上船舶通报。后由清政府收买，移装到上海电报总局内，这是上海地区最早的无线电台。

1912年，民国政府接管清政府邮传部，改组为交通部，设电政、邮政、路政、航政四个司。这一年，上海电报局开始用打字机抄收电报。1913年8月，交通部传习所设有线电工程班和高等电气工程班。同年，北京设立中国最早的邮电学校。1924年，在沈阳开始建设远程无线电台，接收世界各国的新闻，并与德国、法国订立了单向通信（即单向接收欧洲发至中国的电报）。1926年，无线电专家刘瀚创办了第一个由中国人自己经营的广播电台——哈尔滨广播无线电台。1927年3月，上海新新公司开办了我国第一座商业无线电广播电台。此后，在天津、北京也先后创办了广播电台。1933年前后，上海、杭州、济南、天津等几个大城市相继出现了业余无线电台。我国的业余无线电活动由此发端。

（二）电报对中国社会的影响

电报应用于中国社会的时间略晚于西方，但它在晚清至民国时期的社会生活中扮演了重要角色，发挥了重要作用，深刻影响了这一时期的政治、军事、经济和文化生活。

首先,电报在晚清时期被用于中外战争和内部的社会控制中。一方面,电报成为联络、调动军队的重要工具,其应用加强了军队的机动性,使得此时期的军事行动进一步从传统作战模式向现代模式转变。在 1885 年的中法战争、1994 年的中日战争以及 1900 年的庚子之役中,清政府通过电报这一通信工具,实现了一些重要诏旨章疏、军报兵情的快速传递。如在中法战争爆发后,《申报》特辟专栏,转载外报外电,积极关注、及时报道战争情况。一些近代中文报纸利用电报的快捷性电传新闻,在遇到重大突发事件时临时印发报纸,向大众作迅速报道,衍生出具有新闻时效性的产物——"号外"。另一方面,电报还被清政府用于加强社会控制。至 20 世纪初,革命力量兴起,此时的官府较多利用电报来及时传递信息,使得多次民众暴动在萌生之时即被镇压①。

其次,电报在一定程度上促进了中国民族资本主义工商业的发展,推动了社会转型的进程。电报在中国的使用,曾被誉为是与苏伊士运河通航具有同等重要意义的大事,它把对华贸易的两端用电报联系起来,给各国的对华贸易带来变革。不少从事进出口贸易的商人利用这一新式通信工具,在一定程度上扩大了中国商品如茶叶、丝绸的出口。在国内市场上,电报对促进物资交流和扩大市场也起了一定作用。电报创设后即逐渐为当地商旅民众所使用,从而逐步成为当地经济发展的重要推动力量,甚至一些电线架设的主要目的就是商业贸易,盛宣怀曾指出:"福州电报,全在茶市。"以和商业密切相关的钱庄为例:"电报的开办和扩充,沟通全国,对于山西票号商所起的作用及所得的利益,恐怕是首屈一指的了。"更为关键的是,电报架设后,被广泛应用于水利、铁路、矿山等社会经济事务之中,从而改变了原有的手段模式,成为晚清社会向近代转型的重要标志之一②。

再次,电报带来了新闻传播的新方式,促进了文化和思想观念层面的巨大变革。电报大大加速了中国新闻事业的发展。电报改变了近代新闻采集方式,极大提高了新闻报道的时效性,丰富了报刊的新闻内容,拓展了报道范围。晚清时期,中国民间兴起了两次办报高潮,这和电报推动的社会信息量大增有密切关系。由于报刊的大量发行,报纸文体开始影响清末的文风。电报费昂贵,人们在电报中不得不去掉修饰的辞藻。在政府文书中还出现了"电牍"这种新的"文书创格",其特点就是"语质而事核,词约而理明"③。受此影响,清末的文风逐渐从繁杂向简朴转变,这对解放人们的思想意义重大。"通电"是这一时期报刊上出现的一种新的文体形式,该文体形

---

① 夏维奇:《晚清电报建设与社会变迁:以有线电报为考察中心》,人民出版社 2012 年版,第 346 页。
② 夏维奇:《晚清电报建设与社会变迁:以有线电报为考察中心》,人民出版社 2012 年版,第 350 页。
③ 邮电史编辑室:《中国近代邮电史》,人民邮电出版社 1984 年版,第 70 页。

式言简意赅,成为一种制造舆论的特殊政治工具,甚至在近代史上的历次政治运动中,起到了积极的作用。晚清时期还创办了多家电报学堂以及电学、电报专业,将西方先进的教学内容与教学手段引入中国,不仅培养了大批人才,这一举动还成为推动晚清教育由传统走向近代的重要力量。

总之,电报在中国的出现是具有里程碑意义的大事,深刻改变了中国近代的社会生活。正如有学者对它的评价:"它改变了政客们的斗争手段,改变了军事家的战略战术,改变了文人墨客的思想,更重要的是,改变了市井小民的生活样态。可以说,电报在中国的发展史,实际上是一部如何以技术推动社会变革的历史。"[1]

第二节　电话的发明与应用

电报之后,另一个发展起来的重要电子传播媒介——电话,在19世纪70年代中后期出现。电话传播声音信息,克服了电报的一些限制。在早期的应用中,电话和电报是互补的。电话是即时的双向媒介,因此使传播更加快捷、高效。随着通话资费的逐渐降低,电话开始在社会上广泛流行,创造了人际互动的新形式和新维度。

一、电话的发明与早期应用

(一)有线电话

收发电报需要掌握莫尔斯电码以及读写能力,因此电报不具备普及到家庭的潜力,于是人们便进一步寻求更便捷的通信方式。1837年,美国医生查尔斯·格拉夫顿·佩奇(Charles Grafton Page)发表了通过开闭电磁铁以产生声音的论文。19世纪下半叶,许多人开始研究设计用电远距离传递声音的装置。1860年,德国物理学家约翰·菲利普·赖斯(Johann Philipp Reis)将制造啤酒桶的木板削成人耳状,在耳蜗处蒙上肠衣,将声音引起的膜震动变为强弱变化的电流,制成送话器;又将固定在小提琴身上的缝纫机绕上线圈制成简单的受话器,由此发明了最早的用电传声的装置[2]。

美国人亚历山大·格拉汉姆·贝尔(Alexander Graham Bell)一直在努力改进电话。在这个过程中,他向电磁学泰斗亨利请教,也得到过著名物理学家赫尔曼·冯·赫尔姆霍兹(Hermann von Helmholtz)以及爱迪生等人的帮助。1875年,贝尔和沃特森研制出两台粗糙的样机,利用绕有线圈的铁芯上的膜片振动,引起线圈电流变化的方法制成送话器,并制成用同样装置但使电流变化引起膜片振动发声

---

[1]　马伯庸、阎乃川:《触电的帝国:电报与中国近代史》,浙江大学出版社2012年版,第1页。

[2]　姜振寰:《技术通史》,中国社会科学出版社2017年版,第270页。

的受话器。1876年，贝尔向美国专利局提出电话专利申请，获得了世界上第一台可用电话机的专利权。1876年3月10日，贝尔在实验中不小心把瓶内的硫酸溅到了自己的腿上，于是向隔壁房间的沃特森大喊："沃特森先生，请到我这里来！"令人意想不到的是，这一句极其普通的日常用语，竟然成了人类在电话中听到的第一句话。正在另一个房间工作的沃特森确定自己在电话里听到了贝尔的呼喊。当天晚上，贝尔在给他母亲的信里写道："今天对我来说，是个重大的日子。我们的理想终于实现了！未来，电话将像自来水和煤气一样进入家庭。人们各自在家里，不用出门，也可以进行交谈了。"

1847年，贝尔出生于苏格兰的爱丁堡，原本是一个声学生理学家和教授聋哑人语的教师。他一心想帮助失聪儿童能够正常生活，因此长期投入这项伟大的事业。1870年贝尔移民到加拿大，一年后到美国，1877年7月9日，贝尔电话公司（现AT&T）成立，1882年他加入美国国籍。除电话外，贝尔还发明制造了助听器，改进了爱迪生发明的留声机，并对聋哑语的发明贡献巨大，创立了英国聋哑教育促进协会。贝尔的发明创造影响深远，电话使人们跨越地域的限制，通过声音联系彼此，为信息的传递和交往提供便利，改变了人们的日常生活方式。贝尔对聋哑残疾孩子的帮助，也呼唤起大众对这个特殊群体的重视，带来了温柔而坚定的希望。

贝尔发明电话并成立电话公司之后，电话的推广遇到了阻碍。当时美国已经有了一个成熟的电子通信网，即电报网，新的电子装置——电话并不为人们所重视，直到1878年一场灾难的发生改变了人们对电话的看法。一列火车在康涅狄格州的特里夫维尔出事，邻近的哈特福德城的医生们恰好安装了电话，他们通过电话动员起来，赶赴现场救护伤者[①]。电话在这一事故中发挥的作用，证明了它在现实世界中的功用。此后，公众开始认可电话这种通信装置，有线电话网得以迅速发展。

1878年，美国全国大约有1万台贝尔仪器，到1880年初，遍布全美的用户大约6万户，贝尔公司垄断了电话业务。1888年，洛杉矶市中心最低的固定电话费用是每月4美元，是一个非农雇员月平均工资的10%，高昂的费用让电话的最早用户集中在医生、商人、律师和银行家群体中。1893年，美国电话的数量达到26万台，每250人一台，其中，超2/3用于商业领域[②]。因此，电话使用的早期历史，很大程度上是商业及特殊职业团体如何接受新通信工具的历史[③]。

---

① 熊澄宇：《媒介史纲》，清华大学出版社2011年版，第118页。
② ［加］戴维·克劳利、［加］保罗·海尔：《传播的历史：技术、文化和社会（第五版）》，董璐、何道宽、王树国译，北京大学出版社2011年版，第188页。
③ ［美］伊锡尔·德·索拉·普尔：《电话的社会影响》，邓天颖译，中国人民大学出版社2008年版，第21页。

(二)无线电话

19世纪末,电磁波的发现和马可尼无线通信实验的成功,推动了20世纪初无线电通信技术的出现。无线电话则是无线电通信技术的一项代表性发明,主要利用无线电发射设备,把话音信号转变为高频交流电波送至天线,再通过天线向外发射强弱变化的电磁波,使对方接收到话音。

对无线电话发明起到重要推动作用的是加拿大物理学家雷金纳德·奥布里·费森登(Reginald Aubrey Fessenden),他最突出的贡献就是对无线电波调制的实验与研究。无线电波可以通过脉冲形式模仿莫尔斯电码的点划记号向外发送,然而,费森登设想,可以发射连续的电波,使其振幅随声波的不规则变化而改变,在接收时,这些变化了的电波可以被选择出来并还原成声波。1906年圣诞节前夕,费森登首次用无线电话传送音乐与讲演信号,被一个海上接收站和几个陆上接收站接收,传送距离达350千米。

美国人李·德·福雷斯特(Lee de Forest)是无线电话的另一位开拓者,他发明的三极(电子)管对无线电话的出现起到了直接的推动作用。1906年,福雷斯特制成第一个真空三极管,早期的三极管真空度很低,极其不稳定,因此在振荡、放大和检波等方面的实际应用十分缓慢。直到1912年,美国电话电报公司与通用电气公司联合研制成高真空管,才使三极电子管被用于无线电话机,使音频信号得到放大。1915年,美国海军和美国电报电话公司首次成功合作并实现了跨越大西洋的无线电话通信。此后,无线电话主要服务于跨越大洋和航海的远距离通话,电话电报公司也不断利用新的无线电技术改进电话服务质量。

1902年,内森·斯塔布菲尔德(Nathan Stubblefield)在肯塔基州的乡下住宅内制成了第一个无线电话装置,这部可无线移动通信的电话就是人类对"手机"技术最早的探索研究。1938年,美国贝尔实验室为美国军方制成了世界上第一部"移动电话"手机。1973年4月,美国著名的摩托罗拉公司工程技术员马丁·库帕(Martin Cooper)发明了世界上第一部推向民用的手机,马丁·库帕从此也被称为"现代手机之父"。

二、电话在中国

最初,中国人音译了英文词汇 telephone,称"德律风"。"电话"一词,源于日文汉语词对英文的翻译。20世纪初年,包括周树人在内的一群绍兴籍留日学生曾联名给家乡写了一封长信,详细介绍了日本的近代化情形。信中说到"电话"时,特意说明"以电器传达言语,中国人译为'德律风',不如电话之切"。此后,"电话"就成为约定俗成的名称,"德律风"这种用法逐渐消失。

中国的电话开端于晚清上海租界,继而在汉口、天津、广州等通商城市兴起。1881 年,丹麦大北电报公司收到工部的许可证,于 1882 年 2 月正式在外滩 7 号举办电话交易所,租机通话,专为外国在沪企业和机构装设电话,规定每户年租费为 100 银圆,并安装有中国第一部公用电话机①。但大北公司的用户只有几十家,如此小的用户规模根本不足以支付电话网络基础设施建设的前期投入,电话业务很快便草草收场。

1883 年,英国伦敦中国东洋电话公司在上海设立分公司,将大北电报公司和上海电话互助协会的两个电话交换所并归己有,整合了租界电话业务。其首要贡献在于建立了城市公共信息传递服务体系,即向电话用户发布中午 12 时对时信号。由此,晚清上海租界的电话服务初步建立,200 家左右的电话用户连接成了上海最初的电话初步网络。用户主要是商业及私域部门,如公馆、洋行、客栈、铺号、银行,或市政公关部门如报火警处、巡捕房、公济医院等②。

1899 年,电政督办大臣盛宣怀奏请吸纳华商资本,商办电话事业,电话开始在晚清的一些城市,如广州、天津、北京等处先后筹设。1900 年,中国第一部市内电话在南京问世。1904 年至 1905 年,俄国在中国烟台至牛庄架设了无线电台。中国古老的邮驿制度和民间通信机构被先进的邮政和电信逐步替代。但中国电信系统发展缓慢,到 1949 年,中国电话的普及率仅为 0.05%,电话用户只有 26 万。

三、电话使用与社会变迁

(一)电话促进了经济现代化

电话使快速的双向交流成为可能,从而加速了商业决策。电话的使用,降低了从事商业活动的通信、交通和交易成本,扩大了商业信息交流网络。电话赋予了人们做生意的自由,是经商活动的加速器。对于生活在农村的农民,他们可以从电话中知道城市需要什么,谷物的市场行情如何,从而获得更多的经济收入。它使得都市商业在郊区运作成为可能,也让远离原料地和顾客的商业运作成为可能③。电话在很大程度上降低了人们从事经商活动的门槛,使他们得以从事商业贸易活动,甚至进入国际贸易市场④。西方在工业化阶段提供了大量的就业机会,农村人口逐步

---

① 上海市档案馆:《工部局董事会会议记录(第七册)》,上海古籍出版社 2001 年版,第 761 页。
② 上海市档案馆:《工部局董事会会议记录(第八册)》,上海古籍出版社 2001 年版,第 502 页。
③ [美]伊锡尔·德·索拉·普尔:《电话的社会影响》,邓天颖译,中国人民大学出版社 2008 年版,第 317 页。
④ 吴玫:《生意人的神杖:手机的现代性意义》,载《中国网络传播研究(第 3 辑)》,浙江大学出版社 2009 年版,第 81-82 页。

转变为城市人口。在此阶段,社会所依赖的传播工具主要是电报和电话,没有它们,工业生产的组织和生产效率会受到极大的限制。

(二)电话加速了大城市的成长和国家的整合

电话在许多方面促进了大城市的成长和交流的集中,同时也带来了削弱或重构社区的可能性。"如果没有电话,这些复杂的、综合的网络要想协调工作是非常困难的,电话能够持续有效地协调现代大城市中的所有系统","电话的普及增加了私人交流,而这又促进了特定的交流中心的增长和大都市系统的扩张。"[1]电话是一种空间调节技术,"就像运输一样可以通过加强两地间的联系改变双方在地理上的接近",这种技术的大规模应用,还加强了国家内部的整合,使得国家变成了一个独立又互相高度依存的传播网络[2]。

(三)电话拓展了人际交流的范围,加强了社会关系网络

电话是一种个人化的交流工具,极大拓展了人际交流的时空范围。电话超越了地理位置和距离的障碍,使得相隔甚远的两个人能够瞬时取得联系。电话是一种共享媒介,是一种一对一的传播模式,它将电话两端的人联系在一起。电话作为一种双向交流工具,促进了社会交流,加强了社会关系网的联络,并带来了社会关系的变化。电话在美国的高速发展时期正是美国社会从传统社会向内向社会转变的时代。内向社会的特点包括职业的分工、更多的选择、大家庭的衰落,以及孤独感等。这些特点使得个人更需要相互交流和依赖。因此电话成了这种日益内向化社会的一种交流工具。电话与工业化过程紧密联系,电话被发明以后,不仅仅在工业生产上得到了充分的运用,也在社会生活上产生了重大影响。随着电话慢慢走入寻常百姓家,以及西方高速公路和铁路网络的建设完善,人们的社交范围迅速扩大。在这种情况下,西方原始意义上的社区崩溃了,取而代之的是社会人际关系网[3]。

(四)电话是一种私密媒介

电话是一种私密的交谈模式,并且使用者可以随意选择什么时候接听电话或者拒绝来电。从电报到电话,表征着现代交流工具从公共领域到私人领域的蔓

---

① [法]基恩·戈特曼:《城市群与反城邦:电话与城市结构》,载[美]伊锡尔·德·索拉·普尔:《电话的社会影响》,邓天颖译,中国人民大学出版社2008年版,第318-329页。

② [美]罗纳德·埃布勒:《电话和美国大城市系统的演变》,载[美]伊锡尔·德·索拉·普尔:《电话的社会影响》,邓天颖译,中国人民大学出版社2008年版,第332页。

③ 杨伯溆:《从历史的角度看新媒体》,《中华读书报》2007年10月17日,第31版。

延,成为真正全面普及和使用的通信技术。电话还是一项相较于电报更即时、更直接的媒介,适用于紧急通信。总之,电话是一种与众不同的通信技术,它深刻嵌入人们的日常生活中,电话技术的出现引发了整个人类社会的通信革命。

第三节　第三次传播革命

电报的出现掀起了一场新的传播革命。电报显著地改变了新闻界,它增强了现代的新闻观念,改善了新闻采集方法;它通过新闻界触动了公众意识,以致最终引导20世纪大众社会的兴起。因此,电子媒介带来的不仅仅是一场通信革命,也是一场声势浩大的社会革命——社会形态由此变革。

一、现代新闻业的革新

电报改变了传统的传播观念,并且对新闻界产生了巨大影响。作为媒介技术的突破革新,电报加速了新闻信息传递的速度,打破了时空限制,增强了现代的新闻观念,改变了现行的新闻采集方式,对新闻事业的发展和社会民主化进程有着极大影响。

(一)新闻观念的变化

1.时效性成为新闻的关键要素,加速了现代新闻业发展

电报传递新闻信息不同于原始信息传递方式,其摆脱了物质工具、手段的束缚,信息的传递首次变得畅通无阻,新闻传播的速度大大提升。这使得提高新闻的时效性成为可能。

新闻时效性的提升,缩短了信息的传播周期,也进一步改变了报刊的发行周期。电报出现之前,信息的传递主要依靠人力、物力、铁路、轮船等交通运输工具,传递速度慢,搜集新闻需要花费大量时间,新闻的时效性无法体现。19世纪30年代,美国出现了一种新型报纸叫"便士报",这些报纸不再将评论和政论作为关键要素,而是重新确立了新闻时效性这一新闻要素的重要性。为此,报社不惜斥巨资使用各种快捷的信息传递工具,电报出现之后,迅速被便士报利用,使得新闻信息的快速传递和大规模的新闻采集成为可能。

当时效性被确立为新闻传播的第一要素,新闻业就走上了加速现代化的进程。这是因为,"及时报道的新闻将给大众的意识带来更多的活力。重大事件的迅速传播将在社区的群众中引起对公众事务的强烈关注——整个国家在同一时间内关注同一事物,从国家的中心到边陲将保持着同一种感情和同一个搏动"①。

2. 客观性原则确立,新闻"信息模式"出现

电报应用之时,恰逢便士报与政党报刊以及精英化商业报刊的竞争时期。便士报声称要为社会提供独立和公正的新闻,以使所有市民可以根据自己的理性进行判断,形成对各种重要事件的意见,这一基于理性保护自然权利和公共利益的要求,是建立新闻客观性结构的持久基础②。电报跨越时空界限瞬时搜集和传递新闻事实的技术特征,使得便士报更具竞争力,并逐渐成为报业的主流。由于当时电报价格昂贵、技术水平不稳定,利用电报报道新闻、传递消息就必须简短明了,客观中立,去除不必要的详细描述和议论内容。这就衍生出一种新的新闻模式——电传新闻。电传新闻仅报道事实,是一种比较机械的报道文体,但这恰恰符合便士报只说明事实而不带有主观评论的新闻观念。客观性原则自此成为新闻业的重要原则,也是新闻业赖以存在的基石。

电传新闻的出现与发展催生了将事实与价值分开的新闻报道理念,使得新闻业的信息模式取代了政论模式,这在新闻理论与报道实践方面都产生了极其深远的影响。信息模式意味着新闻报道以新闻事实为主,面对政党之间的纷争则采用一种政治中立的态度。报纸上信息类型新闻的比重上升,消息的地位逐渐超过言论,使报纸真正从"观点纸"变为"新闻纸"。例如,创刊于1851年的《纽约时报》在19世纪末走上了重事实轻故事的路线,成为新闻信息模式的代表③。

电传新闻不仅更新了新闻报道理念,还规范了新闻报道流程,逐渐形成"电传新闻体"的新闻叙事结构,这个演变过程与电报的使用密切相关。自此以后,报纸更加注重新闻事实本身,从理念上促进了报纸对新闻真实性和客观性的重视。所谓新闻客观性,一般包含两层含义:一层是指将"客观性"作为一种报刊实践的操作原则;另一层是将"客观性"视为一种新闻专业理念。新闻传播的客观性包含内容和形式两个方面:"就内容而言,新闻传播的事实,必须是客观存在或客观上正在发生与发展的事实";"就形式而言,新闻的客观性要求报道者应善于寓褒贬于客观叙述中,而不是随意加以主观的解释"④。

---

① 〔美〕丹尼尔·杰·切特罗姆:《传播媒介与美国人的思想:从莫尔斯到麦克卢汉》,曹静生、黄艾禾译,中国广播电视出版社1991年版,第15页。

② 黄旦:《传者图像:新闻专业主义的建构与消解》,复旦大学出版社2005年版,第86页。

③ 陈昌凤:《电传新闻对中美新闻叙事结构的影响:1870—1920年代〈申报〉与〈纽约时报〉的叙事结构比较》,《国际新闻界》2009年第1期,第99—103页。

④ 童兵:《理论新闻传播学导论》,中国人民大学出版社2000年版,第74页。

(二)新闻业务的变化

电报在新闻界的应用,不仅带来了新闻观念的改变,也极大地影响了新闻业务。

1.新闻采集方式的更新

电报的出现使大规模的合作采集新闻成为可能,催生了现代新闻通信事业。电报出现之前,美国的报纸通常为周刊和半周刊,刊登的消息一般来源于邮件或者传闻,报社很少自己搜集信息内容,甚至绝大多数的国内和国际消息是通过互相交换获得的①。电报网在各地的架设使得新闻界的合作突破了地域范围的局限,当报界开始通过电报公司搜集新闻后,出现了介于报界和电报公司两者之间的独立第三方,即电报通信员,他们在不同的地方收集新闻信息,然后卖给各报社。起初,这些通信员都是独立工作,后来出现了专业收集新闻的通讯社。

世界上第一家通讯社是法国人哈瓦斯于1835年在巴黎创办的哈瓦斯社,即法新社的前身。哈瓦斯原本从事为巴黎报纸翻译外国报纸上消息的工作。哈瓦斯社成立后,在欧洲各国首都聘用通信员采集消息,供给法国的《新闻报》《世界报》等大众化报纸。1840年,哈瓦斯社用信鸽从伦敦、布鲁塞尔向巴黎传送新闻,使巴黎的晚报能刊用这两地当天晨报上的新闻。1845年,哈瓦斯社使用新建的巴黎—里昂的电报线路发送新闻。到1851年,哈瓦斯社已成为在巴黎和欧洲大陆其他国家首都及伦敦之间用电报线路传送新闻的通讯社。后来,哈瓦斯社不断拓展电报线路以延伸业务范围,在其他地方设立分社,专门从事采集、加工和提供新闻信息,为其他新闻媒体和各类用户服务。

1848年,纽约《太阳报》等6家报纸成立港口新闻联合社,以便分摊来自欧洲的新闻的费用。港口新闻联合社是世界上第二个通讯社,也是美国第一家通讯社。1857年,港口新闻联合社同电讯与综合新闻联合社合并,组成了纽约联合新闻社。随后,又同美国其他地区的报纸创办的几家地方性联合社结成联盟。1893年进行改组后成立了联合通讯社,简称美联社,成为美国的第一大通讯社。美联社在全美和加拿大所有重要城市雇用记者,接收到来自各地的新闻后再分发给报界,是当时最广泛和最强大的新闻采集机构。1990年,美联社总部从芝加哥迁往纽约。

电报技术在新闻传播界的应用,改善了新闻采集方式,促进了新闻传播专业化的分工协作模式,极大提升了新闻传播的效率与专业程度。

---

① [美]丹尼尔·杰·切特罗姆:《传播媒介与美国人的思想:从莫尔斯到麦克卢汉》,曹静生、黄艾禾译,中国广播电视出版社1991年版,第14页。

2. 新闻文体的改变

电报技术发展初期价格昂贵，因而通过电报传输的电文力求简洁明了，这就使新闻文体不可避免地受到了技术的影响。在电报出现之前，新闻大多按照时间顺序撰写，事件最新的进展和情况往往被置于新闻末端。电报在美国南北战争中的应用，立即显现出这种新闻写作方式的弊端。一是当时的电报技术不稳定，为了避免传送过程中出现的意外中断情况，记者就将最重要的事实放置在消息的开头，以便让报社尽可能接收到最新和最重要的信息[①]。二是当时电报价格昂贵，出于报道成本考量，也不允许记者长篇大论。三是战场形势瞬息万变，为了让后方的报纸尽快向读者报道最新战况，就需要记者及时、准确、简短地写作，着重突出新闻事实，省去冗杂的评论。在这些因素的影响下，新闻的"倒金字塔结构"应运而生。该结构以事实重要性程度和读者关心程度依次安排新闻的篇章结构，最重要的信息置于新闻开头，就像倒置的金字塔，由此得名。其优点在于：一方面可以快速准确写作，无需构思；另一方面，对于读者来说也可以快速阅读，在短时间内捕获重要信息。"倒金字塔结构"的优点符合新闻对于速度和时效性的需求，因而在战后被继续保留下来，并得到推广。

二、社会信息传播系统的巨变

（一）"传播"与"运输"的分离

在电报之前，communication 表示运输，还被用于由于简单的原因而进行的信息传送。当时信息的传递倚仗双足、马背或铁轨运载。在此之前的传播历史中，各种媒介都是以物力存在的形式携带、负载、传递信息的。信息的流动需要通过媒介的运动来实现。书、手稿从一个地方运送到另一个地方，其方式与运输货物完全相同。但电流的发现，引发了人类传播史上的重大变化——电报终结了这种同一性，它使符号独立于运输工具而运动，而且比运输的速度更快[②]。以电报为代表的现代通信技术的发明使传播和交通成为泾渭分明的事物，二者有了 communication 和 transportation 的区分。

在电报出现之前，"传播"（communication）一词与交通紧密相连，具有"传输""传递""运输"等含义，包括人、商品、信息和资本的流动。当时的传播依赖公路、铁路、

[①] 黄瑚：《新闻春秋（第九辑）：第三次地方新闻史志研讨会论文集》，复旦大学出版社 2009 年版，第 325—326 页。

[②] ［美］詹姆斯·凯瑞：《作为文化的传播："媒介与社会"论文集》，丁未译，华夏出版社 2005 年版，第 162 页。

河流等物质运输基础设施,马匹、火车或轮船等交通工具则成为"传播媒介"。当电报出现之后,"传播"从地理与交通运输的束缚中解放出来,"传播"的意涵开始特指信息、思想、精神的沟通与交往。电报这种新技术赋予了"传播"一种精神意义,一些对全球性传播保持积极心态的人们用宗教式的比喻和奇迹感来描述电报。他们把传播的精神意义与"共同参与"或"共享"联系起来①。传播媒介也不再是交通运输工具,而是电报等信息传输设备。于是电报不仅改变了传播与运输之间的关系,同时也改变了人们想到"传播"一词时的基本思维方式——传递模式。

电报和电话掀起了新的传播革命。以麦克卢汉的话来说,从电报开始,信息就比信使走得快了,远距离的传播不再依赖交通工具。这样的变革所带来的影响一直持续至今,如通过传真、电子邮件、网络聊天工具,信件不再依赖实物邮递而能被迅速且高保真地传送。因此,电报开创了人类历史上的一种新的传播形态,这种传播形态的最大特点便是体外化媒介的变化。此前的蒸汽机、内燃机和造纸术、印刷术一样,这些技术驱动的实物媒介,所创造的传播虽然取代了在场的身体,但必须以实物为媒介,而电流的发现和应用则将体外化媒介进一步推向了非实物化,非实物媒介进一步将人们从依赖身体的传播中解放出来。始于电报的二进制信息传输方式,和始于古腾堡的机械化信息生产方式、始于蒸汽的发动机动力信息传播方式,在传播的形态上是完全不同的。

(二)大众传播时代的到来

19世纪30年代出现的便士报向党派报纸和商业报纸发出了挑战。这些报纸主要有本杰明·戴的《太阳报》、詹姆斯·贝奈特的《纽约先驱报》和威廉·斯韦的《费城大众报》等。这种新型的报纸不但革新了新闻观念,重新确立了时效性这一新闻要素,而且还把公众关心的事物作为最重要的新闻,给陈旧的新闻观念注入了新的生命力。这些报纸把报道重点转到了地方新闻,甚至带有某种刺激性的新闻上,还创造了一种被称为"有人情味"的消息写作方法。在经营上,便士报采用廉价销售策略,每份报纸仅售几美分,因此也被称为"镍币报纸"。廉价销售使得一般社会大众都能消费得起报纸,为报社带来了广大的读者群,增加了报纸销量和利润,这反过来又降低了大规模发行报纸的成本。因此,"便士报"也被称为大众报纸。大众报纸面向社会最广大公众,采用专业化的人员和专业化的报道手段采写、制作新闻,报道大众关注的社会信息,创造了人类传播史上的一种新的传播形态,即大众传播。换言之,便士报开启了人类传播的大众传播时代。此后,通讯社、广播、电视、

---

① 〔美〕丹尼尔·杰·切特罗姆:《传播媒介与美国人的思想:从莫尔斯到麦克卢汉》,曹静生、黄艾禾译,中国广播电视出版社1991年版,第9—10页。

电影等媒介延续了大众传播形态,将大众传播时代推向高潮,直至互联网和新媒体的出现。

(三)传播时空要素的变化

电报和电话改变传播形态的另一大要素,是传播时空的变化。电子媒介跨越了山川河岳的障碍和阻隔,将身处不同时空中的传受双方连接在一起,完全颠覆了面对面身体在场的传播形态。电报实现了跨越空间的远距离的瞬时传播,而电话则使相同时间不同空间的异步传播成为可能。这是人类传播史上的新的传播形态。

时空条件是局限和约束人的传播活动的重要因素。克服时空距离是人们的一种内在驱动,在一定意义上,交通工具、通信手段及其不断革新,其本质就是超越时空界限来创造人类交往的物质条件,即马克思所说的"用时间消灭空间"的观点[1]。电报、电话与轮船、火车、铁路等交通工具相比,真正实现了信息与物品的分离,极大满足了大工业时代"用时间消灭空间"的商业和军事需求。电报技术的出现使"地球村"成为可能。传教士李提摩太(Timothy Richard)曾指出:"通过铁路、轮船和电报,拆除了各民族之间的藩篱,以便他们像同一个家庭的兄弟一样和平而幸福地生活在一起。"[2]由此可见,电报技术的出现使人们觉察到世界各国间的联系将日益密切,并且有一体化的趋势,有利于世界的开放。莫尔斯在电报发明初期预言,不久"大地将遍布通信神经,它们将以思考的速度把这块土地上的消息四处传播,从而使各地都成为毗邻"[3]。电报与铁路相辅相成,使人们的活动范围迅速扩大,全球范围内的人、物、信息、文化等要素的流动性不断增强,共同汇集融合成一个"地球村"。

---

[1]　陈力丹:《马克思主义新闻观名词》,《编辑之友》2017年第5期,第78-89页。

[2]　[英]李提摩太:《亲历晚清四十五年:李提摩太在华回忆录》,李宪堂、侯林莉译,天津人民出版社2005年版,第210页。

[3]　[美]丹尼尔·杰·切特罗姆:《传播媒介与美国人的思想:从莫尔斯到麦克卢汉》,曹静生、黄艾禾译,中国广播电视出版社1991年版,第10页。

第六章

影像技术和大众媒介的繁荣

走向 20 世纪的大众社会和大众文化的一个关键要素,是由摄影术培育出来的对人、地点和事物的新意识。摄影术给人们提供了一种看待世界以及与世界联系的新方式。摄影术还影响了大众媒介的传播方式——照片被印刷复制在报纸、书籍和杂志上,随着大众媒介被广泛传播。摄影术为电影的出现奠定了技术基础,进一步丰富了大众媒介,而且还为人们带来了新的娱乐方式,创造了大众文化,让人们走进了大众社会。

第一节　摄影术的发明与图片新闻的出现

摄影术是人类观察世界和留存世界影像的一种方式,是人们通过视觉感知、理解世界的方式。和其他媒介一样,摄影术也是人与身外世界之间关系的中介。

一、摄影术的发明与改进

在春秋时期的典籍《墨经》以及宋代沈括的《梦溪笔谈》中,就有"小孔成像"的记载:在一间黑暗小屋的墙壁上开一个小孔,小孔外面阳光下的景物就会倒立地呈现在小孔对面的墙壁上。这实际上就是摄影术和照相机的原理。小孔成像反映了古人从很早的时候就开始理解现实和幻象之间的关系。16 世纪,凸透镜得以发明,人们发现用它来代替小孔,能得到更清晰、明亮的图像。暗箱(camera obscura)出现之后,即被作为一种辅助绘画工具。借助这种装置,即使不会绘画的人也可以轻易作画,只要把通过凸透镜所成的影像用铅笔描画就可得到图画。这个装置就是照相机的雏形。17 世纪,小的便于携带的暗箱被普遍使用,一些艺术家开始设想把影像永久保留下来。

法国发明家约瑟夫·尼塞福尔·尼埃普斯(Joseph Nicéphore Nièpce)长期从事用感光材料做永久性保存影像的试验。1826 年的一天,尼埃普斯将装有镜头的暗箱放在工作室二楼窗台上,并在暗箱后面放一块涂有白沥青的铅锡合金版,然后利用阳光和原始镜头,拍摄下窗外的景色。经过 8 个多小时的曝光后,他将板放置在熏衣草油中,把未硬化部分的沥青擦掉,板上显现出与被摄影物相似的影像。人类历史上第一幅永久性的照片《窗外景色》就这样诞生了[①]。

尼埃普斯把他创造的这种将影像永久记录在金属版上的方法,称作"日光蚀刻法",又称"阳光摄影法"。尼埃普斯的这一方法,比达盖尔的银版摄影法早了十几年,但由于尼埃普斯为保密而一直拒绝公开技术,也就未被公认为摄影术的发明者,

---

① 姜振寰:《技术通史》,中国社会科学出版社 2017 年版,第 333 页。

但他的技术是摄影术乃至胶片和电视摄像技术的源头。尼埃普斯拍摄的这张照片至今保存完好。

法国风景画家、物理学家路易·雅克·芒戴·达盖尔（Louis Jacques Mand Daguerre）自 1829 年起就和尼埃普斯一起合作研究如何用化学方法记录影像。到 1837 年，经过一系列试验的达盖尔有了一套完整的操作体系，即银版摄影法。他将银版擦亮后用碘蒸汽熏，曝光后再放在加热的水银上熏，影像经强迫显影后显现出来。这种新型照相术的最大特点是，它的曝光时间仅需 20~30 分钟，大大缩短了等待时间，做到了真正的方便、快捷。1839 年，达盖尔把所有技术公布于众，他的摄影术得以在法国广泛流传。这一年被普遍认为是摄影术的发明时间。

除了达盖尔式摄影法以外，英国科学家亨利·福克斯·塔尔博特（Henry Fox Talbot）发明了卡罗式摄影法。1835 年，塔尔博特用涂上氯化银溶液的高级书写纸张拍摄了世界上第一张负像照片，即后来所谓的负片（黑色部分显示为白色，白色部分显示为黑色）。再将负片与另一张可感光但未经曝光的纸重叠，曝光定影后就可以得到正片。1840 年，他对原有方法进行了改进，使用含碘化银的显影液，缩短了曝光时间，加固了负片上的图像。1841 年，他申请的专利权终于得到了认可，这一方法被他命名为卡罗式摄影法。

19 世纪 40 年代，达盖尔式摄影法和卡罗式摄影法都是专业摄影家普遍使用的拍摄照片的方法。两者各有优缺点，用达盖尔式摄影法拍摄的照片比较清晰，影纹细致，但是需要镀银的金属版，费用昂贵，且是直接的正像，无法复制，不利于传播。卡罗式摄影法虽然费用便宜并且能够迅速印出许多照片，但是其成像纹理不够清晰，画面上也会出现图案式的斑点。因此，想当摄影家的人，都为摄影方法的局限性而苦恼，希望能够发明更好的方法。

19 世纪 50 年代，湿版摄影法的发明与使用成为摄影术发展中的一个重要里程碑。湿版摄影法就是拿玻璃或者铁片当底片的摄影技术，这就需要一种透明的黏合剂，使之既能将感光药品附着在玻璃上，又能经得住显影、定影的冲洗。1851 年，英国伦敦的一位雕塑家弗雷德里克·斯科特·阿切尔（Fredrick Scott Archer）将硝化棉溶于含有乙醚和酒精的火棉胶，再把碘化钾溶于火棉胶后马上涂在干净的玻璃上，装入照相机曝光，经显影、定影后得到一张玻璃底片。这种方法被称为火棉胶湿版摄影法。该方法最大的优点是：虽然清晰度稍差，但成本却不及达盖尔式摄影法的 1/10，而且还能向卡罗式摄影法那样进行反复印制。因此，该方法兼具达盖尔式摄影法和卡罗式摄影法两者之长，却无两者之短。更为重要的是，火棉胶湿版摄影法在明亮的阳光下曝光时间只需 15 秒到 1 分钟，感光速度快。但这个方法也有缺点，即拍摄和冲洗必须在火胶棉未干燥前 20 分钟内进行，外出拍摄除摄影机和三脚架之外，必须携带化学药品、暗室帐篷以及其他冲洗用具，给摄影者带来很大的麻烦。

19世纪70年代，湿版摄影法遇到了干版摄影法的竞争。1868年，威廉·亨利·哈里森（William Henry Harrison）提出了使用胶棉来替代胶面乳剂的设想。1871年，英国医生理查德·马多克斯（Richard Maddox）在《英国摄影》杂志上介绍了自己的研究成果：以糊状的明胶为材料的溴化银乳剂，趁热涂在玻璃上，干燥时，不会像火棉胶那样发生结晶现象。用干版摄影法制作出来的照片影像清晰度高，性能稳定，感光度强。

1888年，美国发明家乔治·伊斯曼（George Eastman）发明了将卤化银感光乳剂涂在透明的赛璐珞片上的"胶卷"，并成功制造了第一架柯达照相机。1889年，伊斯曼公司生产了成卷的软质胶片。1891年，又制作出了摄影师能够自己装卸的胶卷，从此开启了摄影的胶卷时代。1900年，柯达公司推出普及型照相机白朗尼，这是一次重大的技术变革，照相机也因此开始向小型化和轻量化方向演进。1913年，德国莱兹公司的一位工程师奥斯卡·巴纳克（Oskar Barnack）按35毫米电影胶片的规格设计出一种小型照相机，取名莱卡，使照相机成为高级光学和精密机械制造技术的重要产品，其镜头可以替换，而且换胶卷更为容易，成为后来光学照相机的基本形式[1]。至此，感光材料三大主流技术即干版、安全片基、胶卷，以及照相机的三大核心技术焦点平面快门、光阑（光圈）、单镜和双镜取景成像均已完成，摄影技术基本成熟。有了摄影技术，电影的诞生就具备了技术基础。

二、图片新闻的出现

从达盖尔发明摄影技术到19世纪90年代，这项发明最终在商业上开始运用，即将照片大量复制到报纸上，由此催生了一种新的新闻形式，即图片新闻。图片新闻也可以称之为新闻摄影，是以摄影技术为手段，对正在发生的、具有报道价值的新闻事实，摄取特定的瞬间形象，并结合必要文字说明的一种新闻报道形式。在图片新闻出现之前，报纸的图片记者大都是绘图员，这就很可能导致报纸上的图片报道是不准确的，总是有虚构的成分在其中，因为这些人员很少出现在新闻现场。

世界上第一张新闻图片拍摄于1842年5月。当时，德国汉堡发生了震惊世界的四天大火灾，城市某些部分被夷为一片废墟，以银版摄影术见长的两位摄影家进入火灾现场并拍摄下这场大火燃烧的情况。这次拍摄是公认的世界上第一次新闻摄影活动，唯一留存的照片是拍摄的第一张新闻图片[2]。1855年2月，战争摄影先驱、

---

① 姜振寰：《技术通史》，中国社会科学出版社2017年版，第333－334页。

② 盛希贵：《新闻摄影》，中国摄影出版社2011年版，第10页。

英国摄影家罗杰·芬顿(Roger Fenton)拍摄了英国、法国、俄国与土耳其在克里米亚的战争,这是历史上第一次有计划、有规模地对历史事件进行摄影记录。美国南北战争期间,美国摄影家马修·布雷迪(Mathew Brady)用火棉胶湿版摄影法拍摄了战争的真实场面①。然而,由于摄影器材笨重,技术操作复杂,图片新闻若想刊登于报刊,须由画家加工改为线画,制成木刻版,当时照相制版术尚未发明,因此上述图片并未得到广泛传播。

1880年3月4日,美国纽约《每日写真报》上刊登了一幅《纽约山蒂镇景色》,这是世界上第一幅刊登在报刊上的新闻图片②。1898年爆发的美西战争(Spanish-American War),由于发生得太快,以至于无法组织高度有效的新闻报道,但它是历史上第一次主要由战争摄影师"描述"的重大武装冲突③。

1904年,摄影照片的铜版术开始广泛应用。当年1月,英国的《每日镜报》率先在报刊上以图片为主报道新闻,仅在图片旁附以简短的文字说明。《每日镜报》刊登图片新闻的做法取得了成功,其他报纸也开始竞相效仿,由此开启了图片新闻的时代④。摄影记者和摄影报道在1904—1905年爆发的日俄战争(Russo-Japanese War)中大显身手,使得战争成为新闻照片记录的重要主题。1910年,美国摄影家瓦内克成功地拍摄了《威廉市长被枪击》这张新闻图片,使他成为第一位拍摄突发性事件的新闻记者。在第一次世界大战中,第一批空中侦查照片诞生⑤。"从1890年到第一次世界大战之间,是图片新闻的发展时期,这段时间是由照相铜版技术的革新所开创的……这段时间,照片新闻业在技术和美学上都得到地位的确立,被认为是一种专门的职业和社会机构。"⑥

20世纪30年代,伴随着新闻业的繁荣,图片新闻进入成熟期。1931年,法国画家亨利·布列松(Henry Bresson)用抓拍手法记录现实生活中的瞬间情节,还拍摄了法国解放等重大历史事件,其中一些照片为著名的新闻刊物所采用。1936年,美国报业大王、《时代》公司的创立者亨利·卢斯(Henry Luce)创办的《生活》画报,以专题新闻摄影报道见长,影响十分广泛,此后成为美国发行量最大的画报。《生活》画报对推动新闻摄影的发展发挥了积极作用。

---

① 李培林:《当代新闻摄影教程(第二版)》,复旦大学出版社2021年版,第163页。
② 熊澄宇:《媒介史纲》,清华大学出版社2011年版,第132页。
③ [加]戴维·克劳利、[加]保罗·海尔:《传播的历史:技术、文化和社会(第五版)》,董璐、何道宽、王树国译,北京大学出版社2011年版,第209页。
④ 盛希贵:《新闻摄影》,中国摄影出版社2011年版,第11页。
⑤ 谢琳:《新闻摄影教程(修订版)》,中国摄影出版社2015年版,第73页。
⑥ [加]戴维·克劳利、[加]保罗·海尔:《传播的历史:技术、文化和社会(第五版)》,董璐、何道宽、王树国译,北京大学出版社2011年版,第206页。

　　1942 年,美国普利策新闻奖增设了最佳新闻照片奖,1968 年又设立了新闻特写照片奖。普利策新闻奖设立新闻摄影类奖项反映了美国新闻摄影的评判标准与价值取向,即强调揭露丑恶,注重深刻、真实、客观地传达信息。1947 年,由罗伯特·卡帕(Robert Capa)、亨利·布列松(Henry Bresson)、戴维·西摩(David Seymour)等摄影家创立"马格南"(MAGNUM)图片社,是世界上第一家运用纪实加抓拍的摄影手法向各国报刊提供新闻图片的组织①。1952 年,摄影家布列松出版《决定性的瞬间》一书,他在该书中提到的抓拍理论对新闻摄影实践产生了重要影响。1957 年,基斯·谢勒(Kees Scherer)、本·范·米伦登克(Ben van Meerendonk)和布拉姆·威斯曼(Bram Wisman)等人创立了"世界新闻摄影荷兰基金会"(WPPH),并且每年举行一次世界性的新闻摄影比赛和展览。该项赛事对于世界新闻摄影的发展与繁荣起到了积极的促进作用②。

三、新闻图片社的出现

　　专门传播新闻照片的通讯社的出现,是摄影新闻业规范化的重要因素。在图片新闻诞生和发展的 20 世纪初期,即便报社聘有大量优秀的摄影师,也无法报道每个新闻事件,尤其是在不可预料的时间和地点发生的事件。这成为图片新闻社出现的前提。图片社的功能在于把握有价值的新闻照片,把它们卖给订购照片的报纸。例如,泰坦尼克号的沉没是不可预测的人类灾难,也是新闻记者不可触及的事件。一位业余摄影者在救生船上拍到了一些幸存者的照片,虽然这些照片缺少美学规范,但还是被图片社获得并分发给了许多家报社,否则,这些报纸就只能以不配图片的文字形式报道这一重大事件。

　　图片社不仅购买照片,同时也雇用摄影师。这些摄影师中的一些人做出了对政治现场史无前例的深度报道。1899 年,摄影师乔治·格兰瑟姆·拜因(George Grantham Bain)在很长的一段时间里被允许陪同威廉·麦金莱(William Mckinley)总统的每一次出行,并且获得了进入白宫拍摄正式肖像的机会。这使得他拍摄了总统的数百张新闻图片,这些图片被大量在报刊上引用。拜因的照片集标志着图片新闻业的重大转折——从 19 世纪末期断断续续的图片新闻记录方法,到 20 世纪初连续的、制度化的报道模式的确立③。

---

①　谢琳:《新闻摄影教程(修订版)》,中国摄影出版社 2015 年版,第 73 页。

②　盛希贵:《新闻摄影》,中国摄影出版社 2011 年版,第 13 页。

③　[加]戴维·克劳利、[加]保罗·海尔:《传播的历史:技术、文化和社会(第五版)》,董璐、何道宽、王树国译,北京大学出版社 2011 年版,第 212 页。

第二节　电影的发明与大众传媒的丰富

摄影术使报纸和杂志插图出现新的形式。从那些被称为"活动电影放映机"的盒子上面的小孔里,人们获得了新的娱乐方式。早期的电影以娱乐的方式进入人们的生活当中,但很快,电影就成为风靡全球的大众媒介,社会各个阶层的人群都被电影所吸引。

一、早期的电影技术和放映活动

电影不仅是摄影出现后的一种新传播技术,而且成为 20 世纪最主要的艺术形式和娱乐方式之一,它是通过摄影技术和叙事方式来表现的。从技术上来说,电影最主要的原理就是"视觉暂留",无论手绘还是拍摄的所有运动图片,这个原理是基本的法则。

1872—1878 年,生活在美国的英国人爱德华·梅布里奇(Edward Maybridge)用 24 架照相机拍摄飞腾的奔马的分解动作组照,经过长达六年多的无数次拍摄实验终于成功。这是人类历史上第一张高速动态照片。接着他又在幻灯上成功放映了奔跑的骏马。梅布里奇发明的放映装置叫作"活动幻灯机",是现代电影放映机的雏形。1882 年,法国科学家艾蒂安·朱安·马雷(Etienne Juan Mare)研制了连续摄影枪,一秒能够拍 12 张连续的照片,而且所有图像都能够记录在同一张照片上。他对这种连续拍摄机进行多次改革后,于 1888 年制成用绕在轴上的感光纸代替感光盘的实用摄影机[①]。梅布里奇和马雷的发明,大大推动了视觉上的时间与动作研究,也启发了世界各地的发明者尝试制造能产生运动照片幻象的装置。1888 年,托马斯·爱迪生(Thomas Edison)开始研究"活动照片",他的助手托马斯·狄更斯(Thomas Dickens)发明了第一台电影摄像机(活动电影摄影机)和第一台放映机(活动电影放映机)[②]。19 世纪 90 年代,活动电影放映机的营业室很快在纽约、芝加哥、旧金山等全美许多城市出现,并在欧洲推广开来。电影摄像机和电影放映机的逐步完善,促进了现代电影业的发展。

对电影技术起决定性作用的是法国的卢米埃尔兄弟,即奥古斯特·卢米埃尔和路易斯·卢米埃尔(Auguste & Louis Lumière)。1894 年,卢米埃尔兄弟研制成功了世界上第一架比较完善的"活动电影机",并于 1895 年申请专利。他们的"活动电

---

① 姜振寰:《技术通史》,中国社会科学出版社 2017 年版,第 335 页。

② [加]戴维·克劳利、[加]保罗·海尔:《传播的历史:技术、文化和社会(第五版)》,董璐、何道宽、王树国译,北京大学出版社 2011 年版,第 222 - 223 页。

影机"不仅可以摄影,还可以放映和洗印,能够以每秒 16 格画面拍摄出影片,并且拍摄图像清晰稳定。这是将摄影机、放映机和显影机合为一体的创造性组合。1895 年 3 月 22 日,卢米埃尔兄弟在里昂首次成功使用活动电影放映机放映影片《工厂大门》。同年 12 月 28 日,他们在巴黎卡普辛大街的咖啡馆首次公开放映了一系列自己摄制的纪实短片,包括《火车进站》《水浇园丁》《婴儿的午餐》《工厂大门》等 12 部影片,标志着电影实验阶段的终结与电影新时代的开启。1895 年 3 月 22 日由此被认为是电影诞生的日子,卢米埃尔兄弟因此被称作"电影之父"。

卢米埃尔兄弟对电影的贡献不仅表现在对电影摄制和放映设备的改进上,还表现在他们的电影作品中。他们的摄影作品,最突出的特点是采取了现实主义的态度,即摆脱了"照相馆"摄影师受封闭的人为空间的束缚,迈向了广阔和开放的自然空间①。卢米埃尔兄弟创造了最早的新闻片、旅游片、纪录片、喜剧片等影片样式。卢米埃尔兄弟的电影最突出的特点是纪实性,他们直接拍摄真实的生活,给人以身临其境之感。严格来说,卢米埃尔兄弟还没有把电影当作一种艺术,只是对现实生活进行再现与复刻,题材包括劳动和工作场景、家庭生活、新闻实录、自然风光和街头实景等。他们真实地捕捉和记录现实生活的场景,使人们通过摄影镜头来观察和思考真切的生活和熟悉的人群。正如法国电影史家乔治·萨杜尔(George Sadoul)所说,从卢米埃尔兄弟的影片中人们了解到,电影可以是"一种重现生活的机器"②。在形式上,他们的电影作品大多由固定视点的单镜头完成,《火车进站》就是这样一部最为典型的作品。这种拍摄手法类似于今天通常使用的"长镜头"的拍摄方法。虽然卢米埃尔兄弟拍摄的电影短片始终没有突破纪实的表现形式,他们的目的更多是为了展示机器的性能,但不可否认的是,他们的影片中存在着一种潜能,即电影可以运用于叙事,可以变为一种讲故事的工具。因此,电影很快便被艺术家所利用③。

二、电影从娱乐走向艺术

1895 年到 1905 年间,电影主要在歌舞杂耍场地、游乐场等处放映,主要是为下一场演出做"垫场"。1905 年之后,"五分钱电影院"首先在美国出现,一些迅速成长的电影设备制造商成立了电影公司。到 1909 年,电影已经成为一个包含制作、放映和发行环节在内的大产业,也产生了导演、演员、摄影、编剧和后期工作等不同的专门职业。不久,好莱坞(Hollywood)代替了纽约成为电影生产的中心,电影产业的明星制度也产生了。一战前,电影观众的人数急速增长,主要原因首先在于对故事片

---

①　郑亚玲、胡滨:《外国电影史》,中国广播电视出版社 1995 年版,第 6 页。

②　[法]乔治·萨杜尔:《法国电影(1890—1962)》,徐昭译,中国电影出版社 1987 年版,第 2 页。

③　郑亚玲、胡滨:《外国电影史》,中国广播电视出版社 1995 年版,第 11 页。

的引入及其精致的制作,其次是作为完全致力于银幕电影的"五分钱电影院"的出现,意味着电影能够独立地作为一种娱乐了①。

乔治·梅里爱(Georges Méliès)、埃德温·鲍特(Edwin Porter)、大卫·格里菲斯(David Griffith)等人为电影从新奇的实物变成艺术起到了推动作用。19世纪末20世纪初,许多人投入了对电影的改进和拍摄。法国人梅里爱擅长绘画,喜欢魔术,具有良好的文化艺术修养。当他第一次接触到卢米埃尔兄弟的活动电影放映机时,便对此产生了浓厚的兴趣,之后从英国人手里买到一台放映机。从此,梅里爱开始了电影创作生涯。他最初创作的电影作品风格与卢米埃尔兄弟相似,大多是对真实生活的记录。1896年,一次偶然的机会让梅里爱发现一种新的电影技术手段——"停机再拍"。这一发现使梅里爱改变了纪实风格,声称自己所要拍摄的是富有幻想的艺术场景,或是复制舞台演出的场面,它与活动电影放映机所放映的普通场景和日常生活情景完全不同。梅里爱用这种技术手段拍摄了许多富有想象力的影片,突破了电影纪实性的局限,将电影与戏剧艺术联系起来,从而为电影找到了一条新的出路,为电影的发展作出了许多创造性的贡献。梅里爱将"二次曝光""多次曝光""合成照片"等魔术技巧借用到电影拍摄中,并发明了"叠印""模型"以及溶入、溶出和淡入、淡出等组接方法②。他对电影特技的发明与创造,为电影独特的表现形式做出了贡献,给予后人极大的启示。

梅里爱还在巴黎附近的蒙特伊路建造了一个"摄影棚",这也是世界电影史上第一个"摄影棚",并且成为全世界电影制片效仿的模式。"摄影棚"的一端是用于表演的舞台空间,另一端是摄影机。他巧妙地将电影从纪实引向戏剧,系统性地将大部分戏剧要素如剧本、演员、布景等应用到电影上,增强了电影的艺术品格,形成了"银幕即舞台"的美学观念。梅里爱在这个"摄影棚"内拍摄了400多部富有创造性的影片,按照影片题材大致可以分为魔术片、排演的新闻片、神话故事片和科幻探险片四种类型。在科幻探险片中,1902年《月球旅行记》问世,成为梅里爱电影艺术创作中的登峰造极之作,在电影史上产生了深远影响。虽然全片仅有不到15分钟,但是梅里爱却几乎动用了他所有的艺术手段来制作,这部科幻短片在美国、法国等地获得了极大的成功。与卢米埃尔兄弟纪实性电影风格完全相反,梅里爱开创了一种模拟现实的浪漫主义风格,为电影赋予艺术性,为后来电影美学的发展作出了巨大贡献。梅里爱在完成他第430部影片之后,于1913年退出影坛。

---

① 〔加〕戴维·克劳利、〔加〕保罗·海尔:《传播的历史:技术、文化和社会(第五版)》,董璐、何道宽、王树国译,北京大学出版社2011年版,第226页。

② 郑亚玲、胡滨:《外国电影史》,中国广播电视出版社1995年版,第12页。

　　梅里爱将戏剧艺术融入电影拍摄的做法被视作电影艺术性的雏形,但电影作为技艺以及真正成为一门独立的艺术却是在美国实现的,对这一历史进程作出贡献的先驱有埃德温·鲍特和大卫·格里菲斯,美国电影也基于此建立起了独特的电影体系——好莱坞模式。

　　鲍特原本是一个电影放映员和制作电影器材的专家。1903 年,鲍特拍摄了一部时长 6 分钟的电影《一个美国消防员的生活》(*Life of an American Fireman*),该影片运用了叠印的拍摄手法和戏剧化的剪辑手段,通过非线性的方式叙述事件。从此,电影制作开始从强调舞台戏剧场景特性向强调故事的叙述和人物动作的方向发展。此外,连续剪辑技巧的出现,也使得电影长片的制作成为可能。1903 年拍摄的《火车大劫案》(*The Great Train Robbery*)是鲍特影响力最大的一部影片,该片不但采用了分镜头的拍摄方法,而且将摄影棚内的内景与火车行驶的外景叠印在一起,形成了时空的跳跃和转换。《火车大劫案》中第一次用 14 个场景来构成一部电影,影片中使用了剪辑技巧,此举使电影从一种新奇的"玩意儿"发展为一门艺术,鲍特也因此成为用交叉剪辑手法制造戏剧效果的第一位导演,而在此之前,梅里爱的影片从头到尾都是一个镜头。

　　在鲍特的基础上,格里菲斯对电影叙事和时空表现手段进一步探索,并制作出以《一个国家的诞生》(*The Birth of A Nation*)和《党同伐异》(*Intolerance:Love's Struggle Throughout the Ages*)为代表的首批电影长片,把电影从戏剧的束缚中解放出来,将其真正带入了成熟艺术的阶段。格里菲斯对电影艺术最大的贡献在于他改变了电影的基本构成单位,他认为电影的基本单位不是场景,而是镜头(一个连续拍摄的画面)。他意识到电影与戏剧不同,可以有效地控制观众的视野,更可以不受限制地频繁更换场景,还应该抛弃强求时间、地点和行动之统一的"戏剧三律",根据叙述和表现的需要,通过精心的构图和有机的剪接,自由地支配时间和空间[①]。格里菲斯突破了梅里爱戏剧电影若干陈旧的习惯,在拍片时,他让摄影机移动起来,极大地丰富了电影语言,开创性地使用了"特写""圈入"和"切"的手法,使蒙太奇成为电影艺术的重要组接手段。1915 年,格里菲斯拍摄了一部长达 3 个小时的无声影片《一个国家的诞生》,该影片运用不同景别、多机位和移动拍摄等方法,发挥了电影艺术的分镜头和剪辑的独特魅力,将电影的形式和技术都推进了一大步。这部影片对美国电影后续发展产生了巨大影响。1916 年,格里菲斯又拍摄了另外一部重要影片《党同伐异》。这两部被誉为电影艺术的奠基之作,代表了当时电影制作的最高水平,标志着电影成为艺术的起始,不仅是美国电影史上的里程碑,也是世界电影史上

---

① 崔军:《外国电影史》,华中科技大学出版社 2018 年版,第 18 页。

的经典之作。

这一时期,独立制片商为摆脱专利公司的垄断,相继到远离纽约和芝加哥的洛杉矶郊外小镇好莱坞去拍片。格里菲斯也把拍片重心逐渐移向好莱坞,至 1912 年已摄制了近 400 部影片。1919 年,查理·卓别林(Charlie Chaplin)、道格拉斯·范朋克(Douglas Fairbanks)、玛丽·毕克馥(Mary Pickford)3 位著名演员和格里菲斯一道创办了联美公司(United Artists)。20 世纪 20 年代,美国影片生产的结构从以导演为中心逐步转为以制片人为中心的体制。"制片人中心"模式形成了 20 年代的"明星制度",各大公司均拥有一批明星。当时影片都是单本一部的,每月产量达到 400 部。20 世纪 20 年代中期,豪华的电影院已基本上取代了镍币影院。

1927 年,华纳兄弟公司出品的《爵士歌王》(The Jazz Singer)是世界上第一部有声电影,这部影片的诞生标志着有声电影时代的来临,同时也是电影艺术走向成熟的标志。然而《爵士歌王》对于声音的应用比较单调,仅是加入了几段对白和一些背景音乐。1928 年拍摄的《纽约之光》(Lights of New York)则是一部完整的有声片,声音成为电影的一种艺术表达形式,极大地丰富了电影的表现手段,提升了表达效果,使电影由单纯的视觉艺术,发展成视听结合的银幕艺术,实现了电影史上的一次革命,为电影艺术开拓了新的天地。

美国电影中的特殊现象——类型影片,在 20 世纪 30 年代获得了充分的发展。最初的类型片是无声电影时代的喜剧片、闹剧片和西部片,到 30 年代初期,歌舞片、盗匪片、侦探片、恐怖片等类型片相继出现并得到繁荣发展。类型电影是美国经济、社会和文化需要的直接产物。

1935 年,美国拍摄了世界上第一部彩色电影《浮华世界》(Becky Sharp),并由此开始了彩色电影的工业化制作。20 世纪 40 年代后,出现了利用人工在黑白胶片上描色的办法放映的彩色电影。20 世纪 50 年代后,随着彩色拷贝的出现,色彩丰富的彩色电影成为主流。一些特殊的摄影机也相继被发明出来,如高速摄影机、水下摄影机、立体摄影机、环幕摄影机等①。20 世纪 60 年代以后,世界上一些国家逐渐以彩色电影代替黑白电影,同时也更强调色彩在影片中的重要性。彩色电影的问世,标志着电影艺术的完善成熟。

三、电影在中国的传播与发展

1896 年 8 月 11 日,一位法国商人在上海徐园内的又一村茶楼放映"西洋影戏",这是中国第一次电影放映。自此以后,徐园内就经常放映电影,且大多为法国影片。

---

① 姜振寰:《技术通史》,中国社会科学出版社 2017 年版,第 336 页。

1899年,西班牙商人加伦·白克(Galen Bocca)来到上海,先后在福州路升平茶楼、虹口乍浦路跑冰场和湖北路金谷香番菜馆客堂内放映电影。1903年,中国商人林祝三从欧美携带影片、放映机等设备返国,租借北京前门天乐茶园放映电影。这是中国人在国内放映外国影片的开始。但是所放映的影片大多简短,仅涉及戏法和外洋风景。

中国人拍摄影片始于1905年。北京丰泰照相馆的创办人任景丰和当时著名京剧演员谭鑫培合作,拍摄了京剧传统剧目《定军山》的片段。电影《定军山》是中国人自己摄制的第一部影片,它标志着中国电影的正式诞生。《定军山》在前门大观楼熙熙攘攘的人群中放映,万人空巷。此后,丰泰照相馆又摄制了《青石山》《收关胜》《白水滩》《金钱豹》等戏剧片段。为了适应无声电影的特点,这些戏曲片选拍的都是一些武打和舞蹈动作较多的场面。这些片段影片极受观众的欢迎,除北京外,还曾在江苏、福建等地放映①。电影进入中国伊始,便成为本地商业文化的承载和延伸,传统的趣味找到了最新、最时髦的表达方法。

电影放映带来了商机,促使一些外国人开始在中国摄制并放映影片。1909年,美国商人本雅明·布拉斯基(Benjamin Brasky)投资经营的亚细亚影戏公司正式成立,并且开始在上海和香港摄制影片。这是在中国土地上成立的第一家电影制片公司。1913年,郑正秋为亚细亚影戏公司编写了《难夫难妻》电影剧本,又与张石川联合导演了这部影片,该片是亚细亚影戏公司的第一部作品②。这部影片是有故事情节的短片,是我国故事片摄制的开端。而且这部影片的内容触及当时的社会生活,抨击了不合理的封建婚姻制度,对革新中国社会思想和社会观念具有十分重要的意义。

1920年,陈寿芝、邵鹏等人组织成立中国影戏研究社,并且摄制了中国第一部长故事片《阎瑞生》,该片记录的是真人真事,上映盛况空前。1922年,张石川与郑正秋、周剑云等人成立明星影片公司,与此同时,国内还出现了神州影片公司、长城画片公司等一批具有一定规模的影片公司。1925—1927年,上海先后成立140家中小型电影公司,电影在中国的发展愈来愈专业化和组织化。

正当电影在中国取得初步发展之时,中国电影艺术和技术最大的革新——有声电影来临了。1929年,上海的电影院开始改装放映设备以便放映有声电影,最早在中国公开放映的有声电影是美国影片《飞行将军》(*Captain Swagger*)。但囿于电影放映设备,当时国内有声影院数量极少,大多还是无声影院。1931年,由明星影片公司和友联影片公司联合拍摄的《歌女红牡丹》公映,这是中国第一部有声影片,是中

---

① 程季华:《中国电影发展史(第一卷)》,中国电影出版社1963年版,第15页。
② 程季华:《中国电影发展史(第一卷)》,中国电影出版社1963年版,第117-118页。

国电影史上的一大进步。1941 年,中国第一部长动画片《铁扇公主》上映。这时的中国电影已经有了喜剧片、歌舞片、言情片、侦探片、武侠片等类型。

1948 年,中国第一部彩色电影《生死恨》诞生,该影片因摄制时灯光不足,色温不稳定,以致该影片质量不理想,但作为中国第一部彩色影片意义深远。随着电影技术设备的改进以及电影拍摄手法的愈加复杂,我国的电影艺术不断发展成熟,影片类型也逐渐丰富。

第三节　电影与大众社会

和印刷术、电报、电话一样,电影也是多项技术的组合。电影从拍摄、剪辑、储存到放映,每一个环节都与专门技术密不可分。但不同的是,电影从未让人感到它是一种单纯的信息传播工具。电影不仅是一种新的传播技术,而且是 20 世纪主要的(也是最流行的)、新的艺术形式。和电报以电码传输内容相比,电影是通过人们熟悉的摄影技术和叙事方式来表现内容的。它奇妙地将技术、娱乐、艺术和景观融为一体,凸显了大众媒介的强大力量。电影的诞生标志着一个关键的文化转折点,它和现代城市、大众文化、大众社会紧密联系在一起。

一、电影的传播特性

电影是一种视听媒介,从诞生之初就表现出大众媒介的基本特性。但与之前的报刊及其后的广播、电视等大众媒介不同,它具有自身特殊的传播特性。

(一)电影传播内容的大众性

首先,电影的出现和繁荣与大众的娱乐需求密切相关。电影诞生的时代,正是欧美国家第二次工业革命完成之际,整个社会呈现出经济工业化、社会城市化、文化大众化的特征。社会化大生产聚集了大量工人在城市工厂中从事各类工商业生产活动,他们在工余闲暇的时间里需要适当的娱乐和放松,以便投入再生产活动。电影在这个时候出现,恰好满足了城市工人在工作之外的娱乐需求。于是,不具备识字能力的大批工人在下班后涌入"五分钱电影院",将电影这个新奇的事物当作娱乐的方式。可以说,正是这些早期的观众孕育了电影的市场,对电影摄制和放映技术的革新起到了推动作用。因此,电影从诞生之初就是为满足大众娱乐而出现并逐渐繁荣的。

其次,电影的画面特性决定了它的大众性审美导向。电影通过摄影技术和视听符号来讲述故事,每一个画面和声音都在传递信息,受众正是基于对这些影像的解读才掌握了故事的内涵。文字是一种抽象形态,需要借助抽象复杂的符号来激起受众脑海中对相关事物的具体想象,而电影画面则通过直接的观看和表象的感知将信息传达给受众。一方面,画面语言无须识字能力和丰富的想象力便可"看懂"。另一方面,电影画面转瞬即逝的特点使得电影不是深度诉诸知识的载体,而是更多地以浅显的内容来承担娱乐大众的功能,因为有深度就会失去很多观众。受众成为"沉默的羔羊",成为被动的观看者,进而失去鉴赏能力,是从电影开始的。思考能力的弱化以及娱乐功能的强化使得电影成为具有普适性的"大众产品"。换言之,电影是解读成本极低的一种大众传媒,这是由早期电影的娱乐性、纪实性决定的。因此,相对于报刊、书籍等大众传播媒介,早期电影有着受众规模优势,它能将社会各阶层的人们聚集在一起。

再次,电影是一种文化产业,其内容由商业属性来决定。当电影逐渐成为一种文化产业,具有了商业属性之后,为了盈利,电影公司通常会制造一些内容更加贴合普通大众的电影作品去迎合受众的需求,为大众情感宣泄和娱乐享受提供了渠道。另一方面,电影制作方和发行方为了将不同兴趣爱好、不同"口味"的人群变成电影观众,扩大电影市场,他们创造了电影类型片这一区分不同内容题材的方式。类型片将电影内容分门别类,目的是区分受众消费者,最大限度地获取市场利益。正基于此,电影具有了广泛的受众规模,可以说电影是一种真正的大众化媒介。

(二)电影传播形式的可复制性

著名的法兰克福学派学者瓦尔特·本雅明(Walter Benjamin)称电影为"机械复制时代艺术"的典型代表,由此显示出电影的一个重要特性就是技术上的"可复制性"。

首先,早期电影技术能够在一定程度上实现对现实图景与事物的还原,是对现实生活的"复制"。电影诞生之初,拍摄实践都是通过视觉再现的方式对现实生活进行简单复刻。比如,卢米埃尔兄弟的电影作品大多是对现实生活中实际存在的事情和生活的再现,他们真实地捕捉和记录现实生活的场景。电影在一定程度上成为"现实生活的复制机器",也由此在电影理论家之间引发了一个关键命题的研究,即电影与现实的关系。

其次,就电影制作技术来说,它承继了摄影的技术原理和物质手段。在胶片电影时代,电影拍摄的底片只有一份,是负像。如果需要复制上面的画面,就需要拿另一条胶片与之叠合,经过特殊的曝光处理(配光),然后对叠合的胶片进行洗印,制成一条复制的胶片。一部影片生产出来之后就可以作为"模板",拷贝这个"模板"即可生产出无数个相同影片。因此,电影与舞台戏剧不同,不同演员使用不同道具可以演绎同一部作品,没有两场戏剧完全相似,而电影是摄影技术的升华,通过画面表现内容,其特征就是技术复制性。电影不会因为放映、播出的时间和地点不同而发生改变,即电影只不过是技术上的一种复制。技术的复制可以对电影作品进行批量生产、广泛传播,从而使大众可以较容易地获得电影复制品,近距离、直接地观看成为可能,电影也由此成为一种"大众艺术品"。

(三)电影观看的社交性与区隔性

电影与受众之间的关系,并非只是单纯的影像文本对观众心理或行为的影响,观看电影所处的空间和社会情境可能也会对受众产生影响。

首先,电影的社交性与电影放映场所的关系密不可分。电影放映场所不仅仅是放映活动影像的物理空间,同时也是一个包含多种关系的社交空间。早期电影放映并无一个有形的空间,大多是在歌舞杂耍表演场地放映,还会进行流动放映。彼时,人们为了看电影而聚集在一个开放的公共场所,在这个场所内可以随意交流与电影相关的内容,短暂的社会关联在此产生。如罗伯特·考克尔(Robert Kolker)所言:"去看电影意味着走出家门,看电影是一种团体性的城市活动。"[①]当电影逐渐成为一个大产业之后,一种完全致力于银幕电影的"五分钱电影院"出现了,意味着电影有了独立放映的有形空间,也就是后来通常意义上的电影院。电影院与剧院一样具有公共观看属性,能够将彼此陌生的公众聚集在一起,为他们提供公共交流空间,最终导向一种社交性的观看实践。

其次,电影的观看还具有区隔性,主要体现在电影观众文化观念和阶层的区分。虽然电影的表现形式是直观的、感性的,不需要丰富的想象力和缜密的思维理解能力,但是电影的观众身份是多元化的,从所处文化背景、民族、阶层等方面来看具有很大的差别,即使观看同一部电影,观看主体由于知识素养不同,对电影的认知和感受也会有所不同。此外,"早期电影院有座席分布的物理分割,使得身处同一个观影空间的观众之间有着难以逾越的鸿沟"[②]。知识素养相近的人会坐在一起观看电影,由此表现出一种显著的身份区隔性,这也是电影作为大众媒介的独特传播属性。

二、电影与大众社会的出现(电影的社会意义)

所谓大众社会(mass society),是指由大众组成的社会或具有大众特征的社会。"19世纪末20世纪初是人类进入大众社会的一个分界点。在这个时代,作为工业革命、资产阶级革命以及大众传播发展的结果,过去的那种传统社会结构、等级秩序和

---

① [美]罗伯特·考克尔:《电影的形式与文化》,郭青春译,北京大学出版社2004年版,第210页。

② 张隽隽:《区隔与融合:魔术师卡尔·赫兹的电影放映及其观众研究》,《电影艺术》2020年第1期,第133–139页。

统一的价值体系已被打破,社会成员失去了统一的行为参照系,变成了孤立的、分散的、均质的、原子式的存在,即所谓'大众'。"①从早期贵族主义观点到对法西斯的极权主义的批判,再到二战后美国的大众社会理论,有关大众社会的讨论经历了一个形成、发展和变化的过程。有学者认为大众社会形成的基本条件有以下方面:①产业化的大量生产和大量消费的存在;②社会的平权化或民主化的发展;③大众传媒的发达和大量信息、娱乐产品的提供;④生活水平的全面提高;⑤传统的中产阶层的衰退和以白领为主的"新中产阶层"的扩大;⑥社会组织中的官僚化的发展②。由此可以看出,大众传播媒介的出现和发展是大众社会得以形成的一个重要因素。而电影作为一种具有娱乐性、通俗易懂的大众媒介,又是一种艺术形式。它可以将其表现力延伸至人类社会生活的几乎每一个层面,是负载着特定文化政治规范的载体。电影出现之后,一种面向大众的艺术形式随之出现,对大众的精神世界和生活习惯都产生了影响。因此,电影作为一种现代性力量,加速了大众社会的出现,这也是电影媒介之于社会的重要意义所在。

(一)电影媒介深刻影响了人们认识世界的方式

认识是指人脑对外部世界的反映,包括直接认识和间接认识两种方式。人们通过媒介认识世界,属于对世界的间接认识。首先,电影作为一门视听融合的艺术,具有再现功能,逼真性是电影的重要特征,也是电影再现的基础。电影能反映客观事物,反映特定历史时期人们的生活,观众通过电影呈现的内容了解到自身无法亲身体验的信息,在脑海中形成对世界的理解。它通过建构一个虚拟世界图景影响人们对世界的认识和看法。电影常利用一些叙事框架来影响我们对现实的认识,如"灰姑娘模式""个人英雄主义""女性自我救赎"等。如此一来,现实与虚拟世界开始产生冲突,二元对立的世界观开始凸显。

(二)电影媒介具有产业化大量生产和消费的特征

当电影发展进入成熟期后,电影的生产、制作和发行都是以商业盈利为目的的,为了获取更多的利润,各电影发行公司必须吸引大多数受众的注意力,而要做到这一点,就必须满足最广泛的受众需求,由此电影具有大众性的特征。与其他大众传播媒介不同的是,电影是一种以视觉形式展示内容的传播媒介,可以超越不同文化层次、职业、群体、学历等障碍,提供最广泛的内容。此外,电影还具有大批量"拷贝"的特征。日本著名社会学家和传播学家清水几太郎认为:"由于大众传媒的大量生产和大量提供,现代人每日每时都处在'拷贝'的洪水的包围之中,

---

① 郭庆光:《传播学教程(第二版)》,中国人民大学出版社 2011 年版,第 151 页。
② 郭庆光:《传播学教程(第二版)》,中国人民大学出版社 2011 年版,第 154 页。

要躲避它们的影响是不可能的。"①一部电影能够拷贝数次,并且一部拷贝可以放映诸多场次,一场电影可以吸纳若干受众观看。因此,电影具有产业化生产与消费的特征。

(三)电影媒介作为宣传工具彰显了强大的传播力量

从 1905 年到一战前,电影经历了摄制与放映技术完善、电影院和大规模观众出现,以及电影产业化的过程。到 20 世纪三四十年代,电影又具有了宣传工具的属性,在战争中发挥了重要的作用。宣传是一种特殊的大众说服方式,其目的是通过各种手段和形式的说服工作,在受众中激起某些反应,以达到政治目标。电影是艺术、商业和政治的综合体,不可避免地包含着特定社会形态的价值观念和意识形态;电影又是能聚集广泛大众的大众传播媒介,这使它天然地成为引导和控制人们思想观念的工具。在第二次世界大战中,除无线电广播这一重要媒介外,电影也成为一种重要的意识形态宣传工具。这一时期,战争片成为电影制作的一个重要领域,好莱坞电影在政府的主导下,自觉担负起战事宣传和意识形态浸润的责任,通过影片的内容呈现,对大众进行心理上的暗示和催眠,进而达到心理教化的目的。

(四)电影促进了大众文化的兴起

大众文化是指以大众传播媒介(机械媒介和电子媒介)为手段,按商品市场规律运作,旨在使大量普通市民获得感性愉悦的日常文化形态②。关于大众文化,有这样几层含义:一是大众文化是一种与大众社会同步发展的市民文化,是一种工业社会和大众消费社会的特殊产物,具有浓厚的商业色彩;二是大众文化以大众传播媒介作为宣传与传播载体,以现代化批量复制生产技术作为生产形式,具有普及性;三是大众文化的精神内核是欲望和快感,不仅符合大众欣赏观念和艺术取向,同时也代表着大众观念,因而具有娱乐性;四是大众文化的消费周期短,多为瞬时性满足,缺乏持久的审美价值,具有流行性。从大众文化这几个层面的含义来讲,电影无疑属于大众文化,两者之间存在着紧密的联系。

首先,电影是大众文化传播的重要载体。电影依托声音与画面媒介,通过特定的叙事策略和镜头转换,在银幕上呈现相关形象以满足大众欲望。1909 年,电影成为一个大产业,它可以清晰地分为三个环节:制作、放映和发行③。在此过程中,电影

---

① 郭庆光:《传播学教程(第二版)》,中国人民大学出版社 2011 年版,第 155 页。
② 王一川:《美学教程》,复旦大学出版社 2004 年版,第 158 页。
③ [加]戴维·克劳利、[加]保罗·海尔:《传播的历史:技术、文化和社会(第五版)》,董璐、何道宽、王树国译,北京大学出版社 2011 年版,第 225 页。

的商品性和娱乐性逐渐被重视,受资本驱动,电影通过创新各种内容来满足大众的享乐欲望与情感宣泄需求。同时,技术使得电影的批量生产和广泛传播得以实现,文化不再被有知识素养、政治经济地位的少数精英所垄断,越来越多的普通大众参与到文化消费中,随之衍生出来的大众文化具有商品性、技术性和标准性的特点。

其次,电影本身就是一种大众文化,其文化特征和文化功能属于大众文化范畴。到第二次世界大战末,电影媒介建立起一种新的大众文化,即继印刷文化之后的艺术、娱乐、大商业和现代技术的汇合,它符合大众口味,又从大众中获得力量。对大众来说,看电影已成为社会生活的重要内容,成为一种体验和解释同代人或家庭的共同价值观的新方法①。电影存在着显著的大众消费文化特征,与大众文化的消费性相对应。电影发行公司在电影制作完成后通过吸引大众消费来获取商业利润。为了最广泛的受众基础,电影必须在内容和形式上尽可能满足一般大众的审美取向与精神需求。此外,电影除满足大众的精神需求以外,其内容或元素可能会引起群体的讨论与模仿,从而掀起潮流,成为流行文化,这与大众文化的流行性特征相契合。

总之,电影作为一种机械复制艺术促进了文化的普及和文化的大众化,改善了大众与文化之间的关系,进一步推动了大众文化的发展。

---

① ［美］丹尼尔·杰·切特罗姆:《传播媒介与美国人的思想:从莫尔斯到麦克卢汉》,曹静生、黄艾禾译,中国广播电视出版社 1991 年版,第 64 页。

>> 第七章

现代通信技术与
广播电视媒介

无线电的发明和运用是人类传播史上的第三次革命。无线电技术是广播电视诞生的物质技术基础。诞生于 20 世纪 20 年代初的无线电广播，开创了现代通信的全新领域，它不但把关于外部世界的信息迅速送进了各个家庭，而且还聚集了大规模的人群，因此广播和收音机从之前的个人业余爱好变成了主要的大众媒体。20 世纪 50 年代，电视成为第一媒介。从受众规模上讲，电视远超报纸和广播所能达到的程度。广播电视是一系列技术突破的产物。广电媒介在发展过程中，经历着从传输技术到行业结构及传播理念等一系列变化和调整，并形成了独特的新闻与信息、娱乐、商业、社会公共服务等形式。广电媒介与技术发展息息相关，从最初的应用到如今的数字广播电视，广播电视已经建立起自己不同于其他传播媒介的表达方式和传播手段。作为 20 世纪伟大的发明，广播电视是当代重要的大众媒介，它不仅带来了新的传播形态，也在很大程度上改变了人们的文化体验、生活方式和价值观念，对社会生活的各个领域都产生了深远影响。

第一节　声音广播的发明与发展应用

广播的含义有狭义和广义之分。广义的广播（broadcast），包括声音广播（radio）及电视广播（television），即通常我们所说的广播和电视。狭义的广播则仅指声音广播。广播按照不同的标准有不同的类别划分。按照传播信号区分，只传送音频信号的，称为声音广播或电台广播，简称广播（radio）；而同时传送音频（声音）及视频（图像）信号的，则叫电视广播，简称电视（television）。在本章中，广义的广播以"广播电视"一词来代替，即广播和电视。在特定语汇中，如"英国广播公司""哥伦比亚广播公司""中国中央广播电视总台"等，也是这个意思。

广播电视从诞生到初期应用，再到当代数字技术作为其技术基础，不过 100 年左右的历史。广播电视在不同时代的物质技术基础不同，其基本概念、组织结构、传播理念以及社会功能层面也发生了变化。因此，从物质技术基础入手来讨论广播电视的媒介特性、传播功能和社会影响，是一个可取的路径。本节内容，主要讨论声音广播诞生的物质技术基础。

一、广播的诞生是一系列技术突破的产物

声音广播通过声音来传递信息，是诉诸人类听觉的传播媒介。

（一）有线广播的尝试

从技术上讲，广播的发明可以追溯到有线电声技术，即源于 1876 年问世的有线电话。

在电报发明之后,越来越多的人希望能直接通话而不需要翻译电码。发明家亚历山大·贝尔在任波士顿大学生理学教授期间,开始进行利用电流传送声音的试验。1873 年他辞职专心研究,并于 1876 年发明了电话。

自此,有线电话成为比电报更方便、直接的信息传递技术。同年,他向美国政府申请了专利。1878 年,贝尔在波士顿和纽约之间进行了第一次通话。1880 年,他在美国成立了贝尔电话公司,并在三年内安装了 5 万多部电话机,使美国相距几十公里的城市之间有了长途电话。当时的有线通信都是用电池作为能源的。据记载,从 19 世纪 80 年代开始,美国和欧洲很多地方都出现了利用电话的有线广播。

1880 年,俄国人尤·奥霍罗维奇(Yu Okhorovich)研制出一种利用导线将剧场内音乐节目输送出去的播音设备。1890 年夏天,在美国萨拉托加的大联盟旅馆,有人通过电话欣赏了在麦迪逊广场花园举行的音乐会,还有其他地方传送的舞曲和诗朗诵等。

(二)无线电波的应用

广播的诞生是和无线电波的发现直接联系在一起的。无线电是一系列技术突破的产物,它凝聚了一代又一代科学家坚韧不拔的努力。1819 年,丹麦基尔大学的汉斯·克里斯蒂安·奥斯特(Hans Christian Oersted)博士在做一项试验时,意外地发现了电与磁的"缘分",由此孕育了一门划时代的新学科——电磁学。在奥斯特实验的启发下,英国物理学家、化学家法拉第经过十多年的不懈试验,在 1831 年发现了电磁感应现象——变化的磁场在闭合导体里产生感生电流,并确定了电磁感应定律。1864 年,英国理论物理学家詹姆斯·克拉克·麦克斯韦(James Clerk Maxwell)发现了电磁学基本原理,即振荡式散电一定能产生放射性电波,这种电波无需导线传播。1873 年,麦克斯韦的著作《电磁通论》(*A Treatise on Electricity and Magnetism*)出版,在理论上确立了电磁学。他还论证了电波向外传播的速度和光速一样,每秒约 30 万千米。因此,麦克斯韦被誉为"无线电之父"。

与麦克斯韦同时期的德国物理学家海因里希·鲁道夫·赫兹(Heinrich Rudolf Hertz)以实验证明了麦克斯韦的理论。1888 年,赫兹发表了名为《电磁波及其反应》的研究报告,阐述了产生、发射与接收无线电波的方法,以及测量光波及电磁波波长的科学方法。这是有关电磁波特性分析的最早著作。鉴于赫兹的贡献,人们曾一度将无线电波称为赫兹波。1965 年,国际无线电科学协会通过以"赫兹"为国际单位制中频率单位的决议。

在赫兹的报告发表后仅仅 7 年,电磁波理论便产生了第一个成果:意大利人马可尼和俄国人波波夫(Popov)同时在 1895 年发明了无线电报。其后几年,马可尼的电报实践不断突破传输距离,取得了巨大的成功。

（三）二极管、三极管的发明

自从无线电通信问世以来，科学家们立即着手研究声音的传播。保证无线电波有效传输的重要技术设备是二极管和三极管。二极管是一种具有两个电极的半导体装置。二极管最基本的功能是只允许电流由单一方向通过（称为顺向偏压），反向时阻断（称为逆向偏压）。三极管，全称为半导体三极管，也称双极型晶体管、晶体三极管，是一种控制电流的半导体器件，其作用是把微弱信号放大成幅度值较大的电信号，也用作无触点开关，是电子电路的核心元件。

1904 年，英国发明家约翰·安布罗斯·弗莱明（John Ambrose Fleming）经过多年的实验发明了二极管。李·德·福雷斯特和雷金纳德·费森登发明了将人声转化成这种信号的技术——"无线电话"①。1906 年，福雷斯特发明了能产生电波、使微弱的电信号得到放大并传到远方的电子三极管，它使接收电波变得更加方便，其放大功能也得到提高。费森登发明了处差式线路，使声音传真度大为提高；他还发明了高效率的交流发电机，使发射出来的信号增强，扩大了广播的范围。

1906 年 12 月 24 日的平安夜，费森登使用无线电播放了他朗诵的《路加福音》中的圣诞故事和自己用小提琴演奏的圣诞夜歌曲，用留声机播放了英籍德国作曲家乔治·亨德尔（George Handel）的慢板音乐，以及最后的圣诞祝福。新英格兰海岸附近几艘船上的无线电操作员通过耳机听到了由无线电波传送的人的语言、歌唱以及音乐等声音。从技术标准上看，声音广播由此诞生②。

（四）实验电台的出现

随着广播收发技术的改进，各类实验广播电台相继出现。1909 年，美国加利福尼亚州圣荷塞市广播电台开始播音，呼号 KQW，这是美国最早开始播音的电台之一。1916 年，李·德·福雷斯特在纽约用自己的实验电台广播了《纽约美国人报》提供的威尔逊和休斯在总统竞选中得票数字。这次广播被视为美国的第一次新闻广播。同年，美国纽约州诺克城的 2ZK 电台开始定期播放音乐节目。美国马可尼公司无线电报务员出身的戴维·萨诺夫（David Sarnoff）提出制作"无线电音乐盒"（收音机）的设想。经过几年研究，美国无线电公司（Radio Corporation of America，RCA）制成最初的收音机。1919 年，美国威斯康星大学设立了 WHA 电台，这是最早在大学里设立的实验电台，它广播的主要内容是市场行情和天气预报；1920 年，荷兰、英国等也开始试验无线电广播③。

---

① ［美］米切尔·斯蒂芬斯：《美国新闻史》，陈继静译，北京大学出版社 2014 年版，第 201 页。

② 施天权：《广播电视概论》，复旦大学出版社 1987 年版，第 5 页。

③ 陆晔、赵民：《当代广播电视概论（第二版）》，复旦大学出版社 2010 年版，第 12－13 页。

广播包括三个必需的要素,即声音、电波和收发装置。声音是广播电台和听众实施沟通的介质,电波(或导线)是广播的传播手段,收发装置是发射机和接收机(收音机)。广播电台通过发射装置将无线电波发射出去,将声音节目传递给听众,达到传播目的。早期的广播,就是通过导线或无线电技术,向一定范围发送和接收声音的技术装置。

一百多年来,随着信息传输技术的进步,广播电视的传输方式在不断变化。因此,根据传输方式的不同,无论是狭义的广播,还是广义的广播,都有了更多的分类和名称。通过无线电微波开放式传播的,叫无线广播或开路广播;通过电缆或导线封闭式传播的,叫有线广播或闭路广播;通过人造地球卫星作为转发站传送信号的,叫卫星广播电视;通过因特网传送信号的,叫网上广播(online broadcasting/webcasting)。按照覆盖范围,可分为地方广播、全国广播和国际广播;按照技术标准,可分为模拟广播和数字广播①。

二、商业广播电台的诞生和广播媒介的形成

(一)商业广播电台的诞生

一战期间,美国联邦政府封锁了所有业余无线电活动,并关闭了所有业余电台,所有的无线电基础设施都在政府的控制之下,民用广播发展受到限制。然而到1920年6月,美国业余电台的数量已是所有其他类型电台总和的15倍,并且拥有了大量的听众②。战后,私营广播逐渐恢复,许多业余电台开始播音,并播送现场和录制的音乐,狂热的爱好者使用廉价的晶体设备通过耳机收听。早期的核心听众大多是懂得技术的学生,他们精通莫尔斯电码,热衷于破译军事、民用和海事信息,兴奋于听广播给他们业余时间带来的变化。随着声音和音乐广播的增加,家庭的其他成员也戴上耳机,体验无线电广播带来的消息和乐趣。

世界上第一家广播电台是1920年11月2日开播的美国匹兹堡西屋电气公司的商业广播 KDKA 电台。根据美国商务部记载,这是第一家向政府领取正式营业执照的商业电台。这个电台的创建,源于一则售卖收音机的广告。当年9月29日,约瑟夫·霍恩百货公司在《太阳报》上发布广告,宣布将用无线电话在空中广播维克托音乐会,以此推销其售价10美元的收音机。这启发了西屋电气公司的副总裁哈里·P.戴维斯(Harry P. Davis),他决定制作定期播放的常规节目以促进收音机的

---

① 陆晔、赵民:《当代广播电视概论(第二版)》,复旦大学出版社2010年版,第2页。

② DOUGLAS S J, EBRARY I, *Listening In: Radio and the American Imagination*, University of Minnesota Press, 2004, pp. 60-61.

畅销。西屋电气公司决定制造一种新的收音机,并向商务部申请了无线电执照。1920年10月27日,美国商务部给它指定了一个商业电台呼号KDKA和频率。

KDKA电台的准备工作刚好在美国大选前完成,并于大选开始的11月2日开始播音。它播出的第一条新闻就是由《匹兹堡邮报》提供的总统选举结果:共和党候选人、来自俄亥俄州的美国参议员沃伦·加梅利尔·哈定(Warren Gamaliel Harding)击败了民主党候选人詹姆斯·考克斯(James Cox)当选总统。听众通过公共扬声器收听了该节目,他们因获得了最新消息而兴奋,仿佛亲身参加了这一历史性的事件[1]。KDKA电台的开播标志着广播事业的正式诞生,掀开了世界新闻事业史和人类传播史新的一页。

从KDKA电台开播之后,美国的电器行业、教育机构、出版行业、百货公司、宗教团体等,都对广播这个新兴的大众传播媒介产生了极大的兴趣。一些汽车零售商、旅馆餐馆业主、制造商、出版商、收音机修理行、剧院、银行以及服装店、家具店等,都开办了自己的广播电台,到1924年,美国已有将近600座商业性无线电广播电台,家用收音机也迅速普及。

(二)广播成为20世纪重要的大众传播媒介

日益专业化、机构化的组织和生产方式,受众规模的广泛和庞大,专门化的传播渠道和市场化的运营方式,以及政府规章制度,使得广播从一开始就具备了大众传播媒介的特征。

1920年前后,世界上很多国家开办了广播电台。1920年6月15日,马可尼公司在英国举办了一次用无线电播出的音乐会,远至法国、意大利、挪威,甚至在希腊都能清晰地听到音乐会上演唱的歌曲。1921年,法国邮电部建立了法国第一座广播电台,次年,设在法国巴黎埃菲尔铁塔的无线电台也正式开始播音。1922年夏天,苏联建立了当时世界上功率最强的莫斯科电台,并于11月7日开始广播,称为"共产国际广播电台"。1922年,英国广播公司(British Broadcasting Company,BBC)开播。1926年,美国全国广播公司(National Broadcasting Company,NBC)成立,同年,哥伦比亚广播公司(Columbia Broadcasting System,CBS)诞生[2]。1923年,德国、中国开办广播电台。1924年,意大利拥有了广播电台。亚洲的日本和印度,分别于1925年和1927年开办广播事业。在20世纪20年代的欧洲,广播已被视为一个重要的通信工具。到1930年,无线电广播已经遍布世界主要国家。

---

① 周小普:《广播电视概论》,中国人民大学出版社2014年版,第20-22页。

② NBC、CBS和ABC被称为美国传统三大广播公司。ABC成立于1943年,全称美国广播公司(American Broadcasting Company)。

在 20 世纪 20 年代后期,没有扬声器的真空管收音机被发明出来。在五六年的时间里,尽管大萧条带来了经济困难,但许多美国家庭都拥有了收音机,收音机成为真正的大众媒体。无线电广播收听模式的变化和无线电设备的技术变化密切相关。业余爱好者开始使用电子管设备,因此需要尽可能多的远程电台。此后,人们主要用收音机收听音乐,在 1925 年改进的放大器被引入后,音乐播放变得更加方便和流行。到 1929 年,广播协作网节目《预言家安迪》播出成功,使得人们在媒体或每周的固定时间能坐下来收听由相同角色扮演的喜剧或戏剧表演①。"这种由技术所创造的听觉使得听众通过收听一致的信号和不同的信号,重新确定他们作为个人和国家成员的定位。"②

作为大众传播媒体,其运行方式在各国并不相同,在美国以私人所有的形式居多,在欧洲则以政府赞助的形式居多,在有些国家如加拿大则两种方式并存。但无论如何,一个世纪以来,广播随着技术的发展日新月异,一直是当代最重要的大众传播媒介之一。

三、中国的广播事业③

中国广播事业的诞生和发展具有独特的生存环境,在其发展的大多数时间里,都被视为大众传播媒介。

(一)北洋政府时期:商办广播电台出现

1922 年 12 月,美国商人欧内斯特·乔治·奥斯邦(Ernest George Osborn)将一套无线电传输设备从美国带到上海。他与上海的英文报纸《大陆报》合作,租用了位于广东路 3 号的一家外企的顶棚,成立了"大陆报-中国无线电公司广播电台",并于 1923 年 1 月 23 日晚上首次播出。这是中国国内成立的第一家广播电台,中国的无线电广播事业由此诞生。该电台呼号 XRO,功率 50 瓦,每晚播出一小时,由《大陆报》提供来自中国和国外的新闻,以及大量的娱乐节目。但由于当时北洋政府规定未经许可民间不得设立广播电台,因此交通部于当年 4 月取缔了大陆报-中国无线电公司广播电台。

在大陆报-中国无线电公司广播电台之后,上海租界掀起了"无线电热",业余无

---

① DOUGLAS S J, EBRARY I, *Listening In : Radio and the American Imagination* , University of Minnesota Press, 2004, pp. 73－77.

② [加]戴维·克劳利、[加]保罗·海尔:《传播的历史:技术、文化和社会(第五版)》,董璐、何道宽、王树国译,北京大学出版社 2011 年版,第 271 页。

③ 本部分内容根据已有教材整理,如陆晔、赵民《当代广播电视概论(第二版)》,施天权《广播电视概论》,周小普《广播电视概论》,方汉奇、丁淦林、黄瑚《中国新闻传播史(第三版)》等。

线电研究团体和无线电器材商店大力推动民间设立电台。美商新孚洋行在上海办起了一座功率为 50 瓦的广播电台,但因经费问题仅运行了几个月便关闭了。1924年 5 月,美商开洛电话材料公司在法租界福开森路成立了开洛电台(发射功率 100瓦,后有所增加),每日播音两次。开洛电台与《申报》《大晚报》合作,在报馆大楼内安装广播室,播报汇兑、市价、钱庄等商务信息、重要新闻等节目,直至 1929 年 10 月结束播音。这一时期,上海地区收音机保有量达 3 万台左右。

中国人自己筹办广播电台始于 1923 年。是年,奉系军阀在原来军用无线电台的基础上成立东三省无线电总台。1924 年 8 月,北洋政府交通部公布《装用广播无线电接收机暂行规则》,批准无线电器材以民用器材进口,允许民间装设收音机,客观上促进了广播事业的发展。1925 年,北洋政府交通部在天津、北京等地筹建广播电台。1926 年 10 月 1 日,哈尔滨广播无线电台开始播音,以汉、俄双语播音,呼号XOH,发射功率 100 瓦,每天播音 2 小时,主要内容有新闻、音乐、文艺、演讲及物价报告等。1927 年 5 月,我国第一座公营广播电台——交通部天津广播无线电台开始播音,呼号 COTN,发射功率 500 瓦,每天下午 15:00 起连续播音 7 小时,主要是娱乐性节目,周围约有收音机 3000 台。9 月,交通部在北京设立电台,功率 100 瓦,每天自下午 14:30 起连续播音 7 小时,附近的收音机约 1000 台。

1927 年 3 月 19 日,上海新新公司为了推销矿石收音机,开办了一座广播电台,尽管电台规模很小,但新新公司无线电台被认为是我国国民自己兴办的第一座民间商业性质的广播电台。1927 年底,北京也出现了一座商办的燕声广播电台。

(二)国民政府时期:官办广播注重宣传

1927 年,南京国民政府成立以后,日益加强广播宣传。1928 年 8 月 1 日,国民政府"中央广播电台"开播,最初呼号为 XKM,后改为 XGZ,发射功率 500 瓦。这是国民党继"中央日报""中央通讯社"之后组建的又一个以"中央"命名的宣传机构,全称"中国国民党中央执行委员会广播无线电台",党营属性明显。"中央广播电台"初期的所有新闻稿均由"中央通讯社"供给。开播之初,电台上、下午各播音一次,每次一小时,上午为演讲节目,下午为新闻节目。1932 年 5 月,国民政府引进德国进口的全套广播设备,建成新的广播中心;11 月 12 日,广播中心正式启用,电台的发射功率扩大到 75 千瓦,呼号改为 XGOA,成为当时亚洲发射功率最大、世界第三的无线广播电台。"中央广播电台"的信号覆盖范围不仅包括大部分国土,还远播美、澳、印、苏等国的一部分地区。

抗战前,民营电台受到严重挤压。国民政府于 1929 年 8 月公布的《电信条例》及在此基础上颁布实施的一些具体管理规制,虽然原则上允许民间经营无线电广播,但同时采取了较为严厉的"事前检查"与"事后追惩"相结合的新闻管制政策,民营电台在新闻业务上空间并不大。这期间,全国各地建立了多家无线广播电台,截至1937年6月,统计显示,国民党官办广播电台23座,发射功率为110多千瓦,占全国广播发射总功率的94%以上。

抗战全面爆发之后,"中央广播电台"于1938年3月10日在重庆恢复播音,发射功率10千瓦。抗战期间,在国内播音的广播电台主要有以下类型:国统区内代表"中央政府"的由国民党或国民政府主办的广播电台、国统区内主要依靠娱乐节目和商业广告维持运营的民营广播电台、抗日根据地的以延安新华广播电台为代表的人民广播电台、沦陷区内多以软性的娱乐节目为主要内容的民营广播电台、沦陷区内的以粉饰侵华战争为主的日伪广播电台,以及其他性质的广播电台,如1941年苏联以苏商名义在沪创办的"苏联呼声"广播电台,美军在成都、桂林、泸州等地设立的军用电台。

抗战胜利后,国民政府"中央广播电台"随国民政府于1946年迁回南京,国统区广播事业得以恢复发展。据1947年9月的统计,当时国统区的广播电台数为131座,总发射功率为460千瓦,但其中民营广播电台只占少数,发射功率累计不足10千瓦。

1949年4月南京解放前夕,"中央广播电台"停止播音,不久和大部分国民党党营电台的设备、资料一起,随国民政府迁往台湾。

(三)人民广播事业:最终走向大众媒介

我国人民广播事业是在抗日战争时期建立起来的。1940年3月,周恩来从苏联带回了一台苏联制广播发射机。当年春,中央成立了以周恩来为主任的广播委员会,开始建设广播台。1940年12月30日,延安新华广播电台(以下简称延安台)开始播音,呼号XNCR,发射功率300瓦。这一天成为中国人民广播事业的诞生日。该广播电台组织上隶属于新华社,是其编辑部里的广播组。建台伊始,延安台每天广播一次,每次两小时,目标听众是各敌后根据地军民,内容主要是中共中央和陕甘宁边区政府的重要文件与公告,《解放日报》《新中华报》《解放》周刊的重要社论文章,新华社消息,名人讲演,科学知识和革命故事及一些文艺节目。1941年12月3日,延安窑洞里还传出了中国国际广播电台的前身——延安新华广播电台日语广播的第一次播音,这次广播被认为是人民对外广播事业的诞生。

1943年春,由于发射机上的一个大型电子管元件损坏而没有配件更换,延安台被迫停播一年多,直到1945年8月中旬才恢复广播[①]。延安台的主要任务是传递政

---

① 方汉奇、丁淦林、黄瑚:《中国新闻传播史(第三版)》,中国人民大学出版社2014年版,第191-192页。

令,但节目的内容和形式开始多样化,听众也增加了。延安台在国民党统治地区也获得了越来越多的听众。与此同时,各地解放区也相继创办了多家广播电台。

1947年春,国民党胡宗南部进犯延安,延安新华广播电台于3月14日再次停播,由设在瓦窑堡的战备电台于同日接替播音。3月21日,延安新华广播电台改名为"陕北新华广播电台"(呼号仍为XNCR);4月1日,电台又随新华社总部迁往晋冀鲁豫解放区太行山麓的新社址继续广播(台名未变)。1948年5月23日,陕北新华广播电台迁往河北省平山县继续播音。

1948年11月20日,中共中央发布了《对新解放城市中原有之广播电台及其人员的政策决定》,要求各级政府积极接管、改造旧有广播电台,并新建一批地方无线广播电台和有线广播站,逐步形成全国的广播传输覆盖网。

1949年北平解放,陕北新华广播电台于3月25日随中共中央迁入北平市,改名为"北平新华广播电台"。6月5日,党中央决定新华社语言广播部与新华社总社分开,成立中央广播事业管理处,以管理和领导全国的人民广播事业。至此,我国的广播电台成为独立的新闻机构。9月27日,北平新华广播电台改名为"北京新华广播电台"。1949年10月1日下午3时,北京新华广播电台对天安门城楼上进行的中华人民共和国开国大典暨阅兵式及后续群众大会进行了全程直播,全国各地新华广播电台也同时转播北京新华广播电台的信号。

新中国成立后,中央广播事业管理处升格为管理局,隶属于中央人民政府新闻总署。1949年12月5日,北京新华广播电台改称"中央人民广播电台",仍为广播宣传的中心;随后,各地的新华广播电台也先后改为"某地人民广播电台"。

新中国成立初期,中央对人民广播事业进行了一系列的恢复和改造。第一,恢复和新建了一批广播电台,增加了发射功率,以中央人民广播电台为中心的全国广播网初具规模;第二,建设农村有线广播网,全国农村的有线收音站建设初步覆盖完成;第三,完成对民营广播电台的社会主义改造,大陆广播电台全部收归由国家经营。1950年4月,政务院新闻总署发布了《关于建立广播收音网的决定》,这是人民广播史上的第一个由政府主管部门公布的有关无线电广播的法令。同年,新闻总署规定广播宣传的任务有三项:发布新闻与传达政令、社会教育及文化娱乐。从1952年至1966年,我国召开了九次全国广播工作会议,对广播事业的发展做了宏观全面部署,加快了从中央到地方广播事业的发展。

改革开放以后,尤其在20世纪80年代中期之后,我国的广播电视事业进入了高速发展时期,在节目管理和运营机制上都有了可喜的变化。全国基本形成了从中央到地方、无线和有线相结合的广播和电视、城市和农村、对内和对外并重的现代化广播电视宣传网。

　　1980年,我国召开了第十次全国广播工作会议,重提坚持"自己走路"方针;1983年第十一次全国广播电视工作会议强调"扬独家之优势,汇天下之精华"。广播事业彻底改变了"读报台""抄报台"的从属性,开始向建立符合新闻规律、符合媒体规律的科学广播事业发展。

　　1986年12月珠江经济广播电台成立,以其"大众型、信息型、服务型、娱乐型"的办台方针,适应珠江三角洲地区听众的需要,被视为我国广播改革的第一次浪潮,被称为"珠江模式"。其核心是"主持人中心制":节目按大版块进行设置;主持人具有编、采、播、控的综合素质;主持人以"提纲加资料"进行现场直播(新闻和信息除外);听众通过热线电话同步深度参与等。1990年,南京经济广播电台率先引进听众电话参与方式,引起了广播界乃至新闻界的重视。1992年10月,上海东方广播电台开播,首创了一个直辖市两家平级的广播电台并行运作、相互竞争的新格局,被称为"东广模式"。

　　我国实施改革开放政策以来,人民广播事业取得了前所未有的发展。首先,广播事业基础建设高速发展。随着广播发射功率的扩大、广播专用微波传输网的延伸覆盖、广播转播台站和地方台站遍布全国,我国广播已形成以中心台为枢纽,各种传输手段相结合,与全国地方电台(站)相联结的广播覆盖网络。

　　其次,广播频率专业化改革遍及全国。频率专业化追求的是节目布局的合理和定位的精准,顺应的是广播"窄播化"的大势。频率专业化改革是适应各类人群各种需求的有效手段,更是在中国文化体制改革的大背景下,从广播长远发展考虑的战略选择。20世纪80年代末至90年代初,音乐台、交通台在各地蔚然成风,各具特色的专业化频率开始争奇斗艳,一个区域的上空往往存在着十几个频率的电波,广播界内的竞争由此趋于激烈。如2002年,中央人民广播电台开始"频率专业化,管理频率化"改革,先后推出了中国之声、经济之声、音乐之声、都市之声、中华之声、神州之声、华夏之声、民族之声、文艺之声、奥运之声等10个专业广播频率。

　　再次,广播的传播手段从单一到多元,广播节目形态愈加丰富且趋向类型化、专业化。改革开放以来,随着对广播理解的深入和对广播特性的把握,广播节目形态呈现出多元化特征。以新闻节目为例,从前是以播音员播报为主,后来逐渐出现了录音新闻、现场直播、记者口头播报、主持人与嘉宾互动、多点连线直播、新闻谈话、深度调查等形式,最有广播特色的"音响"在节目中充分运用,多种声音元素充盈广播。节目形态的丰富加速了节目类型的区分,深化了节目专业程度,各类型节目逐渐形成各自的结构方式和叙述习惯。大量专家的引入和编辑主持人专业水准的提升,使广播解读世界、解读社会的能力增强,也使广播的专业化程度大为提高。

　　最后,广播"受众本位"理念逐渐明晰,服务意识提高。正因为听众是广播改革的出发点和落脚点,广播的听众意识、服务意识被重新唤醒,服务听众的理念得以明确树立。一些电台成立了听众服务中心,组建了听众呼叫平台,搜集听众的反馈意见。在节目设置上,先是出现了专门的生活服务类节目,而后根据受众多元的收听需求,开设以人群、地域、内容为区隔的各类节目,诠释广播全方位服务社会生活的大概念。广播频率的专业化将广播细致服务听众的理念推向极致。为听众服务,让听众满意,是广播改革的核心。

总之,一系列的改革使广播摒弃居高临下教化的风格,显露出大众传播媒介的样貌,其传递信息、解读社会、沟通情感、休闲娱乐的功能逐渐显现,广播的贴近性、服务性、伴随性也凸显出来。

第二节 电视广播的发明与发展应用

与广播单一的声音传播元素相比,电视的传播符号除了声音符号(包括语言、音乐及音响等),还包括视觉符号(包括图像、色彩、图表、照片、图片、字幕、画面等)。因此,电视更倾向于声音和视觉形象的同步性。电视的共时性和共存性特征,使得人们得以共享全球范围内的重大事件。电视也是融合数字新技术和网络新媒体的典范,并且在社会生活领域持续给人们以深远影响。

一、电视诞生的物质技术及理论基础

(一)硒的光电效应

电视和广播是一对"嫡亲姐妹"。电视,即电视广播,一般是指接收利用电子技术传输图像画面和音频信号的硬件设备,同时也是广播和视频通信的工具。电视的出现首先在于解决了光电转换的问题,即把图像的光影转换成电信号传播出去,接收时再把电信号复原为图像的光影信息。

广播的诞生以电磁学为基础,以无线电波收发为核心技术,而电视同样是在科学技术进步的基础上诞生的,其以硒的光电效应为物质技术前提。巧的是,硒的光电效应也是被意外发现的。早在1817年,瑞典科学家琼斯·布尔兹列斯(Jons Berzelias)发现了化学元素硒。1865年,英国工程师约瑟夫·梅(Joseph May)在测量电缆性能时,发现光线照在含有硒的物体上能产生电子放射的现象,也就是说,硒具有光电效应。1873年,梅正式发表了硒的光电效应的报告,在理论上证明了任何物体的影像均可用电子信号予以传播。这是电视发明的理论依据和物质技术基础。

(二)机械扫描技术的发明

1884年,德国工程师保罗·尼普科夫(Paul Nipkow)根据视觉暂留原理发明了机械性的无线电图像扫描盘——"尼普科夫圆盘",这种圆盘在图像和光电管之间旋转的时候,能够把图像分解成许多像素(图像的小单元),并将此变成无线电信号传送出去①。这样,通过电信号可把图像信号从甲地传送到乙地,由乙地把这些电信号接收起来再复原成图像。这是电视机荧光屏的雏形。机械扫描技术的发明为电视的诞生奠定了又一技术基础。1925 年 10 月 2 日,英国科学家约翰·贝尔德(John Baird)利用尼普科夫发明的机械扫描盘,在伦敦的一次实验中成功"扫描"出木偶的图像。这被认为是电视诞生的标志,贝尔德也因此被称作"电视之父"。1928 年,贝尔德还成功地将电视画面由伦敦发射至格拉斯哥及纽约,证明了无线电波可长途传递电视信号。

(三)电子扫描技术的发明

在机械扫描技术应用于电视的同时期,不少人在研究电子式电视系统。1906年,美国发明家福雷斯特为提高二极管的检波性能,在真空二极管的阳极、阴极间加入一锡箔片构成第三极,制成对信号放大的三极管。1907 年,俄国教授鲍里斯·罗辛(Boris Rosing)得到设计世界上第一台电子显像的电视接收机的特许权;1911 年,他成功研制了利用电子射束管的电视实用模型,用它显示了简单的电视图像。

20 世纪 20 年代是电视的萌芽时期,当时的工业先进国家从各个角度对电视技术进行攻关突破。1923 年,美籍俄裔物理学家弗拉基米尔·科斯马·兹沃里金(Vladimir Kosma Zworykin)发明了光电管,用电子束的自动扫描组成电视画面,取代了机械式的圆盘旋转扫描,为电视摄像机的设计作出了贡献。1925 年,兹沃里金获得光电摄像的专利权,它可以取代由许多光电管组成的摄像屏和笨重的机械转盘。兹沃里金与贝尔德同时在西屋电气公司的资助下研究电视系统,但两者研究的传输和接收原理有很大差别:贝尔德的电视系统被称作机械式电视,而兹沃里金的电视系统则被称为电子式电视。

此后,科学家们又发明了电子图像分解摄像机,对电视摄像机做了进一步的改良;阴极射线管的发明,在电视接收机的显像技术方面又是一大改革。这样,现代电视的关键部件基本齐备,电视技术逐步完善。

(四)电视技术趋于成熟

20 世纪三四十年代,电视技术趋向成熟。1936 年,BBC 在伦敦建成世界第一座正式电视台,并于 11 月 2 日率先正式播出黑白电视节目,这一天被视为世界电视事

---

① 姜振寰:《技术通史》,中国社会科学出版社 2017 年版,第 331 页。

业的开端。法国政府于 1932 年在巴黎建立了第一座实验性电视台,从 1938 年起开始每天定期播出节目。1937 年,苏联莫斯科中央电视台建成并试验播出电视节目,1939 年起开始定期播出电视节目。德国于 1935 年开始试播电视节目,并实况转播了 1936 年柏林奥运会。1939 年 5 月,由日本广播协会成功进行了电视发射与接收试验。第二次世界大战爆发,迟滞甚至中断了世界各国的电视事业。BBC 在 1946 年后才恢复播出。美国电视事业虽未中断,但发展大为趋缓,战争期间美国全国只有 6 家商业电视台,民间使用的电视机不到 10000 台。

二战后,电视事业迅速发展起来,电视开始成为大众传播媒介。首先,世界各国被中断的电视台陆续恢复或创办。除英国外,苏联、法国分别于 1950 年、1955 年恢复电视节目播出,加拿大、日本、意大利于 1952 年、1953 年、1954 年创办电视事业,中国内地的电视事业则始于 1958 年北京电视台(中央电视台的前身)的创办。其次,重启电视技术研究,并将电视事业推向一个新的发展阶段。1946 年,美国宣布了"点描法"彩色电视技术标准。这种方法最大的优点是在黑白电视机上也可显像,只是显示黑白画面而已,因此又被称为"兼容制"。与此同时,全电子扫描电视开始普及,从此,电视由机械扫描时代进入了电子扫描时代。二战之后,科学家解决了一些电视系统中悬而未决的问题。1946 年,日本人八木秀次发明了天线,解决了家用电视的天线问题,大大提升了收视效果;同轴电视和超短波转播站的建立使得电视广播系统能够向社会的各层次和各地域扩展普及[1]。这些技术、设备的开发应用,奠定了电视成为大众传播媒介的物质技术基础。

(五)彩色电视的出现

20 世纪五六十年代,电视进入蓬勃发展时期,其中最具技术和社会意义的是彩色电视的兴起。1953 年,美国政府宣布采用"点描法"彩色电视技术标准为国家标准,通称为 NTSC 制。1954 年,美国全国广播公司首先正式播送彩色电视节目。1964 年以后,美国的彩色电视机逐步普及,到 1966 年,全美彩色电视机超过了 1000 万台。此后,世界上许多国家也相继确定了多种彩色电视制式。日本于 1960 年,法国、联邦德国、苏联、英国于 1967 年正式播放彩色电视节目。中国内地于 1973 年正式播出彩色电视节目。

彩色电视制式即彩色电视图像扫描、传输与接收的技术范式,具体是根据发送、接收端对红、绿、蓝三基色(RGB 三基色)信号的不同编码、解码方式构成不同的彩色电视标准。目前,由于世界各国对于彩色电视的红、绿、蓝三基色光束采用的编码、解码方式不同,形成三种不同的彩色电视制式,除了美国的 NTSC 制外,还有德国的

---

① 王鸿生:《世界科学技术史(第 3 版)》,中国人民大学出版社 2008 年版,第 305 页。

PAL 制、法国的 SECAM 制。这三种彩色电视制式各有其使用领域,大多数美洲国家使用 NTSC 制,许多亚洲和西欧国家使用 PAL 制,而不少东欧国家使用 SECAM 制[①]。

(六)制作、传输方式的多样化

1956 年,美国安培公司研制出四磁头磁带录像机,使电视节目的制作方式发生了根本变化。在录像机和录像磁带发明以前,电视节目的制作需要首先把声音录在磁带上,然后经过剪接编辑后与电影胶片上的图像同步。磁带录像机与磁带录音机的工作原理相同,都是先通过电磁转换把声音和图像信号记录到磁带上,然后再利用磁头去磁化磁带,将信号以剩磁的形式储存在磁带上,如此声音和图像便能同时出现了。

20 世纪 60 年代,卫星转播站开始转播电视节目。1962 年 7 月 11 日,人造卫星首次播送电视节目。1964 年的奥运会便首次采用了卫星转播的形式。1978 年 6 月 25 日,中央电视台通过国际卫星,从阿根廷向国内转播第 11 届世界杯足球赛比赛实况。这是我国电视台第一次通过卫星从国外回传体育比赛实况。

20 世纪 70 年代,电子计算机技术也被应用到电视节目的特技制作方面。1968 年美国电影《2001:太空漫游》可谓是将计算机技术用于特技制作的首部作品。

20 世纪 80 年代,家庭录像机、电缆电视、卫星直播等媒介的发展引人注目。这些媒介的出现也带来了电视媒介发展的新潮流——电视由公共媒介向家庭媒介转变。

20 世纪 90 年代,VCD、DVD 和数字电视技术则再次把电视事业的发展推向新阶段[②]。VCD 采用 MPEG1 标准的数据压缩技术,可以在一张 VCD 盘上记录 74 分钟的图像及声音信息。DVD 采用 MPEG2 标准的数据压缩技术,一张 DVD 单面单层盘便可记录 133 分钟的音视频信息。电视技术的发展使得电视内容的播放逐渐打破设备、传输渠道、速度、图像清晰度等原有限制,使得电视的发展能够与时俱进,满足人们日益多样的需求。

进入 21 世纪,电视媒介的发展开始经历新的技术革命。第一,数字压缩技术的不断进步使电视频道更加多元,电视媒介的内容更为丰富,受众的选择性进一步扩大。第二,多媒体技术使电视媒介的传播手段更加多样化,信息传输质量进一步提高。第三,卫星传输技术的普遍采用,使电视媒介的跨国传播和全球传播能力进一步提升。第四,电视媒介不断融合互联网和新媒体技术,使电视媒介改变了原本的单向传播,双向性和互动性大大增强。

---

① 陆晔、赵民:《当代广播电视概论(第二版)》,复旦大学出版社 2010 年版,第 18 页。
② 王鸿生:《世界科学技术史(第 3 版)》,中国人民大学出版社 2008 年版,第 357 页。

自电视诞生之后,电视技术仍处在不断的发展和革新之中,从黑白到彩色,从模糊到清晰,电视传播技术及硬件设施的不断改进和进步推动着电视事业的发展。虽然人们把贝尔德称为"电视之父",但像广播一样,电视同样不是某个人的发明创造,它是来自不同历史时期和国度的科学家与发明家们的共同智慧结晶。

二、中国的电视事业

(一)20世纪五六十年代的初创

20世纪50年代初,我国就派遣技术人员赴捷克斯洛伐克学习电视技术。1955年,中央广播事业局计划于1957年在北京建立一座中等规模的电视台,这一计划被列入文教五年计划进行讨论。1958年,我国研制出第一套黑白电视与摄像器,天津广播器材厂生产出了第一批"北京牌"国产电视机投放市场,这为发展电视事业奠定了重要的物质基础[①]。

1958年5月1日,我国内地第一座电视台——北京电视台(中央电视台的前身,现在的北京电视台是1979年5月16日由北京市成立的市级电视台)试验播出黑白电视节目。当年9月2日,北京电视台正式开播,每周播出四次节目(周二、四、六、日),主要播出新闻(新闻栏目的名称就叫作"电视新闻")及表演节目等。

1958年10月1日,我国第二座电视台——上海电视台建成并试播。当天晚上20:00点左右,上海电视台在文艺节目的播出过程中,插播了该台利用电影摄影机拍摄完成的第一条新闻片"上海人民欢庆1958年国庆"。次年10月1日,上海电视台正式对外播出黑白电视节目,内容主要有新闻节目、社会教育节目和文艺节目、剧院演出的实况转播、电影等。每周三与周六晚播出两次,每次有2~3小时的播出量。

1958年12月20日,哈尔滨电视台(黑龙江电视台的前身)试播;不久,天津、沈阳、长春、广州等地也陆续开办了实验性电视台或者转播台。到1960年底,全国共有电视台、试播台和转播台29座。

1959年国庆十周年时,北京电视台通过电缆传送,现场转播了天安门广场的文艺晚会实况,这是我国第一次在现场电视转播规模较大的文艺演出。当时的所有电视节目都是现场直播。其中电视新闻节目,由技术员播放影片,播音员对着画面解说,录音员同时放送事先录制好的音乐,技术人员再将电视节目直接转播出去。其他文艺节目,则由导播根据节目要求、场面调度、表演人员的需要,将从不同摄像机拍摄的画面进行现场切换合成,使观众在屏幕上可以看到全景、中景、近景和特写等画面效果。如1958年6月15日,我国的第一部电视剧《一口菜饼子》诞生了,由中央广

---

① 陆晔、赵民:《当代广播电视概论(第二版)》,复旦大学出版社2010年版,第37页。

播电视实验剧团参与演播。当时是在 50 平方米的演播室里搭建布景,按事先分好的镜头台本进行切换合成,现场通过电缆播送出去。虽然《一口菜饼子》没有留下录像资料,但这是我国电视剧的开端,在电视发展史上写下了难忘的一页。这种“原始”的电视直播方式一直延续到 1965 年。1965 年,北京电视台元旦文艺晚会中,播出了利用黑白电视录制的两场戏剧表演,这是我国电视台第一次使用录像技术制作播出电视节目,结束了我国电视节目因为技术限制而“被迫”全程直播的局面。但由于经济条件的制约,当时录像技术的使用面并不广泛,大量电视节目仍采用原始的直播模式。

电视开办之初,当时主管全国广播电视工作的中央广播事业局确定的北京电视台的任务是宣传政治、传播知识和充实群众文化生活。但当时的电视影响力比较有限,原因在于电视机的数量实在太少,1958 年全北京仅有 32 台电视机。在这样的物质基础上,电视不可能成为一个有广泛影响力的大众传媒。当时很多人根本没机会看到电视实物,而是通过电影新闻纪录片来了解电视的,出现了“通过电影看电视”的场景。中国内地的电视虽然在六七十年代有了一些发展,但也仅仅是作为一种“高档娱乐”工具,只为企事业单位所拥有。

(二)20 世纪 70 年代到 21 世纪初:逐渐成为大众媒介

1978 年 5 月 1 日,北京电视台正式改名为“中国中央电视台”,英文缩写为CCTV,定位为我国国家电视台。在此前后,全国各省会电视台也陆续由所在城市命名改为以省区名称命名,如广州电视台、哈尔滨电视台改名为广东电视台、黑龙江电视台等。1978—1979 年,西藏电视台及北京电视台成立,至此,省级台已全部建成(港澳台地区除外),全国电视网初具规模。

1979 年之后,我国的电视事业取得了前所未有的进步。

首先,广播电视机构数量不断增加,电视传播的规模迅速扩大。1983 年第十一次全国广播电视工作会议制定政策,实行中央、省、有条件的省辖市(地、州、盟)和县(旗)四级办广播电视的原则,四级混合覆盖,有效促进了我国电视事业的发展,电视台数量、节目套数及播出时间均大幅增加。尤其 20 世纪 90 年代以后,本地电视台/频道增加更快,而且开始了卫星传播,很多地方台开始 24 小时不间断播出节目,而且有几个不同频道。

其次,电视制作条件与传播手段大大提升。电子新闻采集(electronic news gathering,ENG)技术普及,实现新闻采、录、编、播一条龙,使新闻制作流程进一步简化,新闻时效性也随之增强。有线电视稳步发展,卫星转播应用扩大。

再次,节目的内容与形式更加丰富。电视节目中新闻、资讯类节目所占的比重越来越大。电视综艺类节目的表现手法、制作质量等艺术水准都有了长足的进步,出现了很多精品。电视剧的生产逐步走向繁荣,制作播出了大量的优秀作品。体育类节目日益专业化、精品化。从简单地借鉴、模仿海外、国外电视机构的节目类型,到购买节目模式版权实行重新制作开发,出现新兴的电视节目形式。与受众的互动成为常态,电视节目更强调参与性和互动性,电视传播模式已不再局限于"我播你看"的传统模式,强调受众参与、互动反馈等,更好地满足不同目标受众群体的兴趣需求。

(三)2010 年之后:媒介融合中多元发展

伴随新媒体日新月异的发展,传统媒体在新媒体的冲击下也开启了其多方位的媒介融合之路,其中作为传统媒体的电视也不例外。电视的媒介融合不仅是媒介技术发展的结果和要求,更是实现电视自身发展的唯一选择。媒介融合的核心在于传统媒体原有边界被打破,电视媒体的融合发展也同样遵循此要求,电视所使用的媒介技术、呈现方式等均在媒介融合的背景下得到了多元发展,并在电视的基础上衍生出了新的媒介产物,例如网络电视、数字电视、IPTV、手机电视等新型媒介。

自 2006 年起,国家明确提出"三网融合"工程。"三网融合"是指电信网络、有线电视网络和计算机网络的互相渗透、互相兼容,简而言之即通信、网络、电视的高度融合,并希望通过逐步整合构建全世界统一的信息通信网络。"三网融合"工程的启动给我国电视的发展带来了机遇和挑战。"三网融合"中的电视不再仅是简单的信息传递和呈现的传播载体,而是媒介融合中的关键环节,这同时也对电视的进步和发展提出了更高要求。自 2010 年确立第一批试点城市以来,"三网融合"工程的产物 IPTV 便呈现出百花齐放的样态。

IPTV(Internet Protocol Television),即交互式网络电视,是一种利用宽带通信网络,集互联网、多媒体、通信等多种技术于一体,向家庭用户提供包括数字电视在内的多种交互式服务的崭新技术[①]。相较于以往的传统电视,IPTV 最大特点就是交互性。其不仅可以提供网上冲浪、电话通信、数字电视收看等多种服务,还可以通过电脑、机顶盒等设备终端享受到 IPTV 提供的服务,更为重要的是,传统的单向信息传播模式转变为双向甚至多向的信息"沟通"[②]。除此之外,IPTV 还具有个性化和分众化的特点,赋予用户较大的自主权,同时 IPTV 所使用的 IP 技术还能够做到音视频的点对点传播,催生了内容制作的专业化和分众化。同时也带来了电视的多功能发展,收发邮件、娱乐、电子商务等均可基于此来完成[③]。

①　胡兵:《数字媒体传播技术概论》,清华大学出版社 2015 年版,第 92 页。
②　吴璇:《电视媒介在媒介融合中的发展与变革》,《电影文学》2013 年第 13 期,第 21-22 页。
③　周小普:《广播电视概论》,中国人民大学出版社 2014 年版,第 43 页。

电视媒介的融合发展不仅体现在技术的融合上,更体现在服务的融合上。互联网作为新媒体中发展势头最迅猛的媒介之一,对于电视的影响也是极大的。互联网与电视的融合形成了网络电视、手机电视等新兴媒介,带来了电视服务质量的极大提升。手机、网络电视借用传统电视台资深、庞大的媒体资源,借用互联网平台拓宽了播出渠道,无形中提高了受众数量,促进了电视的转型升级发展。且通过融合,真正实现了资源共享,使得节目内容和播放形式更加多元化。互联网与电视融合所带来的最大变化便是平台的建构,互联网打破了传统电视媒介所具有的平台壁垒,将互联网中的用户引入到电视平台中。

除上述方向的融合外,电视媒介融合的多元发展之路还体现在组织机构的融合及传媒从业人员的职责变化上。2014年4月,湖南卫视正式创立"芒果TV"。作为湖南广电唯一的互联网视频平台,芒果TV以湖南卫视为后盾,专注做强视频平台和新媒体业务,探索电视媒介全方位的数字化转型,其成功实践为媒介融合发展提供了可借鉴的思路。2018年3月,中共中央印发《深化党和国家机构改革方案》全文中,提到"将撤销中央电视台(中国国际电视台)、中央人民广播电台、中国国际广播电台建制。对内保留原呼号,对外统一呼号为'中国之声'"。中央三台合并,实现了中央层面的广播、电视,国内、国外传播机构的融合,为广播电视改革提供了现实案例。与此同时,组织机构的改变也势必引起传媒工作者职责的变化,以前供职于报纸、广播、电视等专业化程度较高领域的人员在媒介融合的趋势下必须要掌握更多的技能才能满足现有的工作要求。

电视的媒介融合之路远不止于上述内容,但毋庸置疑,媒介融合是每一个传统媒体在新媒体时代中谋求发展的必由之路。电视集合了多种资源,提高了信息内容的质量,与此同时所带来的高品质内容和优质服务又大大提升了其原有的收视率和收益。更加值得说明的一点是,这种多媒体协同效应还提升和扩大了规模经济和范围经济的优势,增强了媒介自身的市场竞争力和影响力[①]。

三、电视的类型及特点

电视的类型随技术的发展而不断丰富,按照传输和接收的方式可分为有线电视、卫星电视和数字电视等,不同的电视类型使用的技术及使用特点会有所不同。

(一)有线电视

有线电视(cable television,CATV)是经电缆或光缆组成的传输分配线路,将电

---

① 吴璇:《电视媒介在媒介融合中的发展与变革》,《电影文学》2013年第13期,第21-22页。

视节目直接传送给用户接收机的一种区域性电视广播方式①。它是集节目组织、节目传递及分配于一体的区域型网络。有线电视与无线电视唯一的区别在于它是利用线缆传输信号。电视发展初期,传输线路采用电缆,故也称作电缆电视。自 20 世纪 70 年代光缆问世后,光缆逐步取代电缆,形成光缆、电缆混合传输网络。同时又因缆线形成闭路传输系统,也被称作闭路电视②。

有线电视于 20 世纪 40 年代末 50 年代初在美国出现,采用的是共用电线系统的形式。在电视覆盖的边缘区域,由于有高山或高层建筑等阻碍着电波的传输和接收,于是人们开始利用地形架设接收性能优良的天线,信号被天线放大后再通过电缆传输给千家万户,于是便形成了最初共用一套天线的接收方式。有线电视受电波干扰小,图像清晰度高。有线电视的大发展是在 20 世纪 60 年代卫星电视技术出现以后,1975 年 12 月,美国"通信卫星一号"的发射标志着现代有线电视业的开始③。

随着科学技术的发展,有线电视也经历了一场大的变革,经历了共用天线、电缆电视,目前已经进入了第三代的综合信息网。其传输方式也由单一的电缆传输向光纤、电缆、微波、卫星等各种传播媒体相结合的方向发展。有线电视的优势在于利用电缆、光缆传送节目信号,信号质量稳定,不受外来电波干扰,图像清晰,节目容量大,可供多方面、多层次观众选择收看。一根电缆、光缆可传送多套节目,可以解决电视频道资源有限的矛盾,它还有传者与受者的接近性、接收对象的稳定性、自办节目有本地特色等优势④。有线电视采用加密方式,实现收视付费,还可与计算机网络相连,提供多种服务。

(二)卫星电视

卫星电视是在卫星通信的基础上发展起来的,即利用地球同步卫星向覆盖区域转发功率较大的广播电视信号,使该地区内的广大用户能够直接接收电视信号的新型广播方式。卫星电视依靠通信卫星或广播卫星为中介,电视信号先上行至卫星,再由卫星上的转发器传向地面。一般的接收方式有三种:备有特定接收装置可以直接接收;由设备齐全的电缆电视网接收,同步传送给用户;由一般的地面电视台接收后转播(录播或直播)。

一套完整的卫星电视系统主要由节目源、上行发射站、电视广播卫星、卫星地面接收站、卫星测控站五个部分组成。节目源即提供节目的业者,可以是由卫星系统

---

① 潘云泽、侯友谊、胡春燕:《现代传播技术》,科学出版社 2004 年版,第 138 页。

② 周小普:《广播电视概论》,中国人民大学出版社 2014 年版,第 29 页。

③ 周小普:《广播电视概论》,中国人民大学出版社 2014 年版,第 29 页。

④ 陆晔、赵民:《当代广播电视概论(第二版)》,复旦大学出版社 2010 年版,第 385 - 389 页。

业者自行制作,或由专业的节目制作机构或频道业者提供。上行发射站即传输和上行系统,包括从前端到上行站的通信设备及上行设备。电视广播卫星(或通信卫星),通过天线接收地面上行站发射的上行信号,进行必要的频率变换、功率放大等技术处理,经由转发器发送给各地面接收站。卫星地面接收站可以是设备复杂的集体接收站,或者是个人的小口径接收天线,接收由卫星发射的电视信号。卫星测控站通过遥测遥控技术跟踪测量控制卫星或卫星的姿态,使之处于对地静止位置且保持良好工作状态[①]。

卫星电视的发展经历了一个漫长的过程。第二次世界大战期间,一批德国科学家便利用月球作为反射面来进行通信实验。自 1957 年始,美国和苏联这两个当时的超级大国便开始不断尝试发射人造卫星来进行通信,但无一例外都以失败告终。直到 1960 年 8 月,美国发射了"回声 1 号"卫星,"回声 1 号"是被动式无源人造通信卫星的始祖,可以将声音和信号反射到另一个地区。1960 年 10 月,美国成功发射通信卫星"信使 1B","信使 1B"是第一颗主动式有源卫星,能够接收和播发无线电信号,实现了广播电视节目的远程即时传播[②]。1963 年 7 月美国"同步 2 号"的发射则成功解决了这一时间限制难题。"同步 2 号"也是世界上第一颗同步卫星。1964 年 8 月 20 日,国际通信卫星组织正式成立,其发射的"国际通信卫星 1 号"标志着世界进入国际卫星传播新时代。

虽然 20 世纪 60 年代起国际上已经有了电视信号的交换和互传,但卫星广播技术的真正发展是在 20 世纪 70 年代以后。1979 年加拿大成为世界上第一个通过卫星直接接收电视节目的国家。卫星电视以其特有的优势,为人类开创了一个新的传播时代,使多种信息通过卫星的辐射和传播,超越了国家、民族、地区的界限,打破了自然阻隔,且比任何传统的传播手段更经济、方便、迅速、直接,范围和影响更大[③]。

通信卫星最初是用于国际传播的。但随着卫星传播技术的不断改进、效率日益提高、价格日异低廉,在一些地域广阔、地形复杂、人口分布不均、语言差异大的国家和地区,国内卫星也逐步得到采用,成为一种普遍的电视信号覆盖方式[④]。

(三)数字电视

严格意义上讲,数字电视是指从演播室到编辑、发射、传输、接收的所有环节都使用数字电视信号或对该系统所有的信号传播都是通过由"0,1"数字串所构成的数

---

① 陆晔、赵民:《当代广播电视概论(第二版)》,复旦大学出版社 2010 年版,第 364 页。
② 周小普:《广播电视概论》,中国人民大学出版社 2014 年版,第 30 页。
③ 陆晔、赵民:《当代广播电视概论(第二版)》,复旦大学出版社 2010 年版,第 367 页。
④ 周小普:《广播电视概论》,中国人民大学出版社 2014 年版,第 31 页。

字流来传播的电视类型。但目前大部分的数字电视仅实现了传输过程的数字化[1]。
我国最早投入使用的数字电视系统是 1995 年中央电视台开办的卫星加密频道。
1996 年以后,省级电视台逐步使用数字压缩技术进行卫星电视广播覆盖。后在逐步
的发展中,我国于 2006 年推出了拥有自主知识产权的数字电视地面标准 DTMB[2]。
目前全球数字电视的标准主要有四种:美国的 ATSC 标准、欧洲的 DVB 标准、日本
的 ISDB 标准和中国的 DTMB 标准[3]。

数字广播电视系统由信源编码、多路复用、信道编码、调制、信道和接收机组成。
数字电视系统包括数字节目源采集、节目数据处理、编码压缩、数据复用、信号调制
以及信号发送传输等环节[4]。按信号传输方式,数字电视可分为地面无线传输、卫星
传输和有线传输三种,这三类传输方式及特点如表 7-1 所示。

表 7-1　不同类型数字电视的传输方式及特点[5]

类型	传输方式	传输特点
地面数字电视	无线电波	1. 双向化 2. 可实现移动接收,信号会受到影响
卫星数字电视	地球同步卫星	1. 覆盖广,传收均简单高效 2. 易受建筑物、地形、天气影响 3. 单向传输
有线数字电视	有线电视光纤和同轴光缆	1. 双向化 2. 接收质量高,铺网费用高

按图像清晰度可分为标准清晰度电视(standard definition television,SDTV)、高清
晰度电视(high definition television, HDTV)和超高清晰度电视(ultra high definition,
UHD),其中 1080p 被称为全高清电视,4K 电视和 8K 电视均为 UHD[6]。

与模拟电视相比,数字电视优势明显:充分利用频率资源,扩大传输容量;数字
传输使信号抗干扰性强和非线性失真小;容易实现加密/解密和加扰/解扰技术,便
于专业应用以及开展各类收费服务;接收电平低并且数字信号输出稳定,支持移动、
便携设备接收;便于开展各种综合业务和交互式业务;具有可扩展性、分级性和互操
作性,支持多个传送协议[7]。

---

① 胡兵:《数字媒体传播技术概论》,清华大学出版社 2015 年版,第 64 页。
② 胡兵:《数字媒体传播技术概论》,清华大学出版社 2015 年版,第 65 页。
③ 周小普:《广播电视概论》,中国人民大学出版社 2014 年版,第 42-43 页。
④ 温怀疆、何光威、史惠:《融媒体技术》,清华大学出版社 2016 年版,第 97 页。
⑤ 周小普:《广播电视概论》,中国人民大学出版社 2014 年版,第 43 页。
⑥ 温怀疆、何光威、史惠:《融媒体技术》,清华大学出版社 2016 年版,第 99 页。
⑦ 胡兵:《数字媒体传播技术概论》,清华大学出版社 2015 年版,第 66 页。

第三节　广播电视媒介的传播特点及社会影响

广播电视是当今极为普及的声像传播媒介,也是当代重要的大众传播媒介。它将世界各地发生的事件及时、直观、生动地展现在人们面前,内容及影响几乎涉及社会的所有方面,增加了社会生活的透明度。广播电视新闻的迅速、大量传播加快了世界各国人民之间的交往,广播电视文艺节目有助于世界各民族之间的文化交融,广播电视教育改变了教育的时空观念。但世界各国广播电视的发展水平并不均衡,管理模式与体制差异明显。广播电视媒介改变了人们交往的方式与形态,深刻影响着个人、群体的发展和社会的变迁。

一、广播电视是当代重要的大众传播媒介

所谓大众传播媒介,是指由媒介机构组织所有并运作,拥有数量庞大的专业从业者,利用专门的技术和设备,面对社会上广泛的、高异质性和匿名性的受众,定期、定时、迅速、大量传递具有公开性信息内容的媒介。

从无线电广播到如今的数字广播电视,在不断融合其他传播手段的基础上,广播电视媒介形成了区别于其他大众传播媒介的传播手段和表达技巧,向社会大众报道新闻、监测环境、协调社会、提供娱乐,并以独特的传播形态塑造了人与人、人与社会的关系。不可否认,广播电视已成为当代重要的大众传播媒介。

(一)以高新技术和设备为物质基础

大众传播媒介的发展和变化与技术进步密不可分,从广播电视到互联网,每一种新的媒介出现,都离不开技术的发展。广播电视是具有相当高精尖技术和装备的媒介,广播电视的产生和发展更是与技术进步息息相关,正是物质技术基础决定了广播电视作为重要大众传播媒介的地位。广播电视的特点首先是由其技术特征决定的。尤其是20世纪的两项重要科技创新——卫星与计算机为广播电视的发展带来了新的巨大变革。卫星电视加速了广播电视的全球化和分众化趋势;以个人计算机的普及为基础的数字化加上互联网的发展,为广播电视参与新的媒介融合进程提供了丰富的可能性。根据传输方式的不同,通过无线电微波开放式传送的,叫无线广播或开路广播;通过电缆或导线封闭式传播的,叫有线广播或闭路广播;其中通过人造地球卫星作为转发站传送信号的,叫卫星广播电视;通过因特网传送信号的,叫网上广播(online broadcasting/webcasting);而按照覆盖范围,可分为地方广播、全国广播和国际广播;按照技术标准,可分为模拟广播和数字广播[①]。

---

① 陆晔、赵民:《当代广播电视概论(第二版)》,复旦大学出版社2010年版,第2页。

总之,与报纸、书籍、电影等大众媒介相比,广播电视的物质技术基础和信息载体完全不同,其差异如表7-2所示。

表7-2　不同类型传播媒介的差异

媒介类型	物质技术基础	信息载体	传播渠道	理论基础	影响
作为纸质媒介的报刊、书籍	造纸术、印刷术	纸张	专门的发行渠道	活字印刷术、机械印刷术	印刷术的发明使得信息、知识的大规模复制成为可能,由此扩大了文化传播的范围,直接推动了现代报刊的出现,为大众传播时代的来临奠定了物质基础
作为视觉媒介的电影	感光技术设备	胶片或数字硬盘	专门的发行渠道	感光成像、视觉暂留	电影是一种具有娱乐性、通俗易懂的大众媒介,又是一种艺术形式,深刻影响了人们认识世界的方式,具有产业化大量生产和消费的特征,作为宣传工具彰显了强大的传播力量,促进了大众文化的兴起
作为电子媒介的电报、电话	电磁通信装置	电磁波、电流	通过莫尔斯电码或电缆即时传递给受众	法拉第电磁感应定律、振动发声	电报、电话使快速的双向交流成为可能,从而加速了商业决策,促进了经济现代化,加速了大城市的成长和国家的整合,拓展了人际交流的范围,加强了社会关系网络

| 作为数字媒介的广播电视 | 电子摄录设备 | 无线电波、电缆 | 不需要特别的发行渠道，几乎在信号发射的同时，只要受众打开接收设备，就可以同步接收到 | 模拟信号、数字信号 | 人们以广播电视为媒介，建立专门的机构并形成一定的系统和规模，向社会广泛、公开、迅速地提供信息、娱乐、服务等，是社会影响力巨大的大众传播活动之一 |

（二）组织和运作的高度机构化和专业化

广播电视媒介通常由媒介机构组织来运作，需要数量庞大的具有专业训练背景的从业者。

由于广播电视系统具有相对高精尖的装备，造价高昂，投资巨大，因此它被一定的社会机构或公司、企业所拥有。在西方国家，广播电视媒体组织以公共法人和企业法人形态为主；在我国，则采取以企业化经营方式的公有制事业机构为主、企业法人为辅的形态。这说明，广播电视媒体是从事信息生产和传播的专门化媒体机构。在很多国家，广播电视机构本身就是市场经济中的大型企业。这些媒体机构的组织和运行，不但需要一套严密、高效的制度机制来保障，而且其内部架构也是一个现代化的科层制体系。

从广播电视业务组织运行的角度来看，它要比报刊媒介更为复杂，需要的工种、流程和环节更多、更精细，需要有摄像、录音、灯光、布景、音乐、音效等各个不同的工种，其从业者针对不同的技术环节也需要更多的专门知识。换句话说，广播电视内容的生产就是现代化、大规模、专门化的生产方式。

（三）传播的内容广泛、公开、迅速

从广播电视信息内容的属性上来说，它是具有文化属性的商品。文化属性决定了广播电视媒介的内容是广义的社会文化的产物，信息商品属性决定了其内容是满足人们精神和物质消费的商品，它涵盖社会的思想、观念、道德、政治、法律、科学、宗教、价值观等广泛内容。

从媒介形态来看，不同媒介所具有的特点决定了其所传播内容的类型，诉诸人的听觉和视觉感官的广播电视媒介适宜于传播的内容异常广泛，尤其是电视这种融

合型媒介,人类活动的所有方面都可以通过视听方式来呈现。因此,新闻、广告、体育比赛、电视剧……各种类型的节目在电视上播出,电视统揽了原属于广播、报纸、录音机、留声机、电影院等媒介的部分任务。

而且,广播电视媒介因其技术优势,能够迅速、即时、公开地传递信息内容,一方面加快了社会信息传播的速度,大大扩展了社会信息的容量;另一方面增加了其易逝性甚至速朽性,旧的内容会源源不断地被新的内容所覆盖和取代,这也使得新闻时效性大大提高。

(四)传播对象的广泛、多元、匿名

电视传播不像报纸会受到民众文化程度的影响,同时无线电波不受地域疆界的限制,传播力强,凡是信号覆盖的地方都可以进行观看,图像的呈现能在一定程度上帮助不同文化背景的人们理解传播内容[①]。

广播电视的对象,用传播学术语来说就是"受众"。受众是一个集合概念,它并不特指社会的某个阶层或群体,而是指社会上所有的"一般人"[②]。广播电视声画传播的内容和方式大大降低了受众接触的门槛或条件。任何人无论年龄、性别、教育程度、职业和收入状况、兴趣爱好,只要他接触广播电视传播的信息,他就是广播电视受众中的一员。因此,广播电视作为大众传播媒介,其受众是匿名的、分散的、大规模的,不仅在人口统计学上,而且在其他方面差异也很大,这就意味着它是以满足社会上大多数人的信息需求为目的的传播活动,其内容必须满足这些不同受众的需求,也意味着广播电视传播具有跨阶层、跨群体的广泛社会影响。虽然"窄播"的观念被越来越多的广播电视从业者所认可,但"窄播"的核心是受众细分、精准服务,这和广播电视媒介内容和受众的广泛性并不矛盾。

(五)视听传播符号决定了收发方式的特殊性

人类传播的符号分为语言符号和非语言符号。广播电视传播的语言符号和非语言符号可以分为视觉性的和听觉性的两个大类。广播内容的符号,无论是语言符号,还是非语言符号都是听觉性的;电视内容的符号,有诉诸听觉的声音语言符号和诉诸视觉的文字语言符号,还有最具特色的画面语言即非语言符号,如色彩、光线、构图、画面特技,以及图片、图表、新闻照片等。因此,广播是听觉性媒介,电视是视听双通道媒介。但无论是广播的语言符号,还是电视的语言符号,抑或非语言符号,最显著的共同特征是线性传播、顺序接收,内容转瞬即逝、难以保存。观众无法自由选择观看的段落,而只能按照节目的编排,顺着时间线去观看内容。电视传播的内容则无法

---

① 陆晔、赵民:《当代广播电视概论(第二版)》,复旦大学出版社 2010 年版,第 123 - 136 页。

② 郭庆光:《传播学教程(第二版)》,中国人民大学出版社 2011 年版,第 100 页。

反复琢磨,这也决定了电视内容在制作上需要简单易懂。当然,随着电视频道的增加,电视内容的专业化分工程度也得到了提高,观众开始有了更多选择。

(六)多种符号营造强烈的现场感

广播所使用的语言符号即声音语言,非语言符号则主要为表现环境、气氛、场景等的人为音响、自然音响、音乐,统称为具象音响语言。音响语言的一个重要作用是营造现场氛围,试图给听众以强烈的听觉感受,还原现场感。电视则融合视听两种感官,具有广播不可比拟的传播优势。声音与图像的结合会让人有一种置身现场的感觉:动态的图像使事物更加具体可感,声音与图像实时结合不仅拉近了受众与事实现场之间的距离,还能够再现过程和细节,在一定程度上还原真实。因此,电视的现场感强、形象真实、可信度高,这样的传播模式会激发人们的心灵共鸣和情感共振,达到更好的传播效果。同时在画面的呈现上有着丰富的表现形式和变化,给受众带来更好的视听体验①。

(七)缺少反馈造成独白式的单向传播

从传播过程来看,广播电视传播属于单向性很强的传播活动。虽然广播电视在传播活动中也通过受众来信、来电等形式进行传受双方之间的互动,但这种活动机制是非常薄弱的。广播电视传播的单向性主要表现在:受众只能在广播电视机构提供的信息范围内进行选择和接触,具有一定的被动性;受众缺少灵活有效的反馈渠道对广播电视机构进行反向的信息输入;受众反馈有限,信息量小,并且是滞后的,缺乏即时性和直接性。因此,大众传播是一种典型的"对空言说"式的单向传播。

二、广播电视传播的功能与影响

(一)关于大众传播功能的一般性观点

在传播学的历史上,最早对传播的一般社会功能进行分析的是美国政治学者哈罗德·拉斯韦尔(Harold Lasswell),在其1948年发表的《传播在社会中的结构与功能》一文中,提出大众传播具备三项主要社会功能,监测环境、协调社会、传承文化。"这三项功能是包括人际传播、群体传播、组织传播在内的一切社会传播活动的基本功能,大众传播不仅具备这些功能,而且起着突出重要的作用。"②

美国学者查尔斯·赖特(Charles Wright)在1959年的论文《大众传播:功能的探讨》中,在拉斯韦尔"三功能说"的基础上提出了大众传播的"四功能说":监测环

---

① 潘云泽、侯友谊、胡春燕:《现代传播技术》,科学出版社2004年版,第297-309页。
② 郭庆光:《传播学教程(第二版)》,中国人民大学出版社2011年版,第101页。

境、解释与规定、社会化功能、提供娱乐。其中,解释与规定是指大众传媒引导和协调社会成员的行为,其含义与拉斯韦尔的"社会协调"是一致的。社会化功能强调的是大众传播对现代人社会化过程的意义,与拉斯韦尔的"传承文化"是相对应的。大众传播的一项重要功能是提供娱乐,尤其在电视媒体中,娱乐性内容占其传播的信息总量的一半以上,赖特增加的"提供娱乐",突出的就是大众传播满足人们的文学、艺术、消遣、游戏等精神生活的需要的功能。

传播学的集大成者威尔伯·施拉姆(Wilbur Schramm)在《传播学概论》一书中,将拉斯韦尔和赖特的观点概括为政治功能、经济功能和一般社会功能三个方面。施拉姆把监测环境、协调社会和传承文化归入政治功能的范畴,而把社会控制、规范传递、提供娱乐等归入一般社会功能的范畴。施拉姆的重要贡献是明确地提出了传播的经济功能,指出了大众传播通过对经济信息的收集、提供和解释,能够开创经济行为。大众传播的经济功能并不仅仅限于为其他产业提供信息服务,它本身就是知识产业的重要组成部分,在整个社会经济中占有重要的地位。

保罗·拉扎斯菲尔德(Paul Lazarsfeld)和罗伯特·默顿(Robert Merton)在1948年特别强调了大众传播的下述三种功能:社会地位赋予功能、社会规范强制功能和作为负面功能的"麻醉作用"。社会地位赋予功能,是指任何一种问题、意见、商品、团体乃至人物或社会活动,只要得到大众传媒的广泛报道,都会成为社会瞩目的焦点,获得很高的知名度和社会地位。社会规范强制功能,是指大众传媒对偏离社会规范和公共道德行为的公开报道,会将违反者置于社会压力之下,从而起到强制遵守社会规范的作用。作为负面功能的"麻醉作用",是指现代大众传播具有明显的负面功能,它将人们置于各类信息和娱乐之中,人们为此花费了大量的时间、精力,降低了人们参与社会实践的机会和热情,久而久之,人们把媒介参与当作了真实行动。

广播电视作为社会影响广泛的重要大众传播媒介,不同学者对其社会功能的研究,大体上都离不开上述几个方面。

(二)传播形态视角下广播电视媒介的社会影响

传播形态是指"传播在一定技术环境中的表现形式和情景,它是媒介系统的具象化","核心要素包括媒体形态、受众、传播方式、传播技术、传播环境与情景"[①]。传播形态及其要素,是一切传播活动发生的语境。这些要素的变化,意味着新传播形态的出现。传播形态的变化,是人们行为模式、思维方式和交往方式全方位变化的表征[②]。

---

① 王君超:《未来传播形态的三个重要维度》,《学术前沿》2017 年第 23 期,第 32 - 39 页。
② 张华、韩亮:《社群化传播:基于新媒介时间的新传播形态》,《现代传播》2020 年第 2 期,第 25 - 28 页。

广播电视和报刊书籍等印刷媒介都属于大众传播媒介,是区别于身体在场的面对面传播的新的传播形态,即大众媒介介入面对面传播之后身体离场的传播形态。那么,既然广播电视和报刊书籍同属一种传播形态,它们之间的区别是什么呢？我们从媒介系统、内容生产、传收方式、传播环境以及建构人的认知和行为几个维度出发,讨论广播电视传播形态的特殊性及其社会影响。

1. 媒介系统:媒介融合与传播融合

首先,广播电视媒介是将不同的媒介如文字、音频、视频、图片等纳入一种设备中的融合媒介。其次,广播电视媒介与报刊书籍印刷媒介的最大区别在于,其以视听传播方式营造了强烈的现场感,将受众带入了事件"现场",观看似乎变成了"参与"。再次,广播,尤其是电视能够将现场状况和事件过程以及细节展现出来,同时将同期声一起播出,相对于印刷媒介来说,这种视听融合的传播是对客观事物的直接反映。最后,广播电视媒介还可采用现场直播的形式,将事件发生、电视传输、观众收看这三个传播环节融合起来同步进行。上述特征造就了视听传播的形象真实和较高的可信度,当然,也可能带来另一个传播效果,即受众的虚拟感增强,产生"自我麻醉"的效应。

2. 生产方式:内容生产的专门化与体制化

大众传播时代专业化、机构化、流水线式的体制化信息生产和传播,相较于报刊书籍,广播电视媒介的内容生产进一步专门化和体制化,也就进一步将受众排除在信息生产之外。广播电视媒介的技术化程度高,生产环节更多,流程更为精细,需要更多工种的协调配合,而这个生产过程都是在编辑部完成的,受众并不明白呈现在广播电视媒介中的内容是如何生产出来的。这就造成了广播电视媒介一定程度的权威感甚至神秘感,广播电视媒介组织就和传播对象之间产生了距离,进一步加剧了大众传播的传播者和受众之间的信息落差、权力落差和社会落差。从社会意义上来说,大众传播是一种不平等的传播。

3. 传收方式:线性传播改变社会日常

广播电视很大程度上改变了报刊书籍等印刷媒介的信息收发方式,也产生了不同的结果。虽然印刷媒介与广播电视媒介的信息收发都通过专门的发行渠道,但由于物质技术基础的不同,两者之间还是有着很大的差异。首先,报刊书籍信息的接触,大都是一种个人化的阅读,而恰恰广播电视媒介的重要特点之一就在于其能聚集起大量的人群,形成聚集性收听收看。这也使得广播电视媒介具有了社会意义,即能够在现实空间中聚集起社会群体。其次,广播电视媒介的信息接收,即受众的收听收视可以是一种伴随性行为,不像印刷媒介那样必须投入很高的专注度。再次,与报刊相比,广播电视媒介严格遵照钟表时间线性、匀速、不可逆的时间纪律播出节目,形成线性传播的动态流动。这种被扭合成相互联系的流程的电视节目,雷蒙·威廉斯称其为"电视流"(TV flow),作为一种系统进行着价值传递和意义散播①。遵循钟表时间观念的广播电视媒介重组了人们的日常生活。电视新闻节目以"晨间新闻""午间新闻""晚间新闻"来适应钟表时间,晚间剧、午夜剧则表示工作日的结束,人们的日常就被传媒所设置的媒介时间所归置,工作、家庭生活的结构被重新安排。

4. 传播环境与情景:新的社会形态和时空感觉

"环境不仅是容器,而且是使内容完全改变的过程","任何新技术都要改变人的整个环境,并且包裹和包容旧的环境",因而"新媒介是新环境"②。新的媒介技术应用形成新的媒介环境,进而引起传播情境的变化,这种变化进一步影响社会发展。相较印刷媒介,广播电视就是新媒介。广播电视是 20 世纪工业时代耀眼的发明,广播电视媒介内容的生产方式,与资本主义的生产方式即流水线、大规模、专业化、精细化并无二致。广播电视媒介内容的传播方式,是通过专门渠道分发给个人或家庭,也是遵循市场经济规律的销售方式。因此,广播电视媒介及其传播是在工业社会和大众社会的环境中诞生和运作的。同样,广播电视媒介进入家庭,营造了新的传播情境,尤其是电视,它将家庭成员聚集在客厅,将远方的信息带进家庭,让地域限制和地理边界"消失",重新塑造了人们的空间感和地域感。

5. 新媒介、新行为:建构公众认知和行为

媒介环境学者约书亚·梅罗维茨(Joshua Meyrowitz)在其著作《消失的地域:电子媒介对社会行为的影响》中提出了"新媒介-新情境-新行为"的观点,即电视介入到面对面的传播当中,引起了传播情境的变化,进而改变了人们的交往行为。例如,1939 年 CBS 广播剧《火星人入侵地球》带来了巨大的社会恐慌,加速了人们对于大众传播媒介社会影响力的反思。造成恐慌的原因,除当时的广播在公众心目中的威信极高之外,该广播剧营造的逼真现场氛围也是重要的原因。再如,考察电视对于个人的长期的"涵化"效果可发现,电视节目编排的整体模式是公众对社会现实达成共识的重要来源,电视培养了人们的共同观念,可以使人们以电视屏幕上呈现的社会情状、价值观和思维体系来看待真实的现实世界。电视暴力内容还会影响青少年的态度、价值、思想以及行为方式。

---

① 〔英〕雷蒙·威廉斯:《电视:科技与文化形式》,冯建三译,台湾远流出版公司 1994 年版,第 114 页。

② 〔加〕埃里克·麦克卢汉、〔加〕弗兰克·秦格龙:《麦克卢汉精粹》,何道宽译,南京大学出版社 2000 年版,第 265、268 页。

第八章

计算机、互联网与第四次传播革命

电子计算机是人类最伟大的发明之一。20世纪中叶出现之后,电子计算机很快推动了重大的技术革命和产业革命,极大地解放了生产力,直接导致了20世纪后半叶工业生产、组织管理和日常生活的自动化。20世纪90年代前后出现的国际互联网和计算机硬件结合在一起,掀起了一场通信革命和交往革命,即人类社会的第四次传播革命。

第一节　计算机的发明与应用[①]

计算机从出现到发展至今经历了机械式、机电式和电子式三个阶段。而从其研发、应用来看,电子计算机从20世纪40年代诞生到现在,是一个从实验室走向社会,从纯军事用途进入公众数据处理领域的过程;从社会意义来看,则是一个由中心到边缘、由精英到平民的过程。今天,网络新媒体终端包括计算机显示终端、手机和便携式电子设备终端,以及数字电视机终端三种主要类型,广泛应用于社会各个领域。

一、早期计算机

人类利用机械进行数字计算的思想由来已久,中国古人用算筹和算盘作为计算工具。1620年,英国天文学家、数学家埃德蒙·冈特(Edmund Gunter)制作了标有对数标度的计算尺,被称为"冈特尺",这是最早的实用计算尺。后来,许多数学家在"冈特尺"的基础上逐步改良,使其能应用于不同的计算中。到19世纪中叶,计算尺在欧洲工程界得到了广泛应用。

1642年,法国19岁的青年布莱士·帕斯卡(Blaise Pascal)为减轻收税官父亲的繁杂计税工作,研制了一种能以数字方式进行加减运算的机械式计算装置。这是最早的机械式计算机。1666年,英国发明家塞缪尔·莫兰德(Samuel Morland)制作出加法器和乘法器,这种乘法器还可以进行开方运算。1671年,德国数学家、哲学家戈特弗里德·莱布尼茨(Gottfried Leibniz)研制成一种能做加、减、乘、除四则运算的步进式机械计算机。这种计算机也是手摇的,通过改变齿轮齿数进行运算。

英国皇家学会会员、剑桥大学的查尔斯·巴贝奇(Charles Babbage)受到用穿孔卡片控制自动提花织布机的启发,设想将程序编制在穿孔纸带上,用以控制计算机的运算。1834年,巴贝奇完成了这种计算机的设计,将计算机分为输入器、输出器、

---

① 本部分内容,根据姜振寰《技术通史》、王鸿生《世界科学技术史(第3版)》、李良荣《网络与新媒体概论》等文献整理。

存储器、运算器、控制器五部分,他称之为分析机(又称解析机)。他的这种构想已经包含了现代电子计算机所具有的主要部分。由于受限于资金和技术,巴贝奇生前未能研制出样机。直到 1991 年,澳大利亚的科学家们利用巴贝奇留下来的图纸,花了近六年的时间才制成巴贝奇分析机,并实际运算成功①。

在巴贝奇研制分析机期间,英国诗人乔治·拜伦(George Byron)的女儿阿达·洛芙莱斯(Ada Lovelace)为巴贝奇的分析机建立了循环和子程序概念,为计算程序拟定了"算法",认为这种机器今后有可能被用来创作复杂的音乐、制图和在科学研究中应用,并建议用二进制取代十进制。1842 年,洛芙莱斯说明了用分析机如何编程以及通用计算机如何分析数据等,提出计算机具有记忆能力和将记忆存储在"仓库"中的设想。他们的工作为 20 世纪程序控制计算机的设计,提供了基本的思路。

1873 年,美国人弗兰克·鲍德温(Frank Baldwin)利用自己发明的齿数可变的齿轮,制造出供个人使用的台式手摇计算机。1884 年,美国人多尔·费尔特(Dorr Felt)设计出按键式计算机。按键式计算机和手摇式计算机直到 20 世纪 60 年代廉价的计算器出现前,一直是主要的商业通用计算机。1888 年,美国统计学家赫尔曼·霍勒里斯(Herman Hollerith)制成了一台用穿孔卡片控制程序的数据处理机,并用于 1890 年的人口普查中,显示出很高的效率。看到计算机在商业领域的前景后,霍勒里斯在 1896 年创办了制表机器公司,1924 年与其他公司合并,改称国际商业机器公司(International Business Machines Corporation)(简称 IBM 公司),后来发展成为世界上影响较大的电子计算机企业之一。

20 世纪初,不少人对计算机进行改进,加之当时电技术的进步,采用继电器为器件的机电式计算机开始出现。20 世纪 30 年代,美国电学家范内瓦·布什(Vannevar Bush)设计出"积分机",这是第一台用电流与电压模拟变量的"模拟式"计算机。

二、电子计算机的硬件:从台式机到移动终端

1944 年,美国数学家霍华德·艾肯(Howard Aiken)在 IBM 公司的支持下,研制出用于专门领域的名为"MarkⅠ"的自动程序控制计算机,这是世界上第一台电子管计算机。德国工程师康拉德·祖思(Konrad Zuse)于 1941 年制成了世界上第一台程序控制通用电子计算机(Z3 型),1945 年他又制成改进型 Z4 型机。Z4 型机一直沿用到 1959 年。

今天,计算机已经从实验室纯粹的计算工具走向了社会商用领域,从纯军事用

---

① 姜振寰:《技术通史》,中国社会科学出版社 2017 年版,第 353-354 页。

途走向全社会数据处理。计算机终端与互联网技术结合,从社会应用来讲,其类型主要可分为计算机显示终端、手机和便携式电子设备等新媒体终端以及数字电视机等新形态终端。

(一)计算机显示终端

1. 第一代电子管计算机(1945—1955 年)

第二次世界大战期间,美国宾夕法尼亚大学莫尔电子工程学院与阿伯丁试炮场联合为陆军计算弹道数据。为完成大量计算,莫尔电子工程学院的约翰·莫奇利(John Mauchly)博士、研究生约翰·艾克特(John Eckert)一起研制电子计算机,两人分任设计师和总工程师。1945 年,取名为电子数字积分计算机(electronic numerical integrator and computer,ENIAC)的第一台电子计算机制成,并于 1946 年2 月正式运行。这台机器造价 48 万美元,重 30 多吨,用了 18000 个电子管,每秒运算 5000 次,比当时最好的继电器计算机快 1000 倍。它体积庞大(占地 170 平方米),使用起来并不方便,运算几分钟或几小时需要用几小时到几天来编插程序。虽然ENIAC 制成后二战已经结束,未能服务于战争需要,但它却影响了社会各个领域,导致了 20 世纪后半叶信息技术革命的产生。

当 ENIAC 的研制接近成功之时,曾担任阿伯丁试炮场顾问的约翰·冯·诺依曼(John von Neumann)在仔细研究过 ENIAC 的优缺点后,设计出了一个新机,即离散变量自动电子计算机(electronic discrete variable automatic computer,EDVAC)的方案,并于 1952 年制成。这个计算机包括计算器、控制器、存储器、输入输出装置,为提高运算速度首次在电子计算机中采用了二进制,并实现了程序内存。这台电子计算机的全部运算都是自动过程,是到目前为止一切电子计算机设计的基础。正因为如此,有人将今天所使用的电子计算机称为冯·诺依曼机。

由于冯·诺依曼担任了 IBM 公司的顾问,使发展程序内存和采用二进制的电子计算机得到重视。从 1953 年起,IBM 公司开始批量生产 IBM701 机,这标志着第一代电子管计算机的工业化生产。第一代电子管计算机的主要缺陷是由于其操作指令是为特定任务而编制的,因此每种机器有各自不同的机器语言,导致其功能受限,速度较慢。

值得一提的是,根据冯·诺依曼本人和他的一位助手的说法,程序内存的思想和电子计算机的许多重要概念都属于英国数学家阿兰·图灵(Alan Turing)。早在1936 年,图灵便发表了《论可计算数及其在判定问题中的应用》一文。图灵严格地描述了计算机的逻辑构成,从数学上证明:程序存储计算机能完成它所能够进行的任何数字和逻辑运算。正因为如此,人们有时也将现代已有的电子计算机称为"图灵机"。

2. 第二代晶体管计算机(1956—1962 年)

晶体管和磁芯存储器推动了第二代计算机的产生。晶体管代替了体积庞大的电子管在计算机中使用,使计算机的体积不断减小,大大促进了计算机的发展。第二代计算机体积小、速度快、功耗低、性能稳定。1956 年,使用晶体管的第二代计算机诞生,但早期主要用于源自科学的大量数据处理,价格昂贵,生产数量极少。1959 年,IBM 公司制成了第一台批量生产的 IBM1403 机(晶体管为基础元件)。由于晶体管电子计算机造价大大降低,20 世纪 60 年代起商业领域、大学和政府部门开始使用第二代计算机。第二代计算机还包括了现代计算机的一些部件,如打印机、磁带、磁盘、内存等。计算机中存储的程序使得计算机有很好的适应性,可以更有效地用于商业。

3. 第三代集成电路计算机(1963—1971 年)

虽然晶体管比起电子管有着明显的优势,但晶体管产生的大量热量会损害计算机的敏感部件。于是,更多的元件集成到单一的半导体芯片上,计算机变得更小、功耗更低、速度更快,计算机进入集成电路阶段。这一时期的发展还包括使用了操作系统,使得计算机在中心程序的控制协调下可以同时运行许多不同的程序。

4. 第四代大规模集成电路计算机(1972 年至今)

1970 年后,大规模集成电路可以在一个芯片上容纳几百个元件,电子计算机的发展进入了大规模集成电路及超大规模集成电路的第四代,其核心部件微型化,运算速度大大加快。20 世纪 70 年代开始批量生产的 IBM370 机是第四代的最早代表,第一部真正意义上的个人计算机(personal computer,PC)诞生了,从此,计算机一步步走进寻常百姓家,开始满足普通消费者的需求。1976 年英特尔公司制成的微处理器比手指的一个指节还小。到了 20 世纪 80 年代,超大规模集成电路(very large scale integration,VLSI)可以在芯片上容纳几十万个元件,后来的 ULSI(ultra large scale integration)将容量扩充到百万级。20 世纪 80 年代初,IBM 推出 PC 用于家庭、办公室和学校。1984 年,苹果公司的 PC 开始使用鼠标,实现人机互动。1985 年,日本东芝公司生产的型号为 T1100 的笔记本电脑,是世界上第一款真正意义上的笔记本电脑。20 世纪 90 年代初,激光二极管出现,以激光技术为基础的光盘驱动器被装上微机,它可以从光盘上读取数据。这掀起了一场技术革命,大大地扩展了微机的功能。在计算机的运算速度方面,1996 年,美国 IBM 公司研制成功世界上第一台万亿次超级计算机。1997 年 5 月,该公司研制的超级计算机"深蓝"在比赛中战胜世界国际象棋冠军卡斯帕罗夫(Kasparov)。有人统计过,每过十年,电子计算机的造价降低为原价格的 1/10,速度提高 10 倍,体积缩小为 1/10,可靠性增加 10 倍。这显然只是一种对趋势的描述,而实际上,从 ENIAC 的每秒 5000 次到每秒 4 万亿次,增加的倍数已经远远超出了这个值。

（二）新媒体终端

新媒体终端主要是指手机和便携式电子设备,包括平板电脑、电子书等移动互联网与智能终端。当手机与互联网相连接,便使其逐渐从一种通信工具向信息平台转型,形成了一种新媒体——手机媒体。2007年苹果推出智能手机iPhone。各种社会性软件的应用,使得智能手机成为个人的信息中心、交往平台。手机不再是人们的体外化工具,而逐渐与使用者融合,成为个人的一部分,最终走向"人机一体"。

除手机外,平板电脑、电子书等移动互联网与智能终端也成为主要的新媒体终端。2010年,美国苹果公司发布了最新的触摸屏平板电脑iPad,这一新型的移动媒介终端定位介于苹果的智能手机iPhone和笔记本电脑产品之间,通体只有四个按键,与iPhone布局一样,提供浏览互联网、收发电子邮件、观看电子书、播放音频或视频等。电子书是指可将文字、图片、声音、影像等信息内容数字化以及可植入或下载数字化文字、图片、声音、影像等信息内容的集存储介质和显示终端于一体的手持阅读器。通过电子书可以订阅众多电子版的期刊、图书和文档,也可以从网上自动下载所订阅的电子版新闻和期刊,还可以将自己购买的电子版的图书和文档储存到阅读器上①。

（三）其他新形态终端

所谓新形态终端,是无线数字电视、车载移动公交电视、楼宇电视等传统媒体通过与数字技术、网络技术、多媒体技术嫁接,发展出丰富多彩的新形态。这些新形态颠覆了传统电视媒体的单向信息传播模式,提供专业化的、个性化、互动性的信息服务,拓展了广播电视的传播范围。

IPTV是利用宽带网的基础设施,以家用电视机(或计算机)作为主要终端设备,集互联网、多媒体、通信等多种技术于一体,通过网际协议(Internet Protocol,IP)向家庭用户提供包括数字电视在内的多种交互式数字媒体服务的一种崭新技术。IPTV最大的特点是具有交互功能,因此也被称为交互式网络电视。

楼宇电视是指采用数字电视机为接收终端,把楼、场、堂、馆、所等公共场所作为传播空间,播放各种信息的新型电视媒体传播形态。楼宇电视通常将接收终端设在商业楼宇、高档住宅、办公大楼等场所的大厅和电梯口,有效锁定企业主、经理人和白领受众等都市高学历、高收入、高消费人群。

移动电视是以数字广播技术为支撑,通过无线数字信号发射、地面数字接收方

---

① 李良荣:《网络与新媒体概论》,高等教育出版社2014年版,第20页。

式播出电视节目的新媒体。广义上,移动电视是指对数字电视信号在移动状态下的接收,一切可以通过移动方式收看电视节目的技术或应用,都可称为移动电视,包括车载电视、手机电视等。狭义上,移动电视特指在公共汽车、出租车、地铁等可移动交通工具上,通过电视终端以接收无线信号的形式让人们收看电视节目的一种媒体形态①。

回顾计算机硬件发展的历史,便可发现一个根本性变化:计算机不再仅属于国防机构、科研机构、大学实验室,而是走向社会日常生活,成为一种可供消费者使用的普通商品。这一变化,不仅是技术进步的结果,更与一些重要的社会因素密切相关。

二、软件:从封闭到"开源"

(一)开源运动

"开源",即开放源代码(open source code),是指软件的设计者将其设计的软件以及源代码向社会公众公开,使软件的使用、修改和分发不受许可证的限制。

在计算机发展的历史上,软件产业一直存在着两种观念:一是专有软件,由厂商严格控制代码,使厂商能够控制用户、命令用户,即所谓"正版";二是自由软件,即源代码开放,用户自由拷贝、修改和分发。自由软件的历史比专有软件更长,是软件业的正源。这种计算机软件相互交流、相互修正的思想是计算机发展初期的最高准则。但在 20 世纪 70 年代末,比尔·盖茨(Bill Gates)提出将软件专有化,对源代码进行控制和保密,也因此有了"正版""盗版"的区分。后来盖茨的这套准则"统治"了整个 PC 业的发展历程。

20 世纪 80 年代末,随着互联网的发展,软件业掀起了一场以开放源代码为手段的自由软件运动,其中的代表人物是当时的计算机科学家理查德·斯托尔曼(Richard Stallman)。斯托尔曼认为,原有的规则之下,软件开发商拥有源代码的专有权,他们牢牢控制了源代码,用户和其他程序员无法查看、改动和完善,用户无法真正融入计算机环境之中,而且用户之间不得互相拷贝,拷贝就是侵权,由此割裂了人类互助的天性和基本的自由,人们无法真正享受数字技术带来的独有的共享精神。随着垄断的加剧,用户的软件使用行为开始付出越来越高的成本。而开放源代码能够使软件业真正走向以服务为中心的高级阶段,真正与高境界的知识经济相符合,这是自由软件所指引的广阔而光明的未来之路②。

开放源代码运动的发起者和倡导者们认为,任何技术精英都可参与软件的开发

---

① 李良荣:《网络与新媒体概论》,高等教育出版社 2014 年版,第 23－26 页。
② 方兴东、王俊秀:《博客:E 时代的盗火者》,中国方正出版社 2003 年版,第 5 页。

和设计,修改漏洞和错误(bug),同时,任何使用者可自由使用软件。该运动的核心理念,就是以非商业的形式,开放软件的源代码,从而改变传统的软件知识产权制度。他们认为倡导自由软件不仅仅是一种意识形态,也不仅仅是乌托邦的理想,而是在软件开发模式上真正代表着"先进的生产力"。源代码程序可开放于千万名程序员,边开发边测试,并能随时修改[1]。

开放源代码会催生各种形式的软件,可以帮助解决软件与不同硬件之间的匹配,增进软件与软件之间的协同。而且,不断更新升级的软件有助于高性能计算机和各种协议的产生,进而推动互联网平台与规则的再构。因而,"开源"的意义就非单纯技术性的,而是社会性的。"开源"成为互联网发展的重要推动力量,产生了重要的影响。由于软件和不同硬件的匹配,导致了"开源"的直接结果是将计算机硬件变成个人信息终端,进而成为个人媒体。这带来了媒体系统的去中心化。"开源"运动的第一个结果是博客的出现。

(二)博客及其传播意义

博客是 weblog 或 blog 的中文译名,是指用网页(web)来呈现的个人日志(log),其意义是"有人称、有个性"的个人自由书写。这一词汇后来又衍生出 blogger(写日志的人)和 blog sphere(博客世界)等说法[2]。在我国台湾地区,weblog 被称为"部落格"。

博客是 Web2.0 时期的典型应用,有两个基本特点:一是日志的形式,可每天更新信息内容;二是以链接为重要表达手段[3]。博客的出现源于计算机技术人员为追求沟通便利,他们采用网络日志和索引链接的方式完成对技术思考的交流,这一简单技术后来却引发了革命性的改变。

1998 年,美国独立记者德拉吉关于"美国总统与白宫女实习生有染"的博客一石掀起巨浪,让人们认识到了博客这种新传播工具的威力,博客从此声名大振。根据方兴东的梳理,全球博客发展经历了四个阶段:20 世纪 90 年代中后期到 2001 年是萌芽或启蒙阶段,主要是一批技术迷、网站设计者和新闻爱好者在使用;2001 年到 2005 年是成长阶段,博客进入主流社会;2006 年到 2008 年是大众化普及阶段;2008 年以后则步入成熟阶段[4]。

---

[1] 方兴东、王俊秀:《博客:E 时代的盗火者》,中国方正出版社 2003 年版,第 73 - 74 页。
[2] 方兴东:《博客发展简史和基本史实》,http://www.chinabyte.com/189/2079689.shtml,2022 年 2 月 3 日。
[3] 方兴东、王俊秀:《博客:E 时代的盗火者》,中国方正出版社 2003 年版,第 176 页。
[4] 方兴东:《博客发展简史和基本史实》,http://www.chinabyte.com/189/2079689.shtml,2022 年 2 月 3 日。

2000 年前后,各种各样的博客软件被开放源代码领域的程序员开发出来。通过这些免费软件,使用者可以方便、快捷地建立自己的博客,每一个博主都成为个人媒体的作者。个人博客中的所有日志以超链接的方式组织、关联起来,个人博客还可以和他人博客、网页等建立链接。这意味着个人可以掌握、支配自己的博客界面。

博客诞生后很快就成为普通人表达个人思想和意见的自媒体(we media)。美国学者丹·吉尔默(Dan Gillmor)认为媒体经历了"旧媒体"(old media)、"新媒体"(new media)、"自媒体"(we media)三个发展阶段。所谓"旧媒体",是指报纸、广播、电视、杂志等;"新媒体"指以 BBS、个人主页、电子杂志、门户网站等为主要表现形式的网络媒体;"自媒体"是指以博客为代表的"新闻媒体 3.0"。上述分类明白无误地将博客作为一种不同于门户网站、个人主页等的新型个人媒体。吉尔默将新闻博客喻为"民治、民享的草根新闻",并宣称"个人电脑、BBS 的发展大大改变了人们被动接受新闻的状态,博客的兴盛则真正开启了新闻的'开源'运动"。这是因为,传统媒体时代,大众传媒充当着信息流通过程中的"把关人"角色,掌握着信息的选择权、报道权和解释权;而自媒体是"普通大众经由数字科技强化、与全球知识体系相连之后,一种开始理解普通大众如何提供分享他们本身的事实、他们本身的新闻的途径"。再者,旧媒体将世界划分为生产者和消费者两大阵营,奉行少数对多数的传播;而新媒体和自媒体则是一种多数对多数、所有人对所有人的传播,而且同时赋予每个人以听的机会和说的权利;自媒体的核心意义是"受众不再是被动的角色,而是新闻的参与者和创造者"①。

个人博客中所选择从事的传播活动,一种是属于纯粹公共性的传播,即"公共博客";另一种是"属于个人生活日志的写作,展现个人生活的诸多方面,是集私密性和公共性于一体"的"私人日志"②。但很难将这两类博客截然分开,比如在网络私人日志中也有对带有社会普遍性问题的反映和评论。因此,私人性和公开性这一对矛盾的特质,使人们对博客有了不同的认识:"有人将其理解为'网络日志',认为它具有相当强的个人性和个人化色彩,这使它区别于普通的互联网讨论";"也有人将其当作网络时代的个人出版形式,它向一般网民开放,并可与浏览者进行互动,因此而具有程度不一的公共影响"③。

① 王彦:《中国博客传播研究》,浙江大学 2007 年博士学位论文,第 105 页。
② 刘津、边淇:《博客"私人日志"传播特征初探》,《北京理工大学学报(社会科学版)》2005 年第 3 期,第 18-22 页。
③ 陈红梅:《互联网上的公众表达》,复旦大学出版社 2014 年版,第 90 页。

　　但仅以博客的内容来评判其社会意义是不够的。如麦克卢汉所言，"媒介即讯息"——新媒介不仅开创了人类感知和认识世界的方式，还创造出新的社会行为类型，改变了人与人、人与世界之间的关系。博客不仅催生了一种新的信息生产和传播的方式，打破了"旧媒体"和"新媒体"对信息的垄断、对单向传播模式的垄断以及对知识产权的垄断，实现了草根和精英、共性和个性、宏观和微观之间的平衡，而且还开创了一种媒介与人的新的关系范式。使用博客的每个人都可以兼信息生产者、发布者和接收者三种角色于一身。博客使网络人性化，也使个人网络化。

　　博客的革命性意义还在于它突破了传播的层级限制，信息得以自由生产和流动。博客因此而建立了一种交往新范式，改变了个体之间连接和社群形成的传统机制。博客所采用的简单信息聚合（really simple syndication，RSS）技术、博采技术、tag 技术、trackback 技术、SNS 技术，方便了向博主推送聚合信息，便于博主组织、搜取所需内容，对博文进行分类管理、设置标签；还能将博客圈内成员动向传递给博主，保持成员间沟通和凝聚博客圈的群体意识。

　　因此，博客是第一个真正意义上的自媒体，博客实现了"可读可写"即传播自主，它是集信息的生产者、传播者和接受者于一体的网络出版工具。博客打破了作者、内容和读者之间的界限，真正实现了互联互通，体现出互联网"开放、共享、自由"的精神。"博客打破了传统媒体、社会精英独霸话语权的局面，理论上会促成以反权威、草根式、平民化为特征的'后现代媒体时代'的来临。"[①]一个众声喧哗的时代就此到来[②]。

　　这说明任何技术的突破与发展，不仅仅只和单纯的技术研发相关，而是深植于具体社会场景和历史情境中。

第二节　互联网和移动互联网

　　互联网的发展不仅对人们的日常生活产生了巨大的影响，对新闻与传播领域的从业者和研究者而言，更带来了新的研究问题。因此，了解互联网的基本原理、历史进程以及把握互联网技术的未来发展方向，是十分必要的。

---

① 张卉:《博客最大意义在于推动各种精神共同体》，《北京晚报》2006 年 3 月 19 日，第 10 版。
② 胡泳:《众声喧哗的时代到来了》，《新闻爱好者》2012 年第 12 期，第 12 - 15 页。

一、从 Web1.0 到 Web3.0

互联网，又称因特网（Internet），是国际互联网的简写。Internet 是全球性的信息系统，它有三方面的含义：在逻辑上由一个以网际协议（IP）及其延伸的协议为基础的全球唯一的地址空间连接起来；能够支持使用传输控制协议和网际协议（TCP/IP），或其他 IP 兼容协议的通信；公开或不公开地提供利用通信和相关基础设施的高级信息服务[①]。从早期数量有限的电脑之间的联网，到今天的国际互联网，其经历了半个世纪多的技术进步和应用过程。

（一）互联网雏形阶段

1969 年，美国国防部高级研究计划局（Advanced Research Projects Agency, ARPA）为了能在战争中保障通信联络的畅通，建设了一个分组交换试验军用网，称作阿帕网（ARPANet）。阿帕网最初只连接了 4 台计算机，主要供科学家们进行计算机联网实验。阿帕网成为今天互联网的雏形，标志着美国互联网"史前"阶段的开启。

阿帕网确定了今天互联网仍在遵从的大部分技术和协议，如分时系统、人机共生、计算机联网、分布式网络结构以及相应的通信技术。正是这些技术设计和网络结构，成为日后 web 的雏形：拥有多台主机的分布式、节点式、交互式和去中心化的信息网络，也造就了今天互联网的基本理念和精神——开放、自由、平权、多元和包容。

1974 年，美国国防部高级研究计划局的罗伯特·卡恩（Robert Kahn）和斯坦福大学的文顿·瑟夫（Vinton Cerf）开发了 TCP/IP 协议。其中，IP 是基本的通信协议，TCP 是帮助 IP 实现可靠传输的协议，并定义了在电脑网络之间传送信息的方法。阿帕网在 20 世纪 70 年代已经有几十个计算机网络，但所有网络通信仅局限于网络内部使用。为此阿帕网在 1982 年接受了 TCP/IP，选定 Internet 为主要的计算机通信系统，并把其他的军用计算机网络都转换到 TCP/IP。阿帕网将不同的计算机局域网进行互联，形成互联网，这便是我们现在使用的 Internet。1983 年，阿帕网分成两个网：一部分军用，称为 MILNet；另一部分仍称 ARPANet，供民用。由于 TCP/IP 具有开放性，其规范和技术均是公开的，Internet 也因此得到迅速发展。在 TCP/IP 提出近 10 年之后的 1983 年，TCP/IP 被指定为互联网的标准协议，为所有网络所采纳[②]。

但互联网仍然没有迅速普及开来，主要原因在于人们并不具备接入互联网的软、硬件条件，缺乏必要的技术和知识，直至万维网的出现。

---

① 李良荣：《网络与新媒体概论》，高等教育出版社 2014 年版，第 10 期。
② 姜振寰：《技术通史》，中国社会科学出版社 2017 年版，第 404 页。

（二）Web1.0 阶段

Web1.0 是万维网发展的第一阶段，指以静态网页、门户网站、电子邮件、BBS 和新闻组等应用为主的互联网发展阶段。

英国人蒂姆·伯纳斯-李（Tim Berners-Lee）以自己发明的超文本标记语言（hyper text markup language，HTML）将网页链接起来形成所谓的万维网（world wide web，www），并开发出能迅速浏览这些网页且能在网页间实现迅速转换的浏览器，这极大地降低了上网的技术门槛。万维网的最大贡献在于使互联网真正成为开放的、大众能广泛参与的交互式网络。www 技术和理念的出现，是 Internet 历史上划时代的事件。

1993 年，基于 www 技术思想，马克·安德里森（Marc Andreessen）和他在伊利诺伊大学的同事创造了第一台图像浏览器——Mosaic（马赛克），即日后的网景（Netscape）浏览器。这款浏览器能够在页面上将静态的图像和文字一起展示出来，这个看上去微不足道的添加却产生了两个重大的结果。一是实现了网站内部和多个网站之间的快速转换，大大便捷了用户上网，加速了互联网的普及，使用万维网的人数逐渐增多，不仅包括早已开始使用的大部分学者和研究人员，而且还吸引了很多对技术一窍不通的人。二是万维网能够改制许多早期的媒体。不仅有信件和科学报告，还能够修正杂志、报纸和图像广告，与此同时随着信息来源和受众数量的增长，万维网可对所有种类的印刷信息进行修正，对广播、电视和电话的再造要远比对印刷媒体的再造更有攻击性①。其中，网络杂志和新闻服务成为受欢迎和重要的种类，雅虎、亚马逊、eBay 等第一代互联网公司顺势崛起，门户网站、B2C 就此勃兴。

Web1.0 有四个特点：页面静态；内容源于服务器的文件系统，鲜少源自私人主机；使用服务器端包含或通用公共网关接口（common gateway interface，CGI）构建的页面；网页上存在大量用于定位对齐元素的框架和表格。

（三）Web2.0 阶段

从时间上来说，Web2.0 始于互联网发展的第二个十年，即 21 世纪的前十年。Web2.0 这一概念源于 2002 年美国一家名为 O'Reilly 的科技出版公司内部的一次头脑风暴，意指新近出现的新软件和新网站，意味着互联网在短暂的停滞后即将开始一个新的发展时期。2004 年 3 月，蒂姆·欧内利（Tim O'Reilly）这样定义 Web2.0："以网络为平台，横跨所有互联设备，并充分调动这一平台的内在优势，把软件作为不断升级的服务加以提供，使用软件的人越多，软件就变得越好。"②

---

① ［加］戴维·克劳利、［加］保罗·海尔：《传播的历史：技术、文化和社会（第五版）》，董璐、何道宽、王树国译，北京大学出版社 2011 年版，第 421-433 页。
② 胡泳：《WEB2.0》，《商务周刊》2007 年第 7 期，第 96 页。

如果说Web1.0以少数人的需求为中心,Web2.0则是以普通人为中心。Web2.0阶段的互联网更注重交互性,其技术基础是"可读可写"的开源软件,互联网应用工具以博客、播客、RSS、SNS网站为主。"与Web1.0时期互联网主要便于用户通过浏览器获取信息相比,Web2.0更注重用户的交互作用,用户既是网站内容的消费者(浏览者),也是网站内容的制造者。Web2.0强调的是人人参与、人人贡献、去中心化的思想。"①因此Web2.0整体指由用户主导生成内容的互联网应用模式——Web2.0是以人为中心,而不是以内容为中心。

Web2.0这一概念主要基于三个理论基础。一是去中心化理论:在Web2.0的环境之下,分散存储、网格等分布式存储代替了过去服务器的"集中存储-指向访问"模式,是P2P(peer-to-peer)技术这一理念的体现。二是六度分隔理论:任何两个陌生人之间所间隔的人不会超过六个。三是长尾理论:只要产品的存储和流通的渠道足够大,需求不旺或销量不佳的产品所共同占据的市场份额可以和那些少数热销产品所占据的市场份额相匹敌甚至更大,即众多小市场汇聚可产生与主流相匹敌的市场能量。这是对"二八定律"的颠覆。

相较于Web1.0,Web2.0的传播特征在于,用户生成内容(user generated content,UGC)体现出即时性和交互性,以及基于私人的个性化传播。Web2.0的价值在于,它"降低了互联网的门槛,让所有网民都忙起来共同编织、丰富和管理这张大网"②。Web2.0是互联网的一次理念和思想体系的升级换代,从原来自上而下的由少数资源控制者集中控制主导的互联网体系,转变为自下而上的由广大用户集体智慧和力量主导的互联网体系③。

(四)Web3.0阶段

Web3.0是基于现有互联网硬件的价值存储和交换平台。2009年之后,互联网迎来了Web3.0时期。这一时期的特征在于其即时属性,Facebook、YouTube、Twitter等的应用将互联网推进到了即时化阶段。与将数据存储在单个数据库或云服务商的2.0时代不同,Web3.0致力于实现用户所有、用户共建的"去中心化"网络生态,要么在区块链上运行,要么在点对点上运行。其核心特征在于去中心化、主动性强、多维化。从应用上来讲,Web3.0阶段即移动互联网阶段,是一个全新的个性化的互联网时代。

① 丁道勤、闫俊平:《Web2.0环境下的信息安全管理》,《现代信息科技》2008年第4期,第8-11,20页。
② 邓建国:《强大的弱连接:中国Web2.0网络使用行为与网民社会资本关系研究》,复旦大学出版社2011年版,第25页。
③ 高丽华:《新媒体经营》,机械工业出版社2009年版,第18页。

移动互联网,是指"一个全国性的、以宽带 IP 为技术核心的,可同时提供话音、传真、数据、图像、多媒体等高品质电信服务的新一代开放的电信基础网络"[①]。它融合了移动通信随时、随地和随身以及互联网分享、开放、多元、互动的特点,摆脱了线缆的束缚,实现了随时随地的应用。移动互联网深刻改变了人们的生活方式,数以亿计的人利用手机、平板电脑解决出行、购物、用餐、娱乐、交友以及查看位置、查找信息、分享感受、保持沟通等日常事务;越来越多的用户利用移动互联网收发邮件、交易、办公。这些崭新的人类行为,喻示着人们参与公共生活、介入公共事务的新的机会和方式的出现。这一切都表征着移动互联网是推进社会发展强有力的社会力量,它超越了工具层面而具有社会意义。它改变了人们的交往方式、生活方式和生存空间,为人们营造了全新的社会场景。移动互联网是互联网演进和延伸的方向,它开启了一个新的时代。

关于互联网在 Web1.0、Web2.0、Web3.0 不同阶段的特点,如表 8-1 所示。

表 8-1　互联网在 Web1.0、Web2.0、Web3.0 不同阶段的特点

项目	产品形式	研发过程	数据处理	使用行为	内容下载	声誉评价	内容生产	搜索分类	广告目标	产品属性
Web1.0	桌面应用程序	产品开发周期	局部数据	信息发布	中心站点服务器	超链、门户推荐	已有内容电子化	目录分类	点击量	黏性
Web2.0	网络应用程序	软件升级	大数据	内容分享	P2P 下载	网页排名	维基书写	分众分类	Google AdSense	聚合
Web3.0	智能应用程序	机器学习	个性化数据	综合内容	区块链	数据空间	语义网	个性化推荐	用户参与	吸引

回顾互联网发展的历史,就是不断解决"连接"的过程[②]。互联网发展的逻辑,就是从机器的物理连接到信息内容的连接,再到关系的连接。这一过程是"内容网络"与"关系网络"的融合过程。

二、互联网在中国[③]

(一)"网路":互联网在中国的发展

"经历了 1994 年之前的中国互联网初级阶段之后,中国互联网的发展就基本与

① 《2008 年移动互联网 8 大发展趋势》,《通讯世界》2008 年第 2 期,第 28-29 页。
② 彭兰:《"连接"的演进:互联网进化的基本逻辑》,《国际新闻界》2013 年第 12 期,第 6-19 页。
③ 本部分主要参考张华:《网络社群的崛起:基于国家、社会、技术互动视角的研究》,复旦大学出版社 2018 年版,第 41-54,76-113 页。

全球保持同步，大致经过了 Web1.0 阶段、Web2.0 阶段和 Web3.0 阶段。"①中国互联网三十年的演进之路，一方面沿着计算机硬件和互联网技术发展脉络不断前进，另一方面则深刻地和中国的社会现实需求紧密相关。

与欧美国家相似，中国自主研发计算机也是源于国防需要。我国从 1957 年开始研制通用数字计算机，1958 年，中国科学院计算技术研究所研制成功第一台小型电子管通用计算机，标志着中国内地第一代电子计算机的诞生。半个多世纪以来，共完成了四代计算机的研制。

1. 第一代电子管计算机（1958—1964 年）

1958 年我国开始了第一台大型通用电子计算机（104 机）的研制，在苏联专家的指导帮助下，中国科学院计算技术研究所、四机部、七机部和部队科研人员与 738 厂密切配合，于 1959 年国庆前完成任务。

在研制 104 机的同时，夏培肃院士领导科研小组于 1960 年首次自行设计研制成功一台小型通用电子计算机——107 机。1964 年我国第一台自行设计的大型通用数字电子管计算机 119 机研制成功。

2. 第二代晶体管计算机（1965—1972 年）

我国在研制第一台电子管计算机的同时，已开始研制晶体管计算机。1965 年研制成功的我国第一台大型晶体管计算机（109 乙机）实际上从 1958 年起就开始酝酿启动。要造晶体管计算机，必须先建立一个生产晶体管的半导体厂（109 厂）。经过两年努力，109 厂已能提供自己所需的全部晶体管。于两年后推出 109 丙机，其在我国两弹试验中发挥了重要作用，被誉为"功勋机"。

我国工业部门在第二代晶体管计算机的研制与生产中发挥了重要的作用。哈尔滨军事工程学院于 1965 年成功推出 441B 晶体管计算机。

3. 第三代基于中小规模集成电路的计算机（1973 年至 20 世纪 80 年代初）

我国第三代计算机的研制到 20 世纪 70 年代初期才陆续推出大、中、小型采用集成电路的计算机。1973 年北京大学与北京有线电厂等单位合作研制成功运算速度每秒 100 万次的大型通用计算机。进入 80 年代，我国高速计算机，特别是向量计算机有了新的发展。1983 年中国科学院计算技术研究所研制完成我国第一台大型向量机——757 机，运算速度达每秒 1000 万次。

同年，国防科学技术大学研制出"银河-1"号巨型计算机，打破了 757 机的纪录，

---

① 方兴东、潘可武、李志敏等：《中国互联网 20 年：三次浪潮和三大创新》，《新闻记者》2014 年第 4 期，第 3－14 页。

成为我国高速计算机研制的一个重要里程碑。

4. 第四代基于超大规模集成电路的计算机（20 世纪 80 年代中期至今）

我国第四代计算机的研制是从微机开始的。20 世纪 80 年代初期，我国不少单位开始采用 Z80、X86 和 M6800 芯片研制微机。1983 年电子部六所研制成功与 IBM PC 兼容的 DJS‐0520 微机。

1992 年国防科学技术大学研制成功银河‐2 号通用性并行巨型计算机，总体上达到 80 年代中后期国际先进水平。1997 年国防科学技术大学研制成功银河‐3 号百亿次并行巨型计算机系统，采用可扩展分布共享存储并行处理体系结构，系统综合技术达到 90 年代中期国际先进水平。国家智能计算机研究开发中心（National Research Center for Intelligent Computing System）与曙光公司于 1997—1999 年先后在市场上推出具有机群结构的曙光 1000A、曙光 2000‐Ⅰ、曙光 2000‐Ⅱ超级服务器，2004 年上半年推出曙光 4000A 超级服务器。从 103 机到曙光机，我国高性能通用计算机的研制走过了一段不平凡的历程。

与此同时，中国互联网的发展与中国政府、科研机构的推动是分不开关系的。在 1994 年，中国科学院高能物理研究所设立了"国内第一个 Web 服务器，推出中国第一套网页"；中国科学院计算机网络信息中心完成了中国国家顶级域名（CN）服务器的设置；由清华大学等六所高校建设的"中国教育和科研计算机网试验网"开通，该网络通过 NCFC 的国际出口，接入 Internet 的 64K 国际专线，实现了与国际互联网的全功能连接，成为运行"TCP/IP 协议"的计算机互联网络。这不仅开启了我国互联网的正式运行，也是我国数字经济、数字社会发展的起点。

从发展阶段看，中国现在已经处于继大型机、小型机、PC、桌面互联网之后以移动互联网、云计算、大数据为标志的互联网第五周期。这也是世界范围内互联网技术发展的最前沿。中国移动互联网的发展首先得益于基础设施的建设。从中国互联网络信息中心自 1997 年起的统计数据来看，我国互联网飞速发展，各个领域均取得了巨大进步。在基础环境方面，我国经历了从 PC 互联网到移动互联网，再到万物互联的发展。截至 2022 年 6 月，我国 IPv4 地址数量为 39192 万个，IPv6 地址数量为 63079 块/32，IPv6 活跃用户数达 6.83 亿；我国域名总数为 3380 万个，其中，".CN"域名数量为 1786 万个，占我国域名总数的 52.8%；我国移动通信基站总数达 1035 万个，互联网宽带接入端口数量达 10.35 亿个，光缆线路总长度达 5791 万千米。

在近三十年的发展过程中，互联网在以下三个方面对中国社会产生了重要作用。一是作为数字时代的基础设施，互联网持续扩大连接属性，支撑跨层级、跨地区、跨主体、跨领域的大连接，由此形成规模效应，并具有一定程度的公共性。二是作为数字经济的重要引擎，互联网不断释放创新属性，推动新应用、新模式、新业态、新场景的大融通，促进数字产业化和产业数字化稳步发展，为经济高质量发展提供不竭动力。三是作为数字社会的互动平台，互联网充分发挥媒介属性，支撑不同年龄、不同职业、不同群体之间的大交互，形成生机勃勃、活力迸发的数字文化。总体来看，我国互联网的发展为行业创新改革、产业转型升级提供新动能，为国家治理现代化、经济社会数字化转型开创新局面。

在互联网飞速发展的带动下，我国正在逐步形成互联、互通、共建、共享的数字空间；数字经济规模持续扩大，与实体经济深度融合，为"中国制造"升级为"中国智造"提供了坚实基础；数字社会全面建设、成就非凡，更好地满足人民日益增长的美好生活需要。

（二）"用网"：互联网使用的结构性特征

中国网民终端硬件的使用，呈现出明显的结构性特征。根据中国互联网络信息中心的统计，截至 2022 年 6 月，我国网民规模为 10.51 亿，互联网普及率达 74.4%。其中，手机网民规模约为 10.47 亿，网民使用手机上网的比例达 99.6%；使用台式电脑、笔记本电脑、电视和平板电脑上网的比例分别为 33.3%、32.6%、26.7% 和 27.6%。

在网民的城乡结构上，我国农村网民规模为 2.93 亿，占网民整体的 27.9%；城镇网民规模为 7.58 亿，占网民整体的 72.1%。我国城镇地区互联网普及率为 82.9%，农村地区互联网普及率为 58.8%。

在网民的年龄结构上，20～29 岁、30～39 岁、40～49 岁网民占比分别为 17.2%、20.3% 和 19.1%，高于其他年龄段群体；50 岁及以上网民群体占比为 25.8%。在性别结构上，我国网民男女比例为 51.7：48.3，与整体人口中男女比例基本一致。

近三十年来，在个人应用方面，从信息资讯到生活娱乐，再到泛社交化，各类互联网应用，特别是移动互联网应用层出不穷，推动亿万网民从"触网"到"用网"，再到"享网"。在政务应用方面，从政务信息化建设到互联网政务服务普及，再到一体化政务平台建设，互联网助力政府行政效率、服务水平及治理效能全面提升。在企业应用方面，从电子邮箱、OA 系统的运用到移动办公、协同办公的兴起，再到跨行业、跨领域工业互联网平台的建设，互联网优化企业管理服务流程，加速产业转型升级进程。可以说，不论是政府组织，还是企业组织，都走出了一条从基建信息化到服务在线化，再到全面数字化的发展道路。

（三）平台：从论坛、博客、微博到微信

就对社会交往的促进来说，互联网为中国网民提供了论坛（BBS）、博客、微博和微信等多个交往平台。从媒体与传播格局来看，自 Web2.0 阶段开始后的近十年，

"中国互联网传播领域出现了三次重大变革,一是 2002 年开始的博客,二是 2008 年开始的微博,三是 2012 年开始的微信","这三次变革从根本上改变了中国社会传播的模式、方式和格局"①,传统媒体的"一统天下"的格局被打破,引发了一场"新传播革命"②,促使中国社会从封闭、单一走向开放、多元,社会活力被极大释放。Web2.0时期的博客、微博、微信真正实现了互联网"可读可写"、以人为中心的本质。这些应用不再以信息内容为主、以网站为中心,而是以关系为主、以网民为中心,使得人机对话转变为人与人的互动。

1. 网络论坛(BBS)

前 Web 时期,网络上供用户参与最悠久、最常见的形式是讨论组(discussions group)。它包括新闻组(news group)、电子公告牌(bulletin board system,BBS)、论坛(forum)等。BBS 诞生于 20 世纪 70 年代末期的美国,早期只是一些电脑爱好者通过一台计算机、一个调制解调器、一部或两部电话彼此连接起来,且只允许少数几个人访问,供用户阅读新闻、交换信息、上传/下载数据。1995 年之后,随着计算机技术的发展和 Web 的兴起,BBS 也体现出其技术应用的丰富性,形式和内容也逐渐多样化,从最初为计算机爱好者提供一个互相交流的地方,发展成为 Web 环境下网友沟通交往的网际空间——网络论坛。作为一项从 Web1.0 向 Web2.0 过渡的技术应用,网络论坛很快成为这一时期网民主要的交流工具。网络论坛可以承载多人同时使用,注册也无须专门技术与知识,具有非垄断和非排他的特征。

BBS/网络论坛的出现大大增强了普通人的传播能力,它带来了一种不同于传统媒体的新的信息传播方式:发帖与跟帖的方式形成了"一对多""多对多"的"异步通信式"互动。可以说,BBS/网络论坛以其不同于传统媒体的"一对多"以及电子邮件的"一对一"形式,为赛博空间(Cyberspace)中的人们开创了一种新型交往方式。

在中国,一般将 BBS 和网络论坛视为同一种东西。中国大陆的第一个 BBS 站点诞生于 1994 年 5 月国家智能计算机研究开发中心开通的"曙光 BBS 站"③。自此之后,BBS/网络论坛与中国互联网的发展之路并行前进,而且成为中国互联网领域及互联网文化的鲜明特色之一。

1995 年,清华大学 BBS"水木清华"成立,是中国最初的高校网络论坛。"水木清华"很快掀起涟漪效应,各高校纷纷建设了自己的校园论坛,如上海交通大学"饮水

---

① 方兴东、潘可武、李志敏等:《中国互联网 20 年:三次浪潮和三大创新》,《新闻记者》2014 年第 4 期,第 3-14 页。
② 李良荣、郑雯:《论新传播革命:"新传播革命"研究之二》,《现代传播》2012 年第 4 期,第 34-39 页。
③ 李永明、王颖:《中国第一个电子公告板"十岁"了》,《人民日报(海外版)》2004 年 6 月 24 日,第 6 版。

思源"、复旦大学"日月光华"、南京大学"南京小百合"、北京大学"一塌糊涂"、西安交通大学"兵马俑"等纷纷成立,形成了以在校大学生为主体的网络社群。互联网公司创办的论坛,最早的代表是 1996 年上线的四方利通论坛,该论坛由提供软件售后服务的在线答疑发展而来。

此后,网络论坛发展迅速,猫扑论坛、网易 BBS 等纷纷上线。1998—1999 年更是大规模发展,后来成为国内具有影响力的时政论坛如"西祠胡同"、天涯社区的"关天茶社"和人民网的"强国论坛"均在这两年上线。之后,凯迪社区和百度贴吧又分别于 2000 年和 2003 年上线。

根据中国互联网络信息中心的调查,到 2008 年,网络论坛的使用者数量大幅下滑。但网络论坛具有重要的意义,它是中国网络舆情的第一个生成平台,而且至今依然在发挥信息集散地和舆论放大器的作用。"从某种意义上说,一部论坛史就是一部中国互联网史。即使在网络众声喧哗,博客、微博客各领风骚的今天,论坛仍有其特殊的魅力。"①

2. 博客

2002 年,博客中国网(www.blogchina.com)开通。当年,在博客中国网最早注册的 200 名博主均为社会知名人士,博客成为知识精英的影响力在网络上的复制或延伸。2003 年,博客在引发公众关注的同时也进入政府和主流媒体视野,"博客在线"的上线是政府新闻网络媒体创办的第一家以"博客"为主题的专栏②。2005 年,新浪网邀请演艺明星、各类专家学者、记者、律师等纷纷在新浪"开博",此举带动了博客的商业化,也带动了普通民众"开博"。2005 年底,有 14.2% 的网民使用博客,中国博客进入大众化阶段,因此,2005 年被称为"中国博客元年"。至 2008 年底,54.3% 的网民拥有自己的博客,而且,博客的使用者在中小学生、大学生、办公室职员、农村外出务工人员这四个群体中,均多于论坛的使用者,中国博客进入成熟阶段。博客掀起了个人媒体的应用高潮,其结果是使其介入了众多的社会领域,成为人们参与公共事务的平台和参政议政的重要渠道,开启了大众政治的时代③。

自博客开始,人们掌握了"自媒体",个体表达不再依附于组织化的各种"后台",而是真正的自我表达。2002 年,博客在中国开始得到小规模的应用,"盗火者"主要

① 胡泳:《中国网络论坛的源与流》,《新闻战线》2010 年第 4 期,第 15 - 18 页。
② 方兴东、王俊秀:《博客:E 时代的盗火者》,中国方正出版社 2003 年版,第 174 - 175 页。
③ 李良荣、张盛:《互联网与大众政治的勃兴:"新传播革命"研究之一》,《现代传播》2012 年第 3 期,第 29 - 31 页。

是一些记者、学者、律师等。随着电脑和互联网的普及,很快迎来了 2005 年的"博客元年","全民开博"引发"众声喧哗"。但因专业知识、电脑等硬件设备、文字表达能力、微博兴起等因素的影响,至 2014 年 12 月,我国博客用户规模仅为 1.09 亿,网民使用率为 16.8%,草根博客逐渐式微。

3. 微博

微博即微型博客(microblog),是基于有线和无线互联网终端发布精短信息供其他网友共享的即时信息网络,由于用户每次用于更新的信息通常限定于 140 个字符以内,因此得名"微"[1]。

微博创始于美国,其最初的想法始于 Odeo 广播公司的智囊团组织。为了提升公司的创造力,这个组织提出了一个小组成员通过便捷的设备向共同平台上发送信息以便成员共享的设想。这个想法很快被实现并于 2006 年 7 月向社会开放,这就是 Twitter 网站[2]。"Twitter 将社会化网络和微型博客相结合,允许用户通过多种客户端(包括短信、Email 等)向平台发送不超过 140 字的内容,由于注册用户的信息档案也向其他用户开放,发送到平台的信息可以面向所有人,也可以面向特定群组,甚至点对点。"[3]因此,Twitter 的核心理念就是信息的即时共享以及基于此而形成的动态信息传播网络。

Twitter 很快风靡世界,世界各地类似的网站纷纷涌现。出现于 2007 年的叽歪网是中国最早的此类网站。此后,饭否网、嘀咕网、腾讯滔滔等即时交流网站面世。2009 年 8 月,新浪微博进行内部测试,10 月正式上线。微博这一互联网应用开始进入公众视野。中国互联网络信息中心统计显示,被称为中国"微博元年"的 2010 年,微博客用户规模达到 6311 万,使用率为 13.8%。而仅仅 1 年后,有近半数(48.7%)网民在使用微博,微博成为网民获取新闻信息的重要渠道。

微博有其独特的传播模式。首先,微博传播是一种节点式传播。节点式传播的基本特征是参与信息传播的每个人都可以传播信息、发表观点,都可以成为关注者和被关注者。微博信息传播是以人为主体和节点,人际关系为网络的。微博信息传播形成了以微博主(传者)为中心和以微博看客(受者)为中心的节点传播模式。其次,微博传播是一种嵌套性传播。新浪微博提供了一个"加关注"功能,腾讯微博也有"收听"功能。通过"加关注"和"收听",不仅使被关注和被收听的微博主成为关注

① 喻国明、欧亚、张佰明、王斌:《微博:一种新传播形态的考察——影响力模型和社会性应用》,人民日报出版社 2011 年版,第 1 页。
② 喻国明、欧亚、张佰明、王斌:《微博:一种新传播形态的考察——影响力模型和社会性应用》,人民日报出版社 2011 年版,第 1 页。
③ 瞿旭晟、张志安:《Web2.0:从 Facebook 到 Twitter》,《新闻前哨》2008 年第 1 期,第 74 - 75 页。

者、收听者的一个固定信息源,也形成一个以被关注者为中心的信息网络。这是微博区别于其他互联网产品的一个重要功能:形成信息传播和传播关系的嵌套性。再次,在一定程度上,中国的微博是对美国 Twitter 和 Jaiku① 两种平台技术特点的综合,并在此基础上加以延伸和创新。Twitter 只有转发回复功能而无评论功能,Jaiku 的优势在于允许用户进行主题性、谈话性互动,主要是人际交往平台②。而中国的微博在技术设计上既有评论功能,也集合了博客的个人媒体特征、IM(instant messaging,即时通信)的及时性、SNS 的人际圈以及广播的一对多的信息传播模式,而且还因其独特的软硬件优势,不仅成为一种全新的媒介形式,也是一种节点共享的即时通信网络和人际关系网络。

微博使用的便利性远超博客,这进一步释放了人们的表达欲望。微博出现后,信息碎片化、时间碎片化不仅成为人们的媒介使用模式,也泛化为人们的行为模式、思维方式和表达方式,人们在"缺席的在场"和"在场的缺席"两种场景中穿越。

4. 微信

微信(WeChat)是腾讯公司于 2011 年 1 月推出的"一款基于智能手机,可以实现通过网络快速发送语音短信、视频、图片和文字,支持多人群聊的移动通信软件"③。微信使用可以通过手机通讯录、QQ 添加好友,同时也具备社交网络服务(social networking service,SNS)和移动定位服务(location based service,LBS)的功能,即通过定位寻找自己地理位置附近的使用者。微信以其免费、移动、便捷等特点迅速受到热捧,成为迄今为止增长最快、使用人数最多的手机应用。十余年来,微信已推出了几十个不同的终端版本。

微信的传播方式大致可以分为四类:个人之间的私信、微信公众号和订阅号、微信群、朋友圈。个人之间的私信在好友之间传播,是指互相添加为好友的用户之间的一对一双向传播,就此来看,它与手机短信并无差异。微信最早的版本就是以"能发照片的免费短信"为价值点的。微信公众号和订阅号传播,是指用户作为信息接收端,接收来自关注的公众号和订阅号推送的信息,或接收来自腾讯网站推送的新闻。这类似于一对多的大众传播方式。微信群和朋友圈是微信最大的特点,也是微信区别于其他即时通信工具的最鲜明特征。微信群是指用户以线下熟人关系为基

---

① Jaiku 是一个"社交网络"和"微型博客",类似 Twitter,由芬兰的 Jyri Engeström 和 Petteri Koponen 于 2006 年 2 月成立,7 月正式运行,2007 年被 Google 收购。

② 赵高辉、王梅芳:《人际扩散:"织里抗税"事件的微博传播模式分析》,《新闻记者》2012 年第 3 期,第 56－61 页。

③ 方兴东、石现升、张笑容等:《微信传播机制与治理问题研究》,《现代传播》2013 年第 6 期,第 122－127 页。

础,形成各种群体关系。一个人可以加入几个至几百个微信群。微信群传播类似于QQ群,是一种典型的群体内传播的方式。朋友圈是指用户可以通过手机拍照或将文字信息发送到朋友圈。朋友圈是个人发布信息的平台,支持原创和转发,并设置了"点赞""评论"功能供好友之间分享、互动。

　　微信的上述技术设定,使其具有和手机短信、彩信类似的特征,既可同步交流,也可延时、异步沟通。微信既具有像微博那样的一对多的大众传播的特征,也具有一对一的人际传播特征。微信涵盖了口语、文字、图像和影像等所有的媒介形态,是多种信息传播方式和交往方式的集纳。虽然微信也推出了网页版,但其主要的使用载体还是智能手机。随着智能手机使用率日渐提高,微信日益渗透进人们的日常生活。微信将人们在网络上的关系重新拉回到熟人圈的"强关系",线上与线下互动频繁,微信已为人们营造了一个全新的社会场景。微信圈将身体、自我、表达重新统一在现实与虚拟的界线并不分明的表达空间中。

5. 各类短视频平台

　　短视频是指以数字技术为核心、以新媒体为载体、以视频为表现形式的媒体。在内容呈现上,短视频内容随媒体内涵的演进不断发生变化。在表现特点上,一是视频形式方便快捷;二是利用用户的碎片化时间,抓住用户眼球,用户黏性强。在形式上,短小精悍的视频及直播在短视频平台上兼有。近几年,抖音、快手、B站是使用广泛的短视频平台。

　　抖音是字节跳动旗下的一款音乐类短视频社交软件。该软件于2016年9月上线,是一个面向全年龄段的社区平台。抖音以用户生成内容(UGC)为主,用户选择平台给定的歌曲和配乐,然后配以合适的内容、动作、表情等,内容长度在15秒左右。15秒的视频对于内容生产和观看来说都十分便利,充分利用了人们的碎片化时间。抖音在创立之初,主要的内容生产形式以舞蹈拍摄、换装、对口型等视频为主,其中还包括一些技术流的转场等酷炫内容。随着用户数量的增多以及市场竞争愈发激烈,2018年抖音推出口号"记录美好生活",定下了平台使用的基调。越来越多的生活片段被上传至抖音平台进行分享,用户不仅通过抖音满足娱乐化的需求,还通过上传内容与他人进行社交。这种记录日常生活的创意社交形式正在被越来越多的人所接受。抖音在成立之初的目标受众为"95后""00后",但在发展中,用户年龄已经向各年龄段的手机网民渗透。

　　快手是北京快手科技有限公司旗下的产品。快手的前身,叫"GIF快手",诞生于2011年3月,最初是一款用来制作、分享GIF图片的手机应用。2012年11月,快手从纯粹的工具应用转型为短视频社区,用于用户记录和分享生产、生活。在快手上,用户可以用照片和视频记录自己的日常生活,还可以通过直播与粉丝进行互动。快手的用户定位是"社会平均人",即一款针对普通人的普惠的短视频产品。快手在三四线城市和乡镇农村拥有大量的用户。使用快手的用户主要是基于以下需求:记录和分享日常生活、展示自我、休闲娱乐、人际交往、购物、获取经验、日常消遣以及获得经济效益等。

哔哩哔哩(bilibili,简称 B 站),创建于 2009 年 6 月,是一个以二次元文化和弹幕为特色的视频网站,同时也是基于弹幕视频分享的互联网社区。其视频内容以用户原创内容和 B 站购买版权的动漫剧和影视作品为主。B 站的目标用户是对二次元文化感兴趣的年轻人,大多集中在"95 后""00 后"等年龄阶段人群。早期 B 站主要是一个针对动漫、漫画、游戏进行内容创作与视频分享的网站,在逐渐的发展过程中,B 站的内容逐渐由二次元向泛二次元扩展,时尚、生活、舞蹈、萌宠等内容也在逐步增加。同时,专业用户生成内容开始成为 B 站内容的核心,B 站也开始与粉丝数较多的 UP 主们建立一定的合作关系。

直播是短视频传播的主要方式和手段。直播原是大众传播时代电视媒体的一种高阶内容生产形态,是借助先进的直播设备和技术,将视频内容不加剪辑直接呈现在观众面前的内容生产方式[1]。随着媒介技术和各类移动终端的发展,直播的内涵得到了扩展。其不再仅仅是电视台的一种内容生产形式,在新媒体时代,直播成为平台型媒体针对入驻的自媒体推出的一款基于数字传播技术的产品[2]。国内的网络视频直播最早出现于 2008 年 9158(实时社交视频平台,由陌生人视频交友社区久久情缘更名而来)推出的视频直播社区,这一直播形式的成功吸引了大批网站探索视频互动新模式。这一时期的直播主要以电脑为硬件载体,内容上为吸引观众多以娱乐性的唱歌、跳舞为主。由此,直播开始了从电脑端向移动端的转变,用户可通过手机等移动终端观看或进行网络直播。与此同时,直播的内容也从最初的唱跳向购物、旅游等行业延伸扩展。

初期移动端的直播主要以游戏直播为主。目前,移动视频直播仍处于高速发展时期,但其触角已开始伸向其他领域,比如直播电商。直播电商的本质是在直播间这一场景下将实时、动态的传播内容——商品讲解与在线支付结合起来的内容电商形式。

短视频有如下传播特点。第一,紧跟热点。首先,短视频在内容呈现上具有短、平、快的特点,且在内容的制作上不设门槛,这使得更多的人成为内容生产者。用户基数的庞大使得用户在热点第一线的可能性增大。其次,热点本身就具有吸附流量的特质,短视频的形式加上热点本身的吸附力会吸引更多的用户。第二,创意反转。

---

① 黄传武:《新媒体概论(第二版)》,中国传媒大学出版社 2021 年版,第 2—7 页。
② 高阳:《新媒体的逻辑:内容生产与商业变现》,社会科学文献出版社 2020 年版,第 7—11 页。

短视频的特点要求在有限的时间内能迅速吸引用户,而要点之一就是满足或超出用户心理预期,例如一些反转剧或搞笑段子。在短视频语境下,用户与作者可以进行平等对话,用户在观看视频的过程中有更强的参与感。第三,定位准确。不论是抖音、快手,还是B站,它们都有自己所对应的目标群体。对于不同类型的用户来说,视频语言的表达方式会有一定的差异。例如,抖音的目标受众是年轻人,因此在内容的表达上会更加迎合年轻人的口味,表达风格上也会偏活泼有趣[1]。

短视频及其传播产生了重要的社会影响。第一,促进产业转型。短视频不仅通过技术发展壮大了自身,更给各行各业带来了新的机遇。例如:直播电商的发展重塑了线上购物消费链条;各种线上会议应用的出现使得视频会议、线上办公成为现实;视频医疗提供了求医问诊的新通道;线上视频授课实现了教学方法的革新,打破了传统教学中的时间地点限制。短视频平台发挥自身高效、多功能的特点助力各行各业的产业升级。第二,推进创新治理。短视频的现实感和强说服力在推进创新治理方面也发挥着独特的作用。视频新媒体呈现的内容无论是宏观叙事,还是微观记录,视频这一形式带来的强冲击力除能为公众提供足够的信息量以外,还能带来情感增量,通过这一媒体能更好地传播主流价值观、弘扬主旋律。第三,加大隐私泄露风险。短视频因其创作门槛低、内容贴近生活,受到广大用户的喜爱,但也正是由于信息量庞大、准入门槛低、内容审查不严,没有经过筛选的信息被大量转发,可能引发不良社会影响。同时,一些用户在视频新媒体上分享自己的日常生活,私人信息、家庭住址等都有可能泄露。

(四)"管网":在国家、社会、市场、技术之间

从政策上看,《通信业"十二五"发展规划》《"宽带中国"战略及实施方案》《关于促进信息消费扩大内需的若干意见》《关于组织实施2013年移动互联网及第四代移动通信(TD-LTE)产业化专项的通知》等一系列政策的逐步推行,进一步引发了新一轮的信息产品投资热潮。当下中国,互联网及相关产业是发展较快的行业与领域。

互联网"去中心化"的特质,使其在当下的中国社会中具有潜在的政治意义。"它构成了一种新的传播方式,为公民提供了互动的、非等级制的和全球性的媒介,以及绕过施加于传统大众媒体的束缚和控制的能力。"[2]

为应对互联网给国家治理提出的新挑战,中国采取了政府主导的传统权威管理方式[3]。从管理上看,主要包括网络立法、行政监管、技术控制、行业自律、公众监督

---

① 王学成、侯郢勋等:《新媒体技术、市场与规制》,东方出版中心2020年版,第116—143页。
② 胡泳:《中国政府对互联网的管制》,《新闻学研究》2010年第2期,第261—287页。
③ 钟瑛、张恒山:《论互联网的共同责任治理》,《华中科技大学学报(社会科学版)》2014年第6期,第28—32页。

五种手段①。这五种手段中,政府比较依赖的是前三种,而行业自律与公众监督所发挥的作用较小②。

就网络立法而言,由政府主导的互联网立法略显滞后,目前主要有三部:2000年颁布的《全国人民代表大会常务委员会关于维护互联网安全的决定》、2005年实施的《中华人民共和国电子签名法》(2019年修正)和2012年实施的《全国人民代表大会常务委员会关于加强网络信息保护的决定》。而为了维护意识形态安全、社会和谐稳定,又对公民的网络表达做了一定的规定,例如,2013年颁布的《关于办理利用信息网络实施诽谤等刑事案件适用法律若干问题的解释》中规定:"同一诽谤信息实际被点击、浏览次数达到五千次以上,或者被转发次数达到五百次以上的"应当被定为情节严重,可以入罪③。

就行政监管而言,很长一段时间里存在"九龙治水"的多部门监管局面。根据胡泳的归纳,中国政府对互联网的监管主要表现在如下方面。①二十年来,国家通过了诸多法规,以便政府对互联网在基础设施、服务内容、资本属性、终端用户等方面进行全方位监管;"许可证+备案"成为一种中国特色的网络管理模式。②规定了网络服务提供者的严格责任。③在互联网上设置过滤系统,从各个层面影响各种类型的信息传播。④越来越多地动用"紧急状态"的方法来管理互联网。监管的结果是:国家在政策、法规上实现了对互联网资源的管理;禁止了绝大多数网站生产自己的新闻;对互联网内容进行了规范,规定了非法信息的类型;互联网上设置的过滤系统向私人领域蔓延;等等④。

就国家政策而言,我国奉行着积极利用、科学发展、依法管理、确保安全的基本原则。针对电商行业,我国出台了《中华人民共和国电子商务法》,通过税收优惠政策,鼓励互联网创业。政府对中小型企业法人的税收减至11%。除此之外,2015年5月,国务院正式印发《中国制造2025》;2015年7月,国务院印发《国务院关于积极推进"互联网+"行动的指导意见》;2016年5月,国务院印发《国务院关于深化制造业与互联网融合发展的指导意见》,部署深化制造业与互联网融合发展,协同推进"中国制造2025"和"互联网+"行动,加快制造强国建设等。

总之,互联网不仅在物质层面极大地推动了社会生产力的进步,而且还作用于

---

① 钟瑛:《我国互联网管理模式及其特征》,《南京邮电大学学报(社会科学版)》2006年第2期,第31-35页。

② 张志安、吴涛:《互联网治理与国家治理:关系、影响及对策》,载张志安:《网络空间法治化"互联网与国家治理年度报告(2015)》,商务印书馆2015年版,第3-10页。

③ 张志安、吴涛:《互联网治理与国家治理:关系、影响及对策》,载张志安:《网络空间法治化:互联网与国家治理年度报告(2015)》,商务印书馆2015年版,第3-10页。

④ 胡泳:《中国政府对互联网的管制》,《新闻学研究》2010年第2期,第261-287页。

生产关系和社会关系,而后者对于转型期的国家和社会而言,具有更多的不确定性[①]。但不管这种不确定的影响具体是什么,我们都可以称之为技术的社会后果。作为一种独立的力量,中国互联网的发展始终在国家、社会、市场和技术的关系空间中腾挪闪转,具有独特的发展逻辑,体现出鲜明的"地方性"。由于中国媒体传统和现实格局的原因,中国的互联网承担着与其他国家相比更多、更复杂的社会和政治功能。

第三节　新传播革命及其特征

互联网和新媒体相关技术的推广与使用及由此带来的新媒体勃兴,引发了人类传播形态的再一次变革,因此称为"新传播革命"或"第四次传播革命"。相较前三次传播革命,第四次传播革命不仅在传播技术上更加先进,实现了语言、文字、声音、图画、影像等多种传播方式的融合,更以其交互性这一区别于此前所有传播媒介的核心特征,使得传播形态和传播权力产生深层次变革。

一、技术赋权:新传播革命的基本内涵

互联网和新媒体对社会现实各领域的影响是显而易见的,这就提醒我们必须关注和思考新传播技术与社会、政治之间的关系问题。在关于技术与国家、社会的关系的研究领域,"技术赋权"成为一个常用的分析框架和视角[②]。

赋权(empowerment,又译"增权"),常常与参与、权力、控制、自我实现和影响联系在一起。赋权理论出现于 20 世纪六七十年代向第三世界推广的"批判教育学"中[③],并逐渐流行于社会科学研究领域[④]。20 世纪八九十年代,赋权理论广泛应用于美国社会科学关于个体、组织、社区的研究中[⑤]。赋权是一个宽泛的概念体系,在不同的学科中侧重不同的意涵。"从心理学的个体动机角度来看,赋权是'赋能'(enabling)或是一种'自我效能'(self-efficiency),即通过提升强烈的个人效能意识以

---

①　李良荣、方师师:《互联网与国家治理:对中国互联网 20 年发展的再思考》,《新闻记者》2014 第 4 期,第 22 - 26 页。

②　邱道隆:《技术赋权:构建一种政治学分析》,《中国图书评论》2014 年第 7 期,第 12 - 13 页。

③　JONSSON J H,Beyond Empowerment:Changing Local Communities,*International Social Work*,2010,53(3),pp.393 - 406.

④　陈树强:《增权:社会工作理论与实践的新视角》,《社会观察》2004 年第 1 期,第 45 页;谢进川:《试论传播学中的增权研究》,《国际新闻界》2008 年第 4 期,第 33 - 37 页。

⑤　丁未:《新媒体赋权:理论建构与个案分析——以中国稀有血型群体网络自组织为例》,《开放时代》2011 年第 1 期,第 123 - 145 页;丁未:《新媒体与赋权:一项实践性的社会研究》,《国际新闻界》2009 年第 10 期,第 76 - 81 页。

增强个体达成目标的动机,是一个让个体感受到能控制局面的过程。"①因而,赋权(empowerment)也可翻译为"增权",以强调主动获取,而非单纯的被动接受②。

权力(power)是人类社会生活重要的现象,被视为"某些个体与团体能够借以支配他人,甚至面临反对与抵制也能贯彻和实现自身特殊目标与利益的手段"③,如文森特·莫斯可(Vincent Mosco)所言,是"得到他人不想让你得到的东西的能力"。权力是社会学、政治学、法学等社会科学学科的核心概念之一,但不同学科对权力的理解却并不尽相同。社会学中的"权力"是一个泛化的概念,指的是"成为渗透到整个社会生活领域之中,行使着非强制性的、浸润性的,但又极具影响的控制力"④。

传播学关于赋权的理论探讨和实践始于1967年的加拿大,之后在全球扩展开来。在议题所属上,赋权属于发展传播学领域。赋权的路径可以从双向传播、训练和组织化来实现,也可以通过参与式传播实践来实现。但当互联网和新媒体兴起,以之为核心的新技术革命使信息成为社会发展的重要动力,权力越来越依赖于对信息和知识的掌控。这不仅意味着信息权力成为互联网时代最重要的权力,也寓意着权力不再主要依赖物质资源和刚性的制度,而是越来越软化,成为一种约瑟夫·奈(Joseph Nye)所说的"软权力"(soft power)——"使别人被某种观念吸引或者能够决定别人喜好的能力"⑤。

当具有赋权本质的互联网和新媒体兴起,人们对新媒介赋权、传播技术赋权寄予厚望。所谓技术赋权,是指在整个社会发展进程中,技术本身对社会人群、社会发展日益重大的影响和决定意义。过去表面上拥有传播权利的普通公民,现在借助互联网传播、新媒体技术,在知情、表达方面更加感受到言论自由,同时,通过多种渠道的"公共空间""自媒体"延伸了传播的"象征性权力"。互联网赋予公民以传播权力,实现传播权利(right)向传播权力(power)的转移,这是新传播革命的本质内涵⑥。

在个人权力方面,技术赋权主要表现在以下四个方面。第一,知情权的扩大。当信息通信技术产业兴起并迅速惠及社会,互联网特别是自媒体信息生产和传播大大便利了公民获取、生产、传播信息,社会信息流动陡然增强。公众不仅关注生活信息,也能从各种渠道获取社会公共信息。除了新媒介赋权,知情权的逐渐实现也与

---

① CONGER J A, KANUNGO R N, The Empowerment Process: Integrating Theory and Practice, *The Academy of Management Review*, 1988, 13(3), pp. 471-481.

② 谢进川:《试论传播学中的增权研究》,《国际新闻界》2008年第4期,第33-37页。

③ [美]约翰·费斯克等:《关键概念:传播与文化研究辞典(第二版)》,李彬译,新华出版社2004年版,第216页。

④ [美]约翰·菲斯克:《解读大众文化》,杨全强译,南京大学出版社2006年版,第159-170页。

⑤ 蔡文之:《网络:21世纪的权力与挑战》,上海人民出版社2007年版,第12页。

⑥ 李良荣:《网络与新媒体概论》,高等教育出版社2014年版,第3页。

政府政策改进有关,如政务信息公开制度、政府发言人制度等的施行。第二,表达权的回归。"人是政治的动物",表达是人的基本需要。在传统媒体时代,个人难以在媒体上发表言论。互联网和新媒体的普及,为民众提供了信息传播和意见表达的渠道,从而赋予民众以自由表达的权利,互联网上的各种声音、观点和情绪,正是公众对现实社会生活的评判,反映了公众个人及群体主体意识的萌发、觉醒。第三,参与权的实现。新媒体为公众参与公共事务提供了一个平台,使得个人、群体与组织相互之间产生关系。互联网和新媒体赋予公众以参与社会公共事务的权利。在近年来的诸多事件中,公民的这一权利彰显无遗。第四,监督权的行使。在媒介个人化、社会媒介化的背景下,"看"的重要性和价值被凸显出来,如何"看"甚至比"看见"什么更重要,因此,通过新媒体而产生的"围观"效应就远比通过传统媒体的唯一视角要更有监督的实质意义和强大力量。虽然网络舆论监督并不是严格的和法律意义上的监督,而且网络舆论监督还存在无序、违法(比如因"人肉搜索"引起的网络暴力)现象,或带有"民粹"的成分,产生了不良社会影响,但互联网和新媒体毕竟为舆论监督提供了一种新的渠道和方式。

二、"去中心—再中心":新传播革命重构社会关系

全球互联网是以核心技术 TCP/IP 协议为基础的。TCP/IP 协议包括 TCP(传输控制协议)和 IP(网际协议)。由于该协议没有设计任何中央处理器,因而它具有开放的架构。这种技术设计意味着"开放"成为互联网的一种技术演进、运作逻辑和精神气质。"开放"的精神还超越了技术层面,体现在知识生产和思想传播的层面上。与社会多元化的进程相结合,互联网技术演进加速了社会的"去中心—再中心"和多元化。

"去中心—再中心"是第四次传播革命的基本特征。詹姆斯·卡伦(James Curran)在《媒体与权力》一书中指出,"新媒体会导致新的权力中心的出现,从而在现存的主导型维权结构内部引发日趋激化的紧张状态;另一方面,新媒体有时候会绕开已经建立起来的媒体传输机构,发布遭到禁止或限制的信息,通过这种方式来破坏控制社会知识的等级制度"[①]。

"去中心",是指互联网技术本质上是以个人为中心的传播技术,具有天然的反中心取向。在结构扁平化的网络空间中,每一个机构、组织,包括国家、政府都成为其中的节点,节点与节点之间的连接形成关系,整个网络空间就是一个关系网络。但"去中心"并不意味着互联网以及与其紧密相关的信息社会从此没有了中心。互

[①]　[英]詹姆斯·卡伦:《媒体与权力》,史安斌、董关鹏译,清华大学出版社 2006 年版,第 74 页。

联网的另一功能是"再中心"和"自组织"。所谓"再中心",是指在浩瀚的信息浪潮中,网友开始委托新人,通过意见领袖筛选信息,研判事实,进行新一轮的"中心建构"①。在整个第四次传播革命过程中,"去中心—再中心"这个动态而辩证的过程,将重构社会权力结构,且伴随始终。

互联网"去中心—再中心"的特质不仅重构了个人之间以及个人与社会之间的关系,而且引发了权力关系的变革。"去中心"首先带来了信息资源、传播资源和传播权力的社会化,国家对传播资源和传播权力的垄断不再,部分权力不得不让渡给社会。而"再中心"的过程则是建构新的话语中心和行动中心的过程,其结果是新的权力中心的形成。

三、社群化传播:新传播形态的出现

卡斯特在其"信息时代三部曲"中提出人类社会的三种基本组织形态:自上而下实行控制的国家主义(statism)、相对自由竞争相对扁平的市场(market)、灵活多变的网络(network)。20 世纪 90 年代,伴随着冷战结束、互联网崛起、全球化空前发展这一过程,网络超越了国家主义和市场,成为人类社会最根本的社会组织形态,我们的时代进入"网络社会"②。卡斯特认为:"作为一种历史趋势,信息时代的支配性功能与过程日益以网络组织起来。网络建构了我们社会的新社会形态……而网络化逻辑的扩散实质地改变了生产、经验、权力与文化过程中的操作和结果。虽然社会组织的网络形式已经存在于其他时空中,新信息技术范式却为其渗透扩张遍及整个社会结构提供了物质基础。因此,我们可以称这个社会为网络社会,其特征在于社会形态胜于社会行动的优越性。"③

卡斯特所说的网络,并非信息网等物理层面上的网络,而是指一组相互连接的节点(nodes),包括相应的社会生产与消费方式、信息流动方式、制度结构等。由互联网和电脑形成的信息传播网络,只不过是社会众多网络中的一种,但它又是相当重要的,因为网络社会建立于信息和传播技术与社会整体之间的互动中。近年来,中国社会"碎片化"、个体化进程产生了新的个体与群体的身份认同,信息传播技术又适时地为新型社会关系形态和新型结群方式提供了物质基础④。

① 李良荣、郑雯:《论新传播革命:"新传播革命"研究之二》,《现代传播》2012 年第 4 期,第 34 - 39 页。
② [美]曼纽尔·卡斯特:《千年终结》,夏铸九译,社会科学文献出版社 2006 年版,第 321 页。
③ [美]曼纽尔·卡斯特:《网络社会的崛起》,夏铸九、王志宏等译,社会科学文献出版社 2001 年版,第 569 页。
④ [美]曼纽尔·卡斯特:《学术对谈:中国、传播与网络社会》,《传播与社会学刊》2006 年第 1 期,第 1 - 15页。

与卡斯特的判断相印证的是,自 20 世纪 90 年代末以来,中国社会中出现了一种新型关系网络。这种关系网络是一种新型的社群,本书称之为网络社群(network community)。网络社群突破了以往基于血缘、地缘和业缘的群体组织方式,亦即突破了一定物理空间和熟人圈的限制,而是以个体为中心,借由电脑和互联网、移动通信设施而形成的关系网络。同时,网络社群所表征的网络化的组织形式是一种新型的社会组织形式[①]。

网络社群这种新型组织方式的出现,意味着新传播形态的出现。这种主要以互联网和新媒体为传播媒介的,区别于大众传播的新传播形态,被称为社群化传播。下面,从媒介系统、传播主体、内容生产和传收,以及传播环境几个维度出发,讨论新传播形态的内涵。

(一)媒介系统:媒介融合与传播融合

以移动互联技术为基础的社交媒介,如 YouTube、Facebook、Twitter 和中国的微博、微信等,其首要特征就是融合,即将不同的媒介如文字文本、图片、音频、视频等纳入一种设备中。其次,社交媒介的互动性、参与性和操作性等功能使其社交性尤其突出,沟通交往、形成社群、合作共享、内容生产与创意实践等,均因这一功能特征而触手可及[②]。社交媒体不仅融合了信息认知、传播交流和参与行动,而且还整合了大众传播和各种不同类型的人际传播,"彰显的是亲身传播(一对一分享信息)与公众媒体(与非特定人分享信息)之间的融合"[③]。因此,今天的新媒体,实际上造就了融合人际传播、大众传播和网络传播三种传播形态为一体的新的传播形态[④]。

(二)受众消失:传受主体关系平等化

新传播技术允许使用者积极参与,普通网民从此不再是被动的信息接收者,而是积极的意义生产者。"媒介使用者分为消费者和生产者两个阵营、井水不犯河水的历史一去不复返了,生产者和消费者、作者和读者的分界线逐渐淡化甚至消失,两种身份将合二为一了。"[⑤]不仅如此,通过新媒介的技术赋权,使用者对新媒介拥有相当的控制权。他们可以选择和消费新媒介的内容,也可以对这些来源于其他使用者

---

① 张华:《网络社群的崛起:基于国家、社会、技术互动视角的研究》,复旦大学出版社 2018 年版,第 74 页。

② [英]克里斯蒂安·福克斯:《社群媒体批判理论》,罗世宏、徐德福译,五南图书出版股份有限公司 2017 年版,第 45 页。

③ [英]克里斯蒂安·福克斯:《社群媒体批判理论》,罗世宏、徐德福译,五南图书出版股份有限公司 2017 年版,第 46 页。

④ [丹麦]克劳斯·布鲁恩·延森:《媒介融合:网络传播、大众传播和人际传播的三重维度》,刘君译,复旦大学出版社 2012 年版,第 3 页。

⑤ [美]保罗·莱文森:《软利器:信息革命的自然历史与未来》,何道宽译,复旦大学出版社 2011 年版,第 11 页。

生产、传播的内容进行再生产、再传播、再消费。有学者以"造用"(produsage)这个概念来概括生产与使用的混合状态,即"不仅是网民也能成为传播生产者那么简单,而是永无止境的生产与消费相同构的过程"①。这表明信息生产资料和普通人得以结合,信息生产方式和生产关系因此而改变。相应地,传播关系也不再是传统的二元对立的主客关系,而是传播主体之间的平等关系。

(三)生产方式:内容生产与传播的去体制化

当下,大众传播时代专业化、机构化、流水线式的体制化信息生产和传播,转向了以社会化媒体为中心的个人化、小型化、"作坊式"的去体制化信息生产和传播。专业生成内容(professional generated content,PGC)和用户生成内容(UGC)、算法生成内容(algorithm-generated content,AGC)等方式,促使大众媒体、机构媒体乃至公众新媒体一起成为信息生产者与传播者。就信息发布的时空特征来说,"造用"者可以在任何时空中自主选择、生产、发布和接收信息,真正实现了新闻生产和发布的零时差、零距离。社交媒体以服务导向满足多元的信息需求,为持有不同利益诉求和价值取向的各种群体提供其所需的信息,而不是传统媒体时代大众传媒向社会大众提供"无差别的"新闻②。新媒介打开了新的传播时空,彻底改变了新闻的生产方式,媒介生态系统、信息传播系统以及传播体制都发生了根本性变化。

(四)传播环境:社会形态和公民角色的变化

"环境不仅是容器,而且是使内容完全改变的过程";"任何新技术都要改变人的整个环境,并且包裹和包容旧的环境",因而"新媒介是新环境"③。新的媒介技术应用形成新的媒介环境,进而引起传播情景的变化,这种变化进一步影响社会发展。移动互联等新媒介技术使传播呈现出即时性,即信息在即时甚至"零时间"的状态下跨越空间。新媒介时间不仅在瞬间勾连起空间,而且自身也变得极具流动性、"液态化"——可以即时,也可以延时。由此,今天的传播环境呈现出"液态化"特征。这表现在信息的生产与传播成为多元主体共同参与的动态实践,大众媒体作为唯一阐释主体的垄断地位被打破,信息的价值和意义因公众的参与而不断被重塑。这不仅意味着新闻传播的理念与实践发生了变化,也意味着社会形态和公民角色正在发生变化④。

---

① 马杰伟、张潇潇:《媒体现代:传播学与社会学的对话》,复旦大学出版社 2011 年版,第 279 - 280 页。

② 张华:《"后真相"时代的中国新闻业》,《新闻大学》2017 年第 3 期,第 28 - 33,66 页。

③ 〔加〕埃里克·麦克卢汉、〔加〕弗兰克·秦格龙:《麦克卢汉精粹》,何道宽译,南京大学出版社 2006 年版,第 265、268 页。

④ 陆晔、周睿明:《"液态"的新闻业:新传播形态与新闻专业主义再思考——以澎湃新闻"东方之星"长江沉船事故报道为个案》,《新闻与传播研究》2016 年第 7 期,第 24 - 46,126 - 127 页。

上述要素的变化,表明一种区别于大众传播的新传播形态的出现,即社群化传播。社群化传播形态下,各种社会群体成为人们交往的中心,信息和意义的生成、传播也在其间展开。社群化传播不仅是在新媒介时间和流动的空间中进行的传播实践,而且也是这一新型时空所塑造的新传播形态[①]。

---

① 张华、韩亮:《社群化传播:基于新媒介时间的新传播形态》,《现代传播》2020 年第 2 期,第 25 - 28 页。

第九章

今日新媒介

自从互联网诞生以来,与它伴生的新媒介技术的普及程度和发展速度令人瞩目。从早期的电子邮件、网页浏览,到现在的社交媒体、二维码、ChatGPT 等服务,新媒介技术已经成为我们日常生活中不可或缺的一部分。这些技术逐渐嵌入社会的各个领域,包括教育、医疗、政务、娱乐等,为民众带来前所未有的便利与效率。今日新媒介,正在成为人类社会的基础设施和运行逻辑。

第一节　大数据的历史与应用

新媒介技术的发展,不仅拓宽了传播方式的多样性,还打破了传统的时空限制。移动互联网的普及使得信息传播不再受地理位置的束缚,而大数据、云计算等技术的应用则为实现信息的实时处理和分析提供了可能。从政府决策到商业运营,从医疗健康到教育领域,大数据技术都在为我们带来无穷的可能性和巨大的价值。本节将从多个角度全面探讨大数据技术,旨在深入理解这一领域的发展历史、核心原理以及广泛应用。

一、大数据的定义

大数据不仅仅指"海量数据""大型数据",它还有其他含义,一般来讲,可以从三个层面定义。

(一)属性定义

国际数据中心(International Data Center,IDC)是研究大数据及其影响的先驱,在 2011 年的报告中定义了大数据:"从大规模多样化的数据中通过高速捕获、发现和分析提取数据价值的技术。"[①]这个定义刻画了大数据的四个显著特点,即容量(volume)、多样性(variety)、速度(velocity)和价值(value)。类似的定义也出现在 2001 年 IT 分析公司 META 集团(现在已被 Gartner 并购)分析师道格·兰尼(Doug Laney)的研究报告中,他注意到数据的增长是三维的,即容量、多样性和速度的增长。尽管"3Vs"定义没有完整描述大数据,Gartner 和多数产业界巨头如 IBM 和 Microsoft 的研究者们仍继续使用"3Vs"模型描述大数据。

(二)比较定义

2011 年,麦肯锡全球研究院(McKinsey Global Institute)在其研究报告中定义了大数据集,即"超过了典型的数据库软件工具数据收集、存储、管理和分析能力的数据集"。这是一个主观的定义,它没有描述任何与大数据相关的度量机制,但是它

---

① GANTZ J,REINSEL D,*Extracting Value from Chaos*,IDC iView,2011,pp. 1 – 12.

包含了一种演化观点（从时间和跨领域的角度），以说明什么样的数据可以被视为大数据。

（三）体系定义

美国国家标准与技术研究院（National Institute of Standards and Technology, NIST）则认为："大数据是指数据的容量、数据的获取速度或者数据的表示限制了使用传统关系方法对数据的分析处理能力，需要使用水平扩展的机制以提高处理效率。"此外，大数据可进一步细分为大数据科学（big data science）和大数据框架（big data frameworks）。大数据科学是涵盖大数据获取、调节和评估技术的研究；大数据框架则是在计算单元集群间解决大数据问题的分布式处理和分析的软件库及算法。一个或多个大数据框架的实例化即为大数据基础设施[①]。

二、大数据的历史

大数据的发展历史与有效存储、管理日益增长的数据集有着密切的联系。每次处理能力的提高都会带来新的数据库技术。因此，大数据历史大致可分为以下几个阶段。

（一）从兆字节（megabyte）到吉字节（gigabyte）

从20世纪70—80年代，商业数据从 megabyte 发展到 gigabyte，从而引发了对"大数据"的最初挑战——迫切需要存储数据，运行关系数据查询，完成业务数据分析报告。数据库计算机（database machine）集成了硬件与软件的解决方案，其思想是通过软件与硬件相结合而获得较好的处理性能。一段时间后，专用硬件数据库计算机很难跟得上通用计算机的发展。因此，后来的数据库系统成为几乎不受硬件限制的软件系统，能够在通用计算机上运行。

（二）从吉字节（gigabyte）到太字节（terabyte）

在20世纪80年代末，由于数字技术的普及，数据容量已经从 gigabyte 提升到了 terabyte 级别，超过了单个计算机系统所能存储和处理的能力。数据并行技术被提出，以扩展存储能力，提高处理性能，并将数据分配到独立硬件上，例如建立索引和评估查询。在此基础上，基于底层硬件结构的并行数据库得到应用，包括共享内存数据库、共享磁盘数据库以及无共享数据库。其中，无共享数据库是建立在互联集群基础上的。集群由多台计算机组成，每台计算机都有自己的 CPU、内存和磁盘[②]。

---

① 李学龙、龚海刚：《大数据系统综述》，《中国科学：信息科学》2015年第1期，第1-44页。

② DEWITT D J，GRAY J，Parallel Database Systems：The Future of High Performance Database Systems，*Commun ACM*，1992(35)，pp. 85-98.

在过去几年中,无共享数据库类型的产品也出现了,包括 Teradata、Netezza、Aster Data、Greenplum 和 Vertica 等。这些系统产品使用关系数据模型和说明性关系查询语言,并成为数据存储并行化的先驱。

(三)从太字节(terabyte)到拍字节(petabyte)

20 世纪 90 年代末,Web1.0 的迅猛发展把世界带入了互联网时代,随之而来的是大量半结构化、无结构化的网页数据,这就要求索引并查询快速增长的网页内容。虽然并行数据库在处理结构化数据时表现出更好的性能,但对于无结构数据的处理却很少提供支持。而且,并行数据库系统只能处理数量有限的 terabyte。为了应对网络规模数据管理与分析的挑战,Google 提出了 GFS(Google File System)文件系统和 MapReduce 编程模型[①]。GFS 和 MapReduce 能够实现数据并行化,并且能够在大量的商用服务器集群中分布大量的计算应用。运行 GFS 和 MapReduce 的系统可以向外扩展,因此可以处理大量的数据。21 世纪前十年中期,用户生成内容(UGC)、各种传感器以及其他泛在数据源产生了大量的混合结构数据,这就要求在计算体系结构和大规模数据处理机制方面实现范式转变。由此 NoSQL 数据库技术开始出现并处理这些数据,该技术是一种模式自由、快速可靠、可扩展性很强的数据库技术。2007 年 1 月,数据库软件的先驱詹姆斯·格雷(James Gray)将这种转变称之为"第四范式"。他认为,解决这一问题的唯一途径是开发用于管理、可视化和数据分析的新一代计算工具。

(四)从拍字节(petabyte)到艾字节(exabyte)

根据目前的发展趋势,毫无疑问,大公司存储和分析的数据很快就会从 petabyte 级别上升到 exabyte 级别。但是,现有的技术只能处理 petabyte 级别的数据,目前还没有一种能够处理大量数据的革命性新技术。一篇名为《从混沌中提取价值》(*Extracting Value from Chaos*)的报告,讨论了大数据的概念及其潜在价值[②]。这份报告激起了工业界和学术界对大数据研究的热情,此后几年,几乎所有主要企业,如 EMC、Oracle、Microsoft、Google、Amazon 和 Facebook 都开始进行大数据项目。美国政府于 2012 年 3 月宣布投资 2 亿美元推动大数据研究计划,涉及大量美国国家机构,如国防部高级研究计划局(DAPRA)、国家卫生研究所(National Institutes of Health,NIH)、国家科学基金会(National Science Foundation,NSF)等。

---

① GHEMAWAT S, GOBIOFF H, LEUNG S T, The Google File System, *Proceedings of the Nineteenth ACM Symposium on Operating Systems Principles*,2003,pp. 29 - 43.

② GANTZ J,REINSEL D,*Extracting Value from Chaos*,IDC iView,2011,pp. 1 - 12.

三、大数据的处理方式

大数据分析就是在强大的支撑平台上运行分析算法来发现隐藏在大数据中的潜在价值,例如隐藏模式和未知关联。根据处理时间的要求,对海量数据进行分析处理的方式可分为以下两类。

(一)流处理

流处理假设数据的潜在价值是数据的新鲜度,因此应该尽可能快地处理数据并得到结果[1]。这样,数据就会以流方式到达。在数据连续到达过程中,由于数据流携带大量数据,因此只有一小部分存储在有限内存中。流处理理论与技术已有多年的研究积累,其中代表性的开源系统有 Storm、S4[2]、Kafka[3] 等。流处理模式用于在线应用程序,通常为秒或毫秒级别的反应速度。

(二)批处理

在批处理模式下,首先存储数据,然后分析数据。MapReduce 是一个非常重要的批处理模型。MapReduce 的核心思想是将数据分为若干小块,然后并行处理并产生中间结果,最后将这些中间结果合并成最终结果。MapReduce 在数据存储点附近分配计算资源,避免了数据传输时通信开销。MapReduce 在生物信息、网络挖掘、机器学习等领域有着广泛的应用。

四、大数据的应用场景

(一)流处理的应用

流处理有很多应用场景,典型的有两种类型,即数据采集应用和金融银行业应用。

数据采集应用通过主动获取大量实时数据,能及时挖掘有用信息。目前的数据采集主要有日志采集、传感器采集、网络采集等。日志采集系统是针对各种平台不断产生的大量日志信息量身定制的处理系统,通过流式挖掘日志信息,实现动态提醒和预警。传感器采集系统目前主要应用于智能交通、环境监测、灾害预警等领域。网络采集系统利用网络爬虫程序对万维网上的内容进行抓取,对其进行清洗、分类、

① TATBUL N, Streaming Data Integration: Challenges and Opportunities, *Proceedings of the 26th International Conference on Data Engineering Workshops*, 2010, pp. 155 - 158.

② NEUMEYER L, ROBBINS B, NAIR A, et al, S4: Distributed Stream Computing Platform, *Proceedings of IEEE International Conference on Data Mining Workshops*, 2010, pp. 170 - 177.

③ GOODHOPE K, KOSHY J, KREPS J, et al, Building LinkedIn's Real-time Activity Data Pipeline, *Data Engineering*, 2012(35), pp. 33 - 45.

分析和挖掘。

金融银行日常运营过程中产生的大量数据往往具有较短的时效性,既有结构化的数据,也有非结构化的数据。通过对这些数据进行流式计算,可以发现其内在特征,从而帮助银行实现实时决策。

总之,流式数据具有数据连贯、来源多、格式复杂、物理顺序不一致、价值密度低等特点。同时,相应的处理工具要求具有高性能、实时性和可扩展性。

(二)批处理的应用

物联网、云计算、因特网、车联网等都是大数据的重要来源。因此,批处理在很多应用场合都是适用的。本部分主要介绍两种典型的应用场景,即互联网领域的应用以及公共服务领域的应用。

1.互联网领域中的应用

在互联网领域中,批处理的典型应用场景主要包括社交网络、电子商务和搜索引擎。

微博、微信等以人为核心的社交网络,产生了大量的文字、图片、音频和视频等数据。处理这些数据可以分析社交网络,发现人们之间隐藏的关系。

电子商务产生了大量的购物历史记录、商品评论、网页访问次数、逗留时间等数据,通过对这些数据的大量分析,每个店铺都能准确地标记自己的热销商品,从而提高商品的销量;这些数据还可以分析用户的消费行为,为客户推荐相关商品,从而提高客户使用满意度。像 Google 这样的大型互联网搜索引擎通过大量处理广告相关数据,能提高广告投放效果。

2.公共服务领域的应用

首先,在能源领域,分类和整理来自海洋深处地震产生的数据,可以发现海底石油储量;通过大量处理用户的能源数据、人口数据、历史数据、地理数据等,可提高电力服务水平,最大限度地为用户节省资源。

其次,在医疗保健领域,通过大量分析患者的生活习惯和医疗记录,能帮助医生更好地诊断病人。当然,大规模的数据处理并不只是应用在移动数据分析、图像处理、基础设施管理等领域。随着人们认识到数据所蕴含的价值,越来越多的领域将通过大量数据处理来挖掘数据的价值,从而支持决策并发现新的观点。

再次,在安全领域,大量的数据被用来检测欺诈和 IT 安全。欺诈检测一直是金融机构和情报机构关注的焦点。通过处理批量数据,可以判断客户交易和现货异常,从而提前预警可能存在的欺诈行为。此外,企业可以通过处理计算机产生的数据来识别恶意软件和网络攻击模式。

五、大数据的社会影响

(一)助力政府决策和公共服务

大数据技术的发展对政府决策和公共服务产生了深远的影响。通过对海量数据的收集、整合和分析,政府部门可以更加精准地把握社会态势,制定更有针对性的政策。例如,在城市规划、交通管理、公共安全等方面,大数据技术可以帮助政府实现更高效、智能的管理,提升民众的生活质量。大数据也可以提高公共服务的效率,通过对公共服务数据的分析,政府可以发现潜在问题,及时优化资源配置,提高公共服务水平。

(二)服务商业和经济发展

大数据技术在商业领域的应用产生了显著的影响。企业可以利用大数据分析消费者行为、市场趋势和竞争对手动态,制订更精准的市场策略和产品规划。大数据还可以帮助企业优化生产流程、降低成本、提高生产效率。在金融领域,大数据技术可以帮助银行和金融机构更好地评估风险,提高信贷审批和投资决策的准确性。

(三)优化医疗和健康服务

通过对大量病患数据的分析,医生可以更准确地诊断疾病,制定治疗方案,提高医疗服务质量。同时,大数据技术也有助于医疗研究,科研人员可以根据海量数据挖掘潜在的疾病规律,加速药物研发和临床试验。此外,大数据还在健康管理方面发挥着重要作用,通过对个人健康数据的收集和分析,人们可以更好地了解自己的健康状况,制订个性化的健康计划。

(四)提升教育质量

大数据技术在教育领域的应用也带来了诸多好处。教育部门可以通过对学生数据的分析,了解学生的学习需求、优势和劣势,制订更合适的教育政策和教学方法。大数据还可以用于评估教育质量,通过对学生成绩、教师表现等数据的分析,教育管理者可以及时发现问题,优化教育资源配置。同时,大数据技术也为个性化教学提供了支持,教师可以根据每个学生的学习数据制订个性化的教学计划,提高教学效果。

(五)检测和分析舆情

大数据技术在社交网络和舆情分析领域发挥了重要作用。通过对海量的社交媒体数据进行分析,研究人员可以迅速了解公众对某一事件或议题的看法,为政府和企业提供有价值的信息。大数据分析可以帮助企业了解消费者对产品和服务的评价,及时调整策略以满足市场需求。大数据技术还可以用于舆情监测和危机管理,政府和企业可以根据舆情分析结果及时采取措施,防止危机扩大。

(六)支撑智慧城市建设

大数据在智慧城市建设和环境保护方面也发挥着重要作用。通过对城市基础设施、环境保护等方面的大数据分析,城市管理者可以实现对城市的智能化管理,提高城市运行效率。例如,在交通领域,通过对实时交通数据的分析,可以有效缓解拥堵,优化交通布局。大数据技术在环境保护领域的作用也日益显现,环保部门可以通过对大量环境监测数据的分析,及时发现环境问题,制定合理的治理措施。

(七)提升法律服务水平

大数据技术在法律和司法领域的应用也产生了显著的影响。通过对大量法律案例和司法数据的分析,法律人员可以更准确地评估案件的胜诉可能性,为当事人提供更有效的法律建议。大数据技术可以帮助检察院和法院提高办案效率,对案件进行智能分类、归档和检索,缩短审判周期。大数据还可以用于犯罪预测和治安管理,有助于提高社会治安水平。

总之,大数据技术的应用不仅有助于提高政府和企业的决策效率,还能优化资源配置,提高公共服务水平,改善民众的生活质量。然而,随着大数据技术的广泛应用,也带来了一些挑战和问题,如数据安全、隐私保护等。在利用大数据技术促进社会发展的同时,各个领域的相关利益方需要关注这些问题,采取措施确保数据的安全性和合规性,保护个人隐私权益。只有在充分认识到大数据技术的社会影响,妥善应对挑战和问题的前提下,才能更好地利用大数据技术,推动社会的持续发展和进步。

第二节　二维码的特点与应用

二维码技术作为一种信息编码与解码方式,已在社会中得到广泛应用。从商业支付到物联网,从社交互动到广告传播,二维码技术正逐渐渗透到生活的各个领域,极大地提高了信息交流的效率和便捷性。作为数字技术的典型形态,二维码开启了媒介与社会新的连接方式。

一、二维码的发明

二维码是用特定几何图形在平面(二维方向)上按一定规律分布的黑白图形,用以记录数据符号信息,并巧妙地利用构成计算机内部逻辑基础的"0"和"1"比特流,利用若干对应于二进制的几何形体来表示文字数字信息,通过图像输入装置或光电扫描装置自动读出，实现信息的自动处理。

二维码的发明者是原昌宏，一位日本工程师。1957 年出生的原昌宏，1980 年从法政大学工学部电气工学科毕业后，加入了丰田汽车集团旗下的汽车零部件制造企业——电装公司（DENSO），参与了条形码的开发工作。1987 年，电装公司成功研发出世界首台集成了条形码扫描仪、电脑、电池等功能的条形码终端，并投入使用。然而，在实际应用过程中，读取条形码变成了工作人员的负担，降低了汽车零部件管理的效率。因此，解决这一问题的需求日益迫切。1992 年，原昌宏开始着手研发新型编码。受到围棋的启发，他意识到二维码可以采用黑白相间的正方形布局。

二维码的信息容量是条形码的 200 倍，其信息记录密度是条形码的 40 倍，能够表示日语中的平假名、片假名、汉字和拉丁字母等，同时支持汉语和韩语等多种语言。1994 年，二维码正式取代条形码，成为电装公司汽车零部件管理的新标准。由于是职务发明，电装公司为原昌宏发明的二维码申请了日本专利。但原昌宏和电装公司未意识到二维码所蕴含的商业价值，于是主动开放了二维码的使用权。2000 年，二维码首次在日本作为手机摄像头读取网站的手段而普及。

2002 年，王越成立了北京意锐新创科技有限公司，研发出世界首款手机二维码引擎，并获得了中国国家专利。后来，阿里巴巴将二维码应用于支付宝，腾讯则将其应用于微信识别码和支付码，这一创新举措促进了中国重要的两家民营金融企业的发展。

二维码改善了一维条码信息密度低、存储容量小、必须依靠数据库等不足，同时它的自动识读技术和低廉的成本，使其广泛应用于生产系统、医疗系统、税务系统等领域。二维码的种类繁多，编码和解码方式各不相同，因此不同的二维码应用领域也不一样。目前，二维码技术在包括我国在内的世界各国迅速发展，并在越来越多的领域发挥着十分重要的作用。

二、二维码的类别

二维码按类别分为堆叠式二维码和矩阵式二维码，目前我国应用最为广泛的二维码系统是矩阵式二维码（QR 码）。

（一）堆叠式二维码

这类二维码是由一维条码构成的，其编码原理与一维条码相似，但通常没有纠错功能。其中，Code49 码、Code16K 码、PDF417 码是比较有代表性的。

（二）矩阵式二维码

这类二维码由矩阵构成，具有自动识别功能，通常具有纠错功能。其中最具代表性的有 Data Matrix 码、Code One 码、QR 码、汉信码。

二维码是一个黑白相间的正方形图案,左上角、左下角和右上角各有三个正方形的定位点,用户在扫描二维码时,即使用户的位置出现了偏差,也能准确地扫描到二维码,并正确读取。如果手机像素不高,二维码破损,或者扫描时有遮挡,导致扫描出来的二维码并不完整时,只要缺失部分不超过整体尺寸的30%,就有可能完成扫描。

二维码可容纳1108字节,可存储文字、语音、图片等信息。但读取的空间还是有限的,为了让用户了解更多信息,企业或制作二维码的用户都会将相关的网址编入二维码,用户"扫码"后打开网址,就能得到更详细的信息。QR二维码在电子凭证、打折、快速上网、防伪溯源、移动支付等领域得到了广泛的应用,并且随着物联网、云计算、移动互联网的发展,二维码的价值也越来越大,但二维码的核心价值还是传播信息。

1994年,日本电装公司开发了QR码,并将其应用于汽车零部件的跟踪,目前在日本和韩国等地使用率已超过96%。2006年我国也曾出现过二维码应用,中国移动利用手机上网推出二维码业务,但由于当时上网资费、智能终端普及率、用户消费习惯等因素的制约,二维码应用未能持续发展。

腾讯微信二维码应用于2011年底正式上线,凭借其庞大的用户群体,2012年我国迎来了二维码应用市场的爆发期。在微信快速添加好友、火车票防伪、团购电子凭证、农产品生产溯源、图书内置二维码增强立体阅读体验、企业对市场线上线下的联通方面,二维码都作为传播中介搭建起了双方的桥梁,它是移动互联网时代跨媒体传播营销的极佳平台。

三、二维码的特点

二维码由黑白相间的小方格组成,其基本结构包括定位模块、数据编码模块和纠错模块。定位模块负责帮助读取设备快速定位二维码;数据编码模块负责存储实际的数据信息;纠错模块则负责在数据传输过程中纠正可能出现的错误。二维码具有以下特点。

(一)容量大

二维码具有较大的信息存储容量,远远超过传统的一维条码。根据二维码的版本和纠错等级的不同,二维码最多可容纳7089个数字字符、4296个字母字符。这使得二维码能够满足复杂信息编码需求,适用于各种场景,例如:在物流行业中,二维码可以存储大量的货物信息;在广告传播中,二维码可以包含详细的营销信息;在金融支付领域,二维码可以承载加密的支付信息。

(二)高速扫描

二维码采用快速响应技术,可在短时间内完成扫描识别和解码,这使得二维码在实际应用中具有较高的效率,特别是在需要快速传递信息的场合。一般情况下,用户只需使用智能手机或专用扫描设备对准二维码,即可在几秒钟内完成识别和解码过程。高速扫描的特点使得二维码在零售、支付、票务等领域得到了广泛应用。

(三)容错率高

二维码具有良好的容错能力,即使二维码的部分区域受到损坏或遮挡,也能通过纠错算法恢复原始数据。根据 Reed-Solomon 纠错算法,二维码分为四个纠错等级:L(7%)、M(15%)、Q(25%)和 H(30%)。纠错等级越高,二维码对损坏或遮挡的容忍度越高,但同时存储的信息容量会相应减少。这使得二维码在实际应用中具有较高的可靠性,适用于各种环境条件。

(四)易制作与传播

二维码的制作过程简单,可以通过各种二维码生成工具快速生成。用户只需输入需要编码的信息,即可自动生成相应的二维码图像。二维码可以通过打印、屏幕显示、贴纸等方式传播,方便用户获取和使用。在实际应用中,二维码的易制作与易传播特点使其在广告营销、名片交换、产品认证等场景中得到了广泛应用。

(五)多样化的编码方式

二维码支持多种编码方式,如数字编码、字母编码、二进制编码、汉字编码等,这使得二维码能够满足不同类型信息的编码需求。例如:数字编码可以用于存储纯数字信息,如电话号码或价格;字母编码适用于存储纯英文信息,如网址或邮箱地址;二进制编码可以用于存储任意的二进制数据,如图片或音频;汉字编码则可以用于存储中文信息,如中文网址或文章。多样化的编码方式让二维码在各种应用场景中具有更广泛的适用性。

(六)安全性

二维码可以通过加密技术提高安全性,防止未经授权的扫描和解码。例如,在金融支付领域,为了保护用户的支付信息,通常会对二维码采用加密算法将信息进行加密处理。只有经过授权的扫描设备才能对加密的二维码进行解码,从而确保信息的安全传输。二维码还可以与数字签名技术结合,确保二维码的真实性和完整性,防止伪造和篡改。这使得二维码在涉及敏感信息传递的场景中具有一定的安全保障。

（七）可定制化

二维码具有较高的可定制性，可以根据需求进行个性化设计。例如，二维码的尺寸、颜色、形状和纠错等级均可以根据实际需求进行调整。二维码还可以与图像、文字、Logo 等元素进行融合，生成具有独特设计风格的二维码，这使得二维码在广告、品牌推广等场景中具有较高的视觉吸引力。

（八）跨平台兼容性

二维码具有良好的跨平台兼容性，可以在各种设备和操作系统上进行扫描和解码。用户只需使用具备二维码扫描功能的设备，如智能手机、平板电脑或专用扫描器，即可轻松读取二维码中的信息。二维码的解码算法是开放的，可以在各种编程语言和平台上实现，这使得二维码在各种应用环境中具有较高的通用性和易用性。

四、二维码的应用

二维码具有快速识别、存储等优点，被广泛地应用于社会生活的各个领域中。

（一）医药领域

在药品流通监管中应用二维码，如在中药材流通监管方面，中药材种类繁多，监管难度较大，通过实验获取不同药材的 DNA 序列，选取标准短序列作为序列号编码，生成二维码图像，可便于对药材实施有效监管[1]。类似的应用还有很多，如样片检测、病人信息收集等。

（二）工农业领域

现在很多产品的包装上都印有二维码。二维码不仅可以提供厂商的网址信息，而且可以提供产品的信息，特别是一系列农产品的相关信息。这样，消费者就可以通过智能终端进行扫描，对购买产品的质量和安全性进行追溯[2]。

（三）安全技术领域

信息传输安全在网络通信过程中尤为重要。二维码具有存储信息的功能，加上它独特的编码方式，使得二维码成为一种简单有效的信息安全保障手段。同时，二维码还可以作为防伪标识，帮助消费者更好地辨别产品的真伪。

---

[1]　辛天怡、李西文、姚辉等：《中药材二维 DNA 条形码流通监管体系研究》，《中国科学（生命科学）》2015 年第 7 期，第 695－702 页。

[2]　董玉德、丁保勇、张国伟等：《基于农产品供应链的质量安全可追溯系统》，《农业工程学报》2016 年第 1 期，第 280－285 页。

五、二维码的社会影响

(一)二维码与生活方式的变革

1.购物习惯的改变

随着二维码的广泛应用,人们的购物习惯发生了很大的变化。例如,在商场和超市里,顾客可以通过扫描商品上的二维码获取详细的商品信息、价格、使用方法和优惠信息。二维码还可以引导顾客参与活动,如抽奖、优惠券领取等。此外,在线购物平台也普遍采用二维码技术,使得用户可以方便地获取产品信息、比价、下单和支付。这些变化使得购物变得更加便捷、高效和个性化,让消费者在购物过程中享受到更优质的体验。

2.支付方式的创新

二维码在支付领域的应用改变了人们的支付习惯。传统的现金支付和刷卡支付逐渐被二维码支付所取代,如支付宝、微信支付等移动支付平台的普及。用户只需使用智能手机扫描商家的二维码,即可完成支付操作,极大地提高了支付的便捷性和安全性。此外,随着二维码支付的普及,越来越多的场景开始支持无现金支付,使得人们的生活变得更加便捷。

3.提升信息传播效率

二维码技术使信息传播变得更加便捷。通过将网址、名片、活动详情等信息编码成二维码,用户可以轻松地扫描并获取信息。这种方式不仅节省了时间,还使信息传递更加准确。二维码还在社交媒体、广告宣传等领域得到广泛应用,提高了信息传播的效率。例如,公共场所的海报、宣传册等常常使用二维码,方便用户快速了解活动详情并参与。

4.参与环境保护

二维码技术的应用也对环境保护产生了积极影响。一方面,二维码可以替代传统纸质材料传播信息,如电子票据、电子名片等,减少了纸张的使用和浪费,从而降低了对环境的破坏。另一方面,二维码技术在废品回收、绿色包装等领域的应用有助于推动环保理念的普及和实践。例如,废品回收企业可以通过二维码记录废品的种类、重量等信息,提高废品分类和回收的效率。消费者也可以通过扫描废品上的二维码了解回收渠道和价格,激励更多人参与废品回收活动。在绿色包装领域,二维码可用于替代传统的包装标签,减少不必要的包装材料,减轻环境负担。

5. 提升公共安全

二维码技术在公共安全领域的应用也为社会带来了诸多利益。在火灾、地震等紧急情况下,二维码可以用于快速识别受灾人员的身份信息,便于救援人员提供及时、有效的救助。二维码还可以用于安全防范和监管。例如,在大型活动、公共交通工具等场所,安保人员可以通过扫描参与者的二维码核实身份信息,提高安全管理的准确性。同时,政府部门也可以通过二维码监管企业的生产、销售等环节,确保产品质量并维护市场秩序。

(二)二维码与产业发展

1. 提高物流管理效率

在物流行业中,二维码被广泛应用于货物追踪和信息管理。通过扫描货物上的二维码,物流企业可以实时掌握货物的位置、状态和相关信息,提高物流管理的效率。同时,二维码技术还有助于提升仓储管理的水平,通过扫描货架上的二维码,仓库管理员可以迅速定位货物的存放位置,有效提高了仓储管理的准确性和效率。二维码技术还能帮助消费者快速查询物流信息,提高物流服务的透明度和用户满意度。

2. 提高医疗服务效率

二维码在医疗行业中的应用带来了诸多便利。例如,通过扫描病患档案上的二维码,医生可以迅速获取病患的基本信息、病史、检查报告等,提高医疗服务的效率。二维码还可以用于药品管理,通过扫描药品包装上的二维码,药师可以获取药品的生产信息、有效期、用法等,确保药品的合规性。同时,患者也可以通过扫描药品二维码了解药品信息,降低用药风险。

3. 提升旅游体验

二维码在旅游行业中的应用为游客带来了很多便利。在景区、博物馆等旅游景点,游客可以通过扫描二维码获取详细的景点介绍、导览信息和活动安排等。二维码还可以用于线上订票和验票,通过扫描电子门票上的二维码,游客可以快速通过检票口,节省了排队等候的时间。同时,旅行社、酒店和餐厅等旅游服务提供商也通过二维码提供预订、支付和评价等功能,提升了旅游服务的质量。

4. 便利教育教学

二维码在教育行业中的应用也带来了诸多好处。教师可以通过二维码分享课件、教学资源和作业,学生只需扫描二维码即可获取这些资料,提高了教学效率。此外,二维码还可以用于课堂互动,如答题、投票等,增强了课堂教学的趣味性。同时,学校也可以通过二维码发布通知、活动信息等,方便师生了解校园动态。

二维码的发展历史是数字技术把人和物数据化、编织进系统的过程,是数字技术向社会组织肌理延伸的过程。20 世纪 70 年代出现了一维条码,人们把条形码贴在物品上,这样机器就能读取物品的信息。因此,每一件物品都是"独一无二"的——有自己独特的标签,通过读取设备和软件,连接到物品网络上,产生新的关系。从一维条码到包含更多数据的二维码,"码"具有以下技术特征和媒介特性:第一,"码"使人和物数据化,进入信息系统,象征着人类迈向一个可由机器全面阅读的世界;第二,"码"是通过对信息、知识的抽象与分类,实现管理与控制;第三,"码"最特别的地方在于,它提供了一种连接一切实体与过程的方式,把构成日常生活的人、物、信息、交易、地域等以复杂的方式动态连接起来,形成一个紧密的"块茎式聚合体"。

作为数字技术的典型形态,二维码展示了媒介以一种动态机制聚集人类社会异质化系统的功能,媒介成为社会系统与运作机制的传导者与转换中枢,从而区别于感知-认知模式维度,开启了媒介与社会的新连接方式,也为数字时代的"媒体城市"开辟了一个新的面向。"二维码社会"的出现,标志着数字技术和人类日常生活之间建立了一种新型的关系,数字媒体正在成为人类传播活动全方位中介的技术机制和社会系统。在这一意义上,媒介从反映现实、建构现实走向直接驱动现实的生成,呈现出人与技术机器系统的"共创生"①。

第三节　虚拟现实、增强现实与混合现实

虚拟现实(virtual reality,VR)、增强现实(augmented reality,AR)和混合现实(mixed reality,MR)技术提供了一种全新的沉浸式体验,让人类能够更为直观地理解和探索虚拟世界与现实世界的交互。VR、AR 和 MR 技术在过去的几十年里不断发展壮大,已经渗透到众多行业,成为科技创新的关键驱动力,也成为元宇宙前景的底层逻辑。从游戏娱乐到医疗教育,从科研实验到工业设计,从新闻现场到感官传播,VR、AR 和 MR 技术都在为我们带来前所未有的沉浸式体验。

一、VR、AR、MR 的定义

(一)虚拟现实(VR)

VR 技术是一种能够创造和模拟虚拟世界的计算机模拟系统,利用计算机生成虚拟环境,通过多源信息融合、交互的三维动态视景和实体行为,可使用户沉浸其中。

---

① 孙玮、李梦颖:《"码之城":人与技术机器系统的共创生》,《探索与争鸣》2021 年第 8 期,第 121 - 129 页。

　　VR 一般指一种技术,它仿真现实和虚拟世界,使人类沉浸地融入一个三维空间,产生有立体感的视觉、听觉、触觉甚至嗅觉,在一个确定范围内非常类似于现实世界。它有三个特征:实时渲染(real time rendering)、真实空间(real space)和真实交互(real interaction)。

　　在过去的几十年里,VR 在游戏、影视、专业学习、旅游、军事等各个方面都对人类产生了巨大的影响。近几年,随着头戴式显示器技术的普及以及远程通信技术的不断发展,距离已经不再是问题,将虚拟现实融入现实环境中,这就是 AR 技术。科技的发展使得虚拟环境与真实环境更加融合,人们能够灵活地在虚拟与真实场景中穿梭,因此 MR 技术得到了极大的发展。

(二)增强现实(AR)

　　AR 技术是一种实时地计算摄影机影像的位置及角度并加上相应图像、视频、3D 模型的技术,可以直接或间接地与物理现实环境进行交互,使现实世界得以"增强"。这种"增强效果"通过计算机产生或源于现实世界传感器输入,例如声音、视频、图形或 GPS 数据等。很显然,AR 基于个人电脑,与参与者的现实环境相关,因此可以说是面向移动计算的。

(三)混合现实(MR)

　　MR 技术是一种结合了 VR 和 AR 的新型交互方式。虚拟和现实是融为一体的,可以相互作用,物理对象和数字对象共存,并实现实时交互。在概念上来说,MR 和 AR 更为接近,都是一半现实一半虚拟,但传统 AR 技术运用棱镜光学原理折射现实影像,视角不如 VR 视角大,清晰度也会受到影响。为了解决视角和清晰度问题,MR 技术将会与更丰富的物质载体相结合。例如,MR 可以通过专用的头戴式设备或其他智能终端,将虚拟的数字内容投射到用户的视野中,或者通过传感器实时感知用户的动作和所处环境,并对其做出响应,让用户感觉自己身临其境。

二、VR 的诞生与历史

　　最早的 VR 技术起源于 1956 年的一个摩托车仿真器,名为 Sensorama,它集成了 3D 显示器、气味发生器、立体声音箱和振动座椅,内置了 6 部短片供人们欣赏,但是体积太大,不能作为商业娱乐设施使用。1961 年,飞歌公司开发出一种头戴式显示器 Headsight,它集成了头部跟踪和监控功能,但是主要用来查看较为隐秘的信息。1965 年,计算机图形学的重要奠基人伊凡·苏泽兰(Ivan Sutherland)以其敏锐的洞察力和丰富的想象力描绘了一种新的显示技术。他设想在这种显示技术支持下,观察者可以直接生活在计算机模拟的虚拟环境之中。1966 年,苏泽兰等学者开始研制头戴式显示器（head mounted display，HMD），随后又将模拟力和触觉的反馈装置加入到系统中。

1984 年，世界上第一个商用 VR 设备 RB2 诞生。RB2 配备了位置感应器，如体感追踪手套，其设计理念已接近现代主流产品。1985 年，美国宇航局研发出一种 LCD 光学头戴式显示器，它能提供沉浸式体验，同时体积小、重量轻。在游戏、娱乐等领域，一些知名企业也曾尝试过采用 VR 技术进行相关产品的研发。1993 年，迈克尔·海姆（Michael Heim）提出"VR 是一种在效应上而不是事实上真实的事件或实体"，同时刻画了 VR 的 7 个特征：模拟性、交互作用、人工现实、沉浸性、遥在、全身沉浸和网络通信。1994 年，格里戈雷·布尔迪亚（Grigore Burdea）等人出版了 *Virtual Reality Technology* 一书，在书中他们用 3I（immersion、interaction、imagination）概括了 VR 的基本特征。

2013 年，Oculus Rift 公司推出了面向开发者的早期产品，售价仅为 300 美元，标志着商用 VR 设备真正进入消费类电子市场。2014 年，Facebook 宣布以 20 亿美元收购 Oculus。对于 VR 设备和内容生态来说，2016 年是一个具有里程碑意义的年份。在 2016 年，Oculus 发布了 Oculus Rift 头戴式 VR 设备，HTC Vive 与三星 Gear VR 同时亮相。

自 2016 年起，英特尔和高通开始支持 VR 在芯片层面上的应用。像 Unity、Blender、CryEngine、Source 等游戏引擎都宣布支持 VR。在游戏娱乐领域，EA、Ubisoft、网易、腾讯等游戏公司都发布了自己代表性的 VR 作品。近年来，越来越多的资本看好 VR（影视、游戏），大量投资涌入。国内的新兴游戏公司、VR 工作室也纷纷推出了如《永恒战士》等优质的 VR 作品。

三、VR 的发展与现状

在国际上，VR 技术已经逐渐成熟，并向视觉、听觉、触觉等多感官沉浸体验方向发展。同时，相应的硬件设备也向微型化、移动化方向发展。美国纽约州立大学石溪分校联合 Nvidia 和 Adobe 开发了一套系统，该系统利用人眼的视觉抑制现象和眼球追踪技术，使用户能够在大型虚拟场景中自然行走。在 2018 年的游戏开发者大会（Game Developers Conference，GDC），Oculus 推出的 Oculus Go 为耳机提供立体声效果，耳机内置扬声器，用户无需佩戴耳塞即可体验虚拟场景中的声音。它采用定向扬声器设计，使设备的声音不受周围环境的影响。由洛桑联邦理工学院和苏黎世联邦理工学院组成的科研团队开发了轻量级的触觉反馈手套，名为 DextrES。DextrES 的重量只有 40 克，厚度只有 2 毫米，传感器和反馈装置的重量只有 8 克，给使用者带来了更加自然的触觉反馈。

近年来，我国 VR 产业的发展也呈上升趋势。根据国际数据公司（International

Data Corporation,IDC)2019 年发布的《中国 VR/AR 市场季度跟踪报告》显示,2019
年第一季度,国内 VR 头戴式显示器设备出货量接近 27.5 万台,同比增长 15.1%。
2018 国际虚拟现实创新大会在青岛召开,专家学者齐聚,探讨 VR 产业的发展现状
及未来趋势。会上发布的《中国虚拟现实应用状况白皮书(2018)》全面探讨和分析
了我国 VR 应用现状,涉及 500 多家相关企业和单位,为我国 VR 产业从萌芽状态向
商业化、规模化转变指明了方向。该白皮书还提到,目前国内主要的 VR 产业分布
在北京、上海和广州,另外还有 12 个热点地区,如青岛、成都、福州等,主要涉及内容
开发、终端设备、网络平台等领域。我国 VR 产业在快速发展的同时,也存在着些许
问题,如高质量专业应用少、内容开发匮乏、设备安装复杂、用户体验较差等。

近两年来,国内通信网络迅猛发展,5G 的出现,给 VR 产业带来了极大的冲击。
5G 技术所带来的高带宽、低延时,将为 VR、AR 及相关音视频业务提供关键支撑。
2018 年,华为 VR Open 实验室和西班牙 MWC 联合"视博云"推出了云 VR,通过 5G
和云计算技术,将 VR 技术从终端转移到云端,推动 VR 和 AR 在智能手机领域的应
用。2019 年 1 月,中国电信首次通过 5G 网络直播央视春晚,这也是央视首次通过
5G 网络直播。

四、AR 与 VR 的影响

VR 技术的出现,使得新闻领域一直在讨论的"还原新闻现场,真实再现新闻事
件"成为可能。AR/VR 技术能够很好地解决传统媒体难以做到的还原新闻现场、让
用户近距离体验新闻事件等问题。通过使用头戴式显示器或者使用智能手机,用户
可以近距离、身临其境地体验新闻现场。AR/VR 新闻有别于传统的新闻模式,其强
大的复原能力使得新闻传播的信息量、广度、深度都得到了极大提高,直接影响着新
闻业态从生产源头到接收终端的各个环节。

新闻信息传播的内容,由单纯的文字符号、视频向"场景""体验"转变。在 AR/VR
新闻中,信息不再是平面语言的叙述,而是以直观、立体的方式呈现。AR/VR 新闻几
乎完全还原了新闻现场,将新闻发生的场景完全呈现给用户。AR/VR 新闻打破了传
统新闻时代单一化的新闻传播模式。在传统媒体时代,媒体通过文字、符号、图像、
视频等对新闻事件进行描述,而 AR/VR 新闻不再描述和转述新闻事件,而是直接将
新闻现场传递给用户,让用户亲身体验现场,从而获得比传统新闻更真实、更客观的
信息。新闻信息传播方式突破单一感官参与的局限,实现多感官参与和互动模式。

如果说传统的文字新闻调动了用户的视觉,广播新闻调动了用户的听觉,电视
新闻调动了用户的视觉和听觉,那么 AR/VR 新闻则直接调动了用户的视觉、听觉、
触觉、嗅觉等多种感官,第一次实现了用户的多感官交互感知。

AR/VR新闻同样符合传统新闻实践反复强调的"最真实"的新闻现场、"最客观"的新闻信息的理念。AR/VR新闻借助头戴式显示器等设备,使用户能够"亲自"触达新闻现场,了解、感知、总结、体验"最真实"的新闻现场。AR/VR新闻虽然是虚拟的,但是能带给用户身临其境的感觉。

用户从接受新闻信息到深度参与新闻传播。例如,2022年全国"两会"期间,青岛日报社融媒体平台运用AR技术报道新闻,创新两会报道纸媒与客户端的交互体验,丰富了新闻报道形态。静态的纸质报道内容与动态的立体场景瞬间交互,带给用户极大的新鲜感与体验感。在青岛日报社发布的AR新闻中,阅读、与媒体互动成为用户自主的行为。AR/VR新闻传播方式的变化直接导致了新闻媒介在新闻信息传播中的地位发生了变化。传统媒体时代,媒体深入到新闻现场进行采访、写作,获取第一手新闻信息,并将新闻信息加工、编排、传递给用户。在这种传播模式下,媒体始终处于主导地位,它控制着用户观看的内容和方式。AR/VR新闻向用户传递"场景"而非"内容",即媒体不再是新闻现场的唯一参与者,用户直接成为新闻现场的参与者,他们也能像媒体一样感受到新闻现场、新闻事实,从而更接近真实的新闻事件。

第四节 元宇宙的缘起与影响

元宇宙是数字智能社会的未来景观与结构方式,它将各种技术融合在一个虚拟的环境中,为人们提供沟通和互动的全新空间。在这个虚拟世界中,人们可以通过数字化技术构建任何场景,在任何时间与任何人进行交流和协作。元宇宙的发展将彻底改变已有的传播模式,进一步拓宽人类在时空维度上的连接和沟通可能性。

一、元宇宙的缘起

元宇宙,英文名称是Metaverse。在2021年之前,元宇宙还只是个科幻概念。1992年,美国著名科幻大师尼尔·斯蒂芬森(Neal Stephenson)在他的小说《雪崩》(*Show Crash*)中描述了什么是元宇宙:"戴上耳机和目镜,找到连接终端,就能够以虚拟分身的方式进入由计算机模拟、与真实世界平行的虚拟空间。"虽然尼尔·斯蒂芬森是创造出"元宇宙"这个名词的人,但是对于元宇宙本身,他却从来没有做过详细的分析。虽然很多动漫、影视作品,比如著名电影《黑客帝国》(*The Matrix*),都对元宇宙进行了全方位的想象,但人们还是觉得元宇宙是一片虚无。影视作品和文学作品通过图像和文字创造了元宇宙的各种可能形态,但目前元宇宙依然存在着概念模糊、边界不明的问题。

　　广义来看,元宇宙是整合多种新技术而产生的新型虚实相融的互联网应用和社会形态,它基于扩展现实(extended reality,XR)技术提供沉浸式体验,基于数字孪生技术生成现实世界的镜像,基于区块链技术搭建经济体系,将虚拟世界与现实世界在经济系统、社交系统、身份系统上密切融合,并且允许每个用户进行内容生产和世界编辑。元宇宙仍是一个不断发展、演变的概念,不同参与者以自己的方式不断丰富着它的含义。

　　元宇宙进入大众视野的导火索是 Roblox 上市。Roblox 之所以自称为"元宇宙",是因为它为玩家提供了可供游玩的虚拟世界,而玩家们可以自由地改造这个虚拟世界。到 2021 年第二季度,Roblox 的日活跃用户数(daily active users,DAU)为4320 万。用户生成内容(UGC)铸造了 Roblox 的虚拟世界,使 Roblox 成为当前元宇宙的代表[①]。

　　因特网的发展促进了社会信息化的变革。这种变化使人们对更深层次的互动产生了强烈的需求,从而产生了新的交互式媒体设备。当人们借助智能设备遨游互联网时,不仅打破了现实与虚拟的界限,还改变了人们的生活方式与自我认知。也正是因为如此,无论是硬件还是软件上的突破,都使得元宇宙从文学意义上的"可能世界"向人们看得见、摸得着的"虚拟世界"转变。

　　对于元宇宙,硬件技术的构建,既要考虑现实世界,也要考虑元宇宙本身。从现实世界的角度来看,想要进入和离开这个世界,必须要有一个和现实世界相连的入口。从元宇宙的角度来看,需要大量的硬件设备来支撑元宇宙的运转。XR 技术是元宇宙接口的典型代表。这类技术包括 VR 技术、MR 技术以及 AR 技术。道格·鲍曼(Doug Bowman)等人将 XR 技术视为社会虚拟化的一个重要表现形式,其中浸入感、交互性和概念性是其主要特征。接口技术并不是唯一的 XR 技术,脑机接口技术的出现和发展,也为人们提供了一条新的通道。其次,数字化、智能化设备技术是元宇宙自身运行所必需的。高端芯片制造技术、显示硬件技术(显卡)、数据存储设备技术是构建元宇宙的重要设备技术。在元宇宙中,为了实现人们的深度交互,通信技术也是必不可少的,这些硬件技术为元宇宙奠定了物质基础。

　　构建元宇宙需要提供方便人们进出的技术接口,以及强大的技术设备支持它的正常运行。未来随着软件技术的发展,人类文化与赛博社会相交融,技术因素在元宇宙中逐渐培育着虚拟文明的星星火种。

---

　　① 　喻国明、耿晓梦:《元宇宙:媒介化社会的未来生态图景》,《新疆师范大学学报(哲学社会科学版)》,2022 年第 3 期,第 110-118 页。

二、元宇宙的发展阶段

面对人类认知革命带来的信息爆炸，人类的记忆容量和处理能力越来越受到限制，需要不断扩充存储能力与计算能力。在新一代信息通信技术群的基础上构建元宇宙，有效地解决了这一问题。元宇宙概念具有丰富的内涵和广泛的外延，随着实际应用和产业规模的扩大，它的发展重点和应用形式也将发生显著变化。元宇宙的技术发展一般可以分为三个阶段，即数字孪生阶段、数字原生阶段和虚实共生阶段。

（一）数字孪生阶段

数字孪生就是将现实世界和虚拟世界映射在一起。随着网络媒体的日益普及，传播媒介正由零散的记录与报道向系统集成、模拟仿真的方向发展。新一代信息通信技术的迅速发展使地球孪生成为可能。从区域范围来看，包括孪生社区、孪生园区、孪生城市、孪生中国和其他国家；从行业应用上看，包括孪生文旅、孪生工厂、孪生建筑、孪生电力等。基于地球孪生技术，实现了不同领域、不同行业应用的有效整合，也实现了虚拟与现实共生、实时互动的全局沉浸式体验环境，从而构建了更加智能的平行世界。

（二）数字原生阶段

从数字孪生到数字原生经历了一个从无到有、从复制到创造的阶段。创作者在元宇宙的虚拟空间中创造了一个本身属于虚拟世界、现实空间中并不存在的产品，这种行为就被称为数字原生。

（三）虚实共生阶段

在这个阶段，人类生活的现实与虚拟已经深度交融，人类已经无法分辨哪里是现实生活，哪里是元宇宙空间。人类身体的一举一动，人类大脑的所思所想都会上传到数据终端，真实感与界限感在虚实共生阶段不断模糊。这也是元宇宙发展的一个最终阶段。

三、元宇宙的社会影响

在国际标准化组织、科研机构、技术供应商、商业资本和国家力量的共同推动下，新一代信息通信技术（包括 5G、边缘计算、物联网、高密度集成电路、云计算、大数据、人工智能、区块链、数字孪生、XR、量子计算、智能终端等）已成为全球广泛共识的通用技术体系。元宇宙技术指的不是某一种技术或应用，而是一种以 AR、VR 和 MR 为基础的三维空间、生态或环境。它不是脱离现实世界的乌托邦，而是与现实世界的交互混同。元宇宙技术的本质是数字孪生技术，即如何通过各种记录型媒介生成一个现实世界的数字化身,并在两者之间实现交互操作。

从广义上说,岩洞壁画、口语故事、文字、戏剧、2D 和 3D 游戏等都是元宇宙技术。完全的元宇宙是一条总在不断退后的地平线,人类可以在多个维度上不断接近它,但永远无法完全到达它。元宇宙是人工智能、区块链、大数据、5G、云计算、物联网、数字孪生等技术达到一定奇点后的产物,是各技术的集大成者。目前,人类社会正在大步迈向元宇宙,势必离不开这些技术底座的进一步成熟和发展。

元宇宙概念的诞生与发展是互联网技术从 Web1.0 到 Web2.0 再到 Web3.0 之后的自然延伸。其中包括两次伟大的跃迁,即从 Web1.0 跃升到 Web2.0,实现了互联网从少数人写多数人读到多数人读写;从 Web2.0 经过 Web3.0 跃升到元宇宙,将解决内容生产所有权保护问题以及从符号传播到具身传播的过渡。

元宇宙是记录型媒介(recording media)和传输型媒介(transmission media)快速发展的必然结果。它不仅是在一端对信息和体验的全息记录,而且是将这一全息记录跨越时空投送到另一端的再现。在元宇宙空间,用户生成内容(UGC)将会大量出现,在区块链和加密货币的支持下,这些 UGC 将找到有效的商业模式。对人际传播而言,今天在互联网上进行"符号传播",明天在互联网上通过身体进行"后符号传播",这个"明天的互联网"就是"元宇宙",即马克·扎克伯格(Mark Zuckerberg)说的"具身的互联网"。这意味着我们在前文字时代的亲身传播 1.0 通过今天超强的记录和传输技术,可以实现"云端在场",从而实现传播效率和传播效果俱佳的亲身传播 2.0[①]。

在元宇宙中,社交场景中的虚拟交互将是一个新的亮点。美国 Meta 公司推出了一款平台设计软件,叫作"地平线"(Horizon),公司 CEO 马克·扎克伯格提出的家庭用户元宇宙使用思路是这样的:用户使用"地平线"来设计并装饰他们虚拟的"家"(Horizon Home)。当下,"家"是用户工作、娱乐的主要场所;未来,用户还可以通过"地平线"设计"客厅"或者其他公共空间,还可以邀请其他用户亲自前来做客。扎克伯格指出,用户将继续拥有私人社交账号,同时还会拥有一个工作账号,通过这个账号,他们可以和同事在元宇宙中进行虚拟交流和任务协作。

元宇宙不仅仅是一项伟大的技术创新和工程创新,如果应用与监管得当,它将会成为有益人类传播的重要工具,将会给现实世界带来实实在在的效益。根据元宇宙发展的现状与趋势,可以将其应用场景大致分为三个层次,即核心层、技术层和环境层。

核心层面是元宇宙中最基础、最常见的应用场景,它具有用户覆盖面广、技术实

---

① 《腾讯新闻、复旦大学发布〈化身与智造:元宇宙坐标解析〉》,https://www.digitalelite.cn/h-pd-1864.html,2022 年 5 月 30 日。

现度高、贴近生活、满足用户元宇宙基本生活需求的特点;技术层面是元宇宙的主导场景,具有技术创新、概念引领、话语争夺性等特点,是大型企业和跨国公司竞争的关键领域,是元宇宙的重要支撑;环境层面是元宇宙综合应用场景的混合,具有复合性、生态性特征。目前应用场景大量涌现出"元宇宙＋"生态,对用户注意力的争夺将成为常态。在未来几年里,元宇宙的核心技术能力将会越来越强,包括算力、反应、逼真、沉浸性、互动性、用户自主性、数字财产保护、数字货币支付等。元宇宙是现实世界的延伸,并非现实世界的替代品。它会深刻影响我们对时间、空间、真实、虚拟、身体、关系、道德、工作、学习等方面的感知①。

元宇宙预示着数字革命的新一轮技术创新与网络化整合,标志着互联网产业的巨变,同时也宣告着传播领域的变革。

第五节　人工智能与 AIGC

人工智能(artificial intelligence, AI)正以前所未有的速度渗透到人类生活中。作为代表之一的 ChatGPT,利用大语言模型(large language model, LLM)强大的思维理解和文本生成能力,使人工智能与人类的常识、认知、需求、价值观更加紧密地结合在一起。通过基于人类反馈的强化学习(reinforcement learning from human feedback, RLHF)等技术,人工智能可以为用户提供高度个性化的信息服务,是未来社会的基础设施之一。

一、人工智能的发展历程

人工智能是计算机科学的重要分支之一,是由约翰·麦卡锡(John McCarthy)于 1956 年在达特茅斯(Dartmouth)会议上正式提出。美国斯坦福大学人工智能研究中心的尼尔斯·尼尔森(Nils Nilsson)教授将人工智能定义为:"人工智能是知识的一门学科——如何表达知识,如何获取和使用知识。"②另一位美国麻省理工学院的学者帕特里克·温斯顿(Patrick Winston)教授认为,人工智能就是研究如何使计算机去做只有人才能做的智能工作。除此之外,关于人工智能的定义还有很多,至今还没有统一。但这些定义可以将人工智能概括为模仿人类智能活动的规律,构造具有一定智能行为的人工系统③。

---

① 《腾讯新闻、复旦大学发布〈化身与智造:元宇宙坐标解析〉》,https://www.digitalelite.cn/h-pd-1864.html,2022 年 5 月 30 日。

② 贾同兴:《人工智能与情报检索》,北京图书馆出版社 1997 年版,第 15-103 页。

③ 许万增、王行刚、徐筱棣等:《人工智能对人类社会的影响》,科学出版社 1996 年版,第 21-73 页。

20世纪50年代至60年代初期是人工智能发展的初级阶段。这一时期的研究主要集中于运用启发式思维、运用领域知识来编写计算机程序，如证明平面几何定理以及与国际象棋大师下棋。阿兰·图灵在《计算机器与智能》一文中讨论了人类智能机械化的可能性，提出了图灵机理论模型。同时，该文章还提出了著名的图灵准则，该准则目前已成为人工智能领域重要的智能机标准。在同一时期，沃伦·麦卡洛克（Warren McCulloch）和沃尔特·皮茨（Walter Pitts）发表了《神经活动中内在思想的逻辑演算》一文，证明了一种严格定义的神经网络在原则上可以计算一定类型的逻辑函数。从1963年开始，自然语言交流成为人工智能研究的又一大进步，人工智能研究进入了第二个阶段。

1968年，爱德华·费根鲍姆（Edward Feigenbaum）提出首个专家系统DENDRAL，该系统具有非常丰富的化学知识，可根据质谱数据帮助化学家推断分子结构。20世纪70年代，出现了一批具有专家水平的程序系统，随后在世界范围内得到了迅速的发展，其应用范围已遍及人类的各个领域，产生了巨大的经济效益。20世纪80年代，人工智能进入知识驱动的时代，人们围绕知识表示、推理、机器学习和新认知模拟等领域进行了深入的探索①。1989年，杨立昆（Yann LeCun）结合反向传播算法与权值共享的卷积神经层发明了卷积神经网络（convolutional neural networks，CNN），并首次将卷积神经网络成功应用到美国邮局的手写字符识别系统中。

1997年5月11日，举世瞩目的人机大战在经过6场拼杀后终见伯仲。IBM公司的国际象棋电脑深蓝最终以3.5比2.5战胜了国际象棋大师卡斯帕罗夫（Kasparov），成为首台打败国际象棋世界冠军的电脑。2016年3月，AlphaGo与围棋世界冠军、职业九段棋手李世石进行围棋人机大战，以4比1的总比分获胜；2016年末至2017年初，该程序在中国棋类网站上以"大师"（Master）为注册账号与中日韩数十位围棋高手进行快棋对决，连续60局无败绩；2017年5月，在中国乌镇围棋峰会上，它与排名世界第一的世界围棋冠军柯洁对战，以3比0的总比分获胜。AlphaGo是第一个击败人类职业围棋选手、第一个战胜围棋世界冠军的人工智能机器人。

2022年11月30日，OpenAI公司发布了ChatGPT（Chat Generative Pre-trained Transformer）——一个对话式的人工智能。ChatGPT基于GPT-3.5架构构建，它使用了一个深度神经网络，该网络有数十亿个参数，可以自动学习语言规则、语法和语义，并生成合理的回答。ChatGPT使用了大量的训练数据，包括数百万个句子和对话，这些数据有助于提高模型的性能。通过不断优化模型和训练数据，ChatGPT

---

① 朱福喜、汤怡群、傅建明：《人工智能原理》，武汉大学出版社2002年版，第87-91页。

可以生成越来越准确和有趣的对话内容。短短两个月后,ChatGPT 在 2023 年 1 月的月活跃用户数已达 1 亿,这使其成为史上用户数增长最快的消费者应用。

随着大数据、云计算、互联网、物联网等信息技术的发展,泛在感知数据和图形处理器等计算平台推动以深度神经网络为代表的人工智能技术飞速发展,大幅跨越了科学与应用之间的技术鸿沟。目前人工智能技术正在向大规模分布式人工智能、多专家协同系统、并行推理、多种专家系统开发工具、大型分布式人工智能开发环境、分布式环境下多智能体协同系统等方向发展。

二、AIGC 的原理与应用

在 2022 年 9 月,中国信息通信研究院与京东探索研究院联合发布了《人工智能生成内容(AIGC)白皮书》,将 AIGC 描述为"一种具有内容生产者视角分类的内容类型,同时也是一种内容生产方法和一组用于自动生成内容的技术"[①]。该定义认为 AIGC 包含内容特性和技术特性两个方面,总体来说,AIGC 可以被认为是一种随着网络形态演进和人工智能技术变革而产生的新型生成式网络信息内容。

AIGC 有着悠久的历史,目前正快速发展。早期的 AIGC 主要是人工智能辅助生成固定模板的内容,应用于影视、娱乐、工业建模等专业场景。随着人工智能技术的飞速发展和元宇宙应用场景的兴起,产业驱动的 AIGC 迎来了爆炸式增长。代表性技术变革包括 2014 年推出的生成式对抗网络(generative adversarial networks,GAN)[②]。GAN 是一种基于对抗学习的生成模型,利用生成器(generator)和判别器(discriminator)进行对抗训练,使之相互博弈、不断迭代,生成新的逼真内容。后来,GAN 模型成为生成式机器学习的主流,并衍生出深度卷积 GAN(DCGAN)、有条件 GAN(CGAN)、InfoGAN 等改进模型,提高了模型收敛速度和可解释性。此外,变分自编码器(variational auto encoder,VAE)和基于流的生成模型(flow-based models)也推动了生成式机器学习的发展。2021 年,CLIP(contrastive language-image pre-training)通过构建文本编码器(text encoder)和图像编码器(image encoder)分别学习图像和文本特征,并使用多模态嵌入空间对比学习将图片分类任务转换为图文匹配任务,最后通过Zero-Shot 推理预测。CLIP 利用无监督的文本信息作为监督信号,有效地学习视觉特征,实现高效的多模态识别、融合与转换。2022 年,扩散模型(diffusion model)的兴起

---

① 《人工智能生成内容(AIGC)白皮书(2022 年)》,http://www.caict.ac.cn/sytj/202209/t20220913_408835.htm,2023 年 1 月 20 日。

② GOODFELLOW I J, POUGET-ABADIE J, MIRZA M, et al, Generative adversarial networks, *Commun Acm*,2020,63(11),pp.139 – 144.

再次推动了 AIGC 的技术变革和内容创新①。扩散模型通过前向扩散过程和反向生成过程实现高效图文生成,已成为当前 AIGC 的研究热点。随着虚拟现实、数字孪生、融合共生等产业场景的不断丰富,AIGC 迅速扩展到数字建模、虚拟人、场景合成、艺术创作等更多领域。著名市场调研机构 Gartner 将生成式 AI 列为 2022 年顶级战略技术趋势之一,并在最新的研究报告中预测,到 2025 年生成式 AI 将占据网络内容的 30%。

随着 AIGC 技术的不断创新和内容的丰富,加之元宇宙、Web3.0 等新概念对传统互联网形态的影响,信息资源管理研究和实践正面临新的机遇和挑战:一方面,人们获取和使用信息的广度、深度和复杂度正在迅速演变,自动化生成的艺术作品、文档甚至代码给人们的生活带来便利,人工智能提升了生产生活的效率;另一方面,AIGC 涉及的大规模语料特征、多模态融合与转换、跨场景生成与应用等也给信息组织、版权确认、使用伦理等带来了挑战。

三、AIGC 的技术特征

相对于 UGC,AIGC 的显著差异在于新技术推动了机器智能创作内容,使得 AIGC 具备独特的技术特性,包括但不限于以下方面。

(一)大数据规模

AIGC 的"想象力"和创作能力源于计算机在大量数据基础上的学习和模拟生成。每一幅人工智能绘画作品背后都有无数的标注数据和训练数据。卷积神经网络和 Transformer 模型的兴起使得深度学习模型参数量飙升至十亿级别,推动了 AIGC 发展。例如,知名的计算机视觉项目 ImageNet 在众包任务中有超过 25000 人参与,标注图片超过 1400 万张;OpenAI 则收集了 4 亿个文本图像配对数据(LAION-400M)进行预训练。在零样本学习(Zero-Shot Learning,ZSL)成熟之前,AIGC 通过大数据实现内容创作的发展路径仍是主流。

(二)创造性生成

正因为有了大数据的支持,创意力成为 AIGC 最吸引用户的特点。借助海量语料库,人工智能工具能像超级画家或作曲家一样生成指定风格的图像、音乐或视频。例如,神经风格迁移(neural style transfer)算法利用卷积神经网络识别图像内容表示和风格表示,并在特定神经网络层重构图像,使 AI 绘画作品能够模仿特定风格的艺术作品。与人类创作过程相比,AI 创作具有时间短、规模大、风格多样等优点,在

---

① HO J, JAIN A, ABBEEL P, Denoising diffusion probabilistic models, *Advances in Neural Information Processing Systems*,2020(33),pp. 6840 - 6851.

艺术创作、插画、影视编辑等领域产生变革效应，人们甚至开始担忧 AIGC 是否会取代传统艺术创作者的工作。

（三）跨模态整合

跨模态整合是 AIGC 区别于传统 UGC 和 PGC 的显著特性。2021 年，OpenAI 发布了多模态模型 CLIP，利用 LAION-400M 进行大规模图文训练，能分别提取文本特征和图像特征进行相似度比较，通过特征相似度计算文本与图像的匹配关系，实现跨模态的相互理解。2022 年 9 月，百度发布"2022 十大科技前沿发明"，位居第一的是"跨模态通用可控 AIGC"。跨模态生成的本质是文本、视觉、听觉乃至脑电等不同模态的知识融合，覆盖图文、视频、数字人、机器人等更多场景。随着国内外多家科技公司发布多模态人工智能大模型，AIGC 的跨模态整合趋势将进一步加强。

（四）认知交互能力

具备一定程度的认知和交互能力是 AIGC 发展的重要方向。对于开发者来说，代码的输入输出是人与计算机交互的基本逻辑；对于用户来说，人们通过智能终端和网络平台实现人机交互和互联通信。在人工智能场景中，通常利用自动问答、视觉识别、姿态识别等实现人机交互，而 AIGC 的出现为人与机器的沟通带来了更多可能性，多模态数据将成为人际交往的核心。

四、人工智能带来的影响

20 世纪 60 年代，第一波人工智能技术浪潮以模式识别和专家系统为代表。20 世纪 70 年代和 80 年代，第二波人工智能浪潮产生了以框架知识表示和知识库为代表的新一代人工智能技术。在 20 世纪 90 年代，支持向量机、语义网络等人工智能技术进一步巩固了人工智能技术发展的基础。从 2005 年到现在，第三波人工智能浪潮已经被深度学习和知识图谱等技术所激发。

从新闻传播学界来看，人工智能技术已经渗透到新闻业的各个环节，给新闻传播领域带来了诸多流程和组织结构上的根本性变革。路透社发布的《2021 新闻、媒体和技术趋势预测》报告显示，69% 的受访者认为，在未来数年内，人工智能将成为新闻业发展的最大推动力。

然而，随着人工智能嵌入新闻传播领域的深度和应用范围的不断扩大，人工智能可能引发的信息造假、偏见与歧视、低透明度以及侵犯用户隐私等问题也成为人们关注和讨论的焦点。皮尤研究中心（Pew Research Center）2018 年的调查显示，

58％的人认为算法总是带有设计者的偏见,超过50％的人关注算法自动化决策的正确性和公平性、隐私侵犯以及缺乏人类参与等问题。

人工智能主要包括"智能体""机器学习与数据挖掘""语义网络""认知信息技术"等,这些技术应用于新闻业,催生了各类智能媒体,推动了新闻业的智能化转型。许多学者对人工智能在新闻业的应用进行了探讨,如美国学者尼古拉斯·迪亚科普洛斯(Nicholas Diakopoulos)将人工智能分为四类:"数据挖掘""自动化内容生产""信息代理"和"新闻分发";《中国智能媒体发展报告(2019—2020)》指出了"信息收集、生产、分发、管理、风控、效果监测、舆情分析、媒体经营和版权保护"等应用方向[①]。

人工智能技术不仅引起了学术界前所未有的关注,同时也为企业界带来了更多的应用需求。在AR/VR方面,人工智能等技术将会改变未来的AR与VR,进一步深入日常办公与生活,逐步建立虚拟办公环境,模拟全互动办公环境。

在数字孪生领域,人工智能技术将进一步加速智慧城市的建设。利用虚拟仿真技术,人工智能可以完整、详尽展示城市的建筑物和设施,结合对城市的诊断、预测和决策能力,实现数字孪生的真实世界展示和合理优化。

在区块链技术方面,将人工智能技术与区块链技术相结合,建立一种新型的社会信用体系,将人际交往的成本和风险降到最低。

五、人工智能与未来媒介发展趋势

随着人工智能技术的不断发展和应用,未来媒介发展将呈现出更多新的趋势和特点。这些趋势包括语义网络与知识图谱的媒介应用、VR与AR技术的融合、媒介内容创作的智能化与自动化,以及人机协作与跨界整合的传播生态。

(一)语义网络与知识图谱的媒介应用

语义网络和知识图谱作为人工智能技术的重要组成部分,可以帮助媒介系统更好地理解和组织信息。未来,媒体行业将广泛应用这些技术,实现对信息的智能化处理和推荐。例如,新闻媒体可以利用知识图谱为读者提供更丰富的背景信息和相关报道,提高读者的阅读体验。

(二)媒介内容创作的智能化与自动化

人工智能技术将使媒介内容创作变得更加智能化和自动化。基于深度学习和

---

① 张梦、陈昌凤:《智媒研究综述:人工智能在新闻业中的应用及其伦理反思》,《全球传媒学刊》,2021年第1期,第63-92页。

自然语言处理等技术的文本生成、图像生成和音频生成等技术将在新闻报道、广告创意和影视制作等领域得到广泛应用。此外,人工智能助手也将协助创作者提高创作效率和质量。

(三)人机协作与跨界整合的传播生态

在未来的媒介生态中,人机协作将成为一种新的传播模式。人工智能技术将在内容创作、编辑、推荐等环节与人类紧密协作,共同构建更加丰富和智能的媒介内容体系。同时,跨界整合将促使媒体行业与其他领域实现更深入的合作,推动媒体传播的创新和发展。

参考文献
References

一、著作

[1][法]阿芒·马特拉:《全球传播的起源》,朱振明译,清华大学出版社 2015 年版。

[2]白寿彝:《中国交通史》,团结出版社 2007 年版。

[3][美]保罗·莱文森:《软利器:信息革命的自然历史与未来》,何道宽译,复旦大学出版社 2011 年版。

[3]曹寅:《自行车、港口与缝纫机:西方基建与日常技术在亚洲的相遇》,北京大学出版社 2022 年版。

[4]郑超然:《外国新闻传播史》,中国人民大学出版社 2000 年版。

[5][加]戴维·克劳利、[加]保罗·海尔:《传播的历史:技术、文化和社会(第五版)》,董璐、何道宽、王树国译,北京大学出版社 2011 年版。

[6][美]丹尼尔·杰·切特罗姆:《传播媒介与美国人的思想:从莫尔斯到麦克卢汉》,曹静生、黄艾禾译,中国广播电视出版社 1991 年版。

[7]邓建国:《强大的弱连接:中国 Web2.0 网络使用行为与网民社会资本关系研究》,复旦大学出版社 2011 年版。

[8]杜石然、范楚玉、陈美东等:《中国科学技术史稿(修订版)》,北京大学出版社 2012 年版。

[9]方汉奇、丁淦林、黄瑚:《中国新闻传播史(第三版)》,中国人民大学出版社 2014 年版。

[10]方兴东、王俊秀:《博客:E 时代的盗火者》,中国方正出版社 2003 年版。

[11]郭庆光:《传播学教程(第二版)》,中国人民大学出版社 2011 年版。

[12]胡兵:《数字媒体传播技术概论》,清华大学出版社 2015 年版。

[13]姜振寰:《技术通史》,中国社会科学出版社 2017 年版。

[14][丹麦]克劳斯·布鲁恩·延森:《媒介融合:网络传播、大众传播和人际传播的三重维度》,刘君译,复旦大学出版社 2012 年版。

[15][英]克里斯蒂安·沃尔玛尔:《铁路改变世界》,刘媺译,上海人民出版社 2020 年版。

[16][法]雷吉斯·德布雷:《普通媒介学教程》,陈卫星、王杨译,清华大学出版社2014年版。

[17][英]雷蒙·威廉斯:《关键词:文化与社会的词汇》,刘建基译,生活·读书·新知三联书店2016年版。

[18]李彬:《传播学引论(第三版)》,高等教育出版社2013年版。

[19]黎德扬、高鸣放、成元君等:《交通社会学》,中国社会科学出版社2012年版。

[20]李良荣:《网络与新媒体概论》,高等教育出版社2014年版。

[21]李良荣:《新传播革命》,复旦大学出版社2015年版。

[22]李良荣:《新闻学概论(第六版)》,复旦大学出版社2018年版。

[23]李培林:《当代新闻摄影教程(第二版)》,复旦大学出版社2021年版。

[24][英]李约瑟:《中国科学技术史》(第5卷,第1分册),科学出版社、上海古籍出版社1990年版。

[25]刘兵、杨舰、戴吾三:《科学技术史二十一讲》,清华大学出版社2006年版。

[26]陆晔、赵民:《当代广播电视概论(第二版)》,复旦大学出版社2010年版。

[27][加]罗伯特·洛根:《字母表效应:拼音文字与西方文明》,何道宽译,复旦大学出版社2012年版。

[28][加]马歇尔·麦克卢汉:《理解媒介:论人的延伸》,何道宽译,译林出版社2011年版。

[29][美]曼纽尔·卡斯特:《网络社会的崛起》,夏铸九、王志宏等译,社会科学文献出版社2001年版。

[30][美]米切尔·斯蒂芬斯:《新闻的历史(第三版)》,陈继静译,北京大学出版社2014年版。

[31]《李约瑟文集》,陈养生等译,辽宁科学技术出版社1986年版。

[32]潘云泽、侯友谊、胡春燕:《现代传播技术》,科学出版社2004年版。

[33]盛希贵:《新闻摄影》,中国摄影出版社2011年版。

[34]施天权:《广播电视概论》,复旦大学出版社1987年版。

[35][英]汤姆·斯丹迪奇:《社交媒体简史:从莎草纸到互联网》,林华译,中信出版社2019年版。

[36][美]汤姆·惠勒:《连接未来:从古登堡到谷歌的网络革命》,王昉译,北京时代华文书局2022年版。

[37]童兵:《理论新闻传播学导论》,中国人民大学出版社2000年版。

[38]王鸿生:《科学技术史》,中国人民大学出版社2011年版。

[39][美]威尔伯·施拉姆、[美]威廉·波特:《传播学概论(第二版)》,何道宽译,中

国人民大学出版社 2010 年版。

[40]韦路:《传播技术研究与传播理论的范式转移》,浙江大学出版社 2010 年版。

[41][德]沃尔夫冈·希弗尔布施:《铁道之旅:19 世纪空间与时间的工业化》,金毅译,上海人民出版社 2018 年版。

[42][美]沃尔特·翁:《口语文化与书面文化:语词的技术化》,何道宽译,北京大学出版社 2008 年版。

[43]夏维奇:《晚清电报建设与社会变迁:以有线电报为考察中心》,人民出版社 2012 年版。

[44]熊澄宇:《媒介史纲》,清华大学出版社 2011 年版。

[45][美]伊锡尔·德·索拉·普尔:《电话的社会影响》,邓天颖译,中国人民大学出版社 2008 年版。

[46]喻国明、欧亚、张佰明、王斌:《微博:一种新传播形态的考察——影响力模型和社会性应用》,人民日报出版社 2011 年版。

[47][美]约翰·杜海姆·彼得斯:《奇云:媒介即存有》,邓建国译,复旦大学出版社 2021 年版。

[48][美]约书亚·梅罗维茨:《消失的地域:电子媒介对社会行为的影响》,肖志军译,清华大学出版社 2002 年版。

[49][美]詹姆斯·E.麦克莱伦第三、哈罗德·多恩:《世界科学技术通史》,王鸣阳译,上海科技教育出版社 2007 年版。

[50][美]詹姆斯·凯瑞:《作为文化的传播:"媒介与社会"论文集》,丁未译,华夏出版社 2005 年版。

[51]张岱年、方克立:《中国文化概论(修订版)》,北京师范大学出版社 2004 年版。

[52]张华:《网络社群的崛起:基于国家、社会、技术互动视角的研究》,复旦大学出版社 2018 年版。

[53]郑亚玲、胡滨:《外国电影史》,中国广播电视出版社 1995 年版。

[54][日]中山秀太郎:《技术史入门》,姜振寰译,山东教育出版社 2015 年版。

[55]周小普:《广播电视概论》,中国人民大学出版社 2014 年版。

[56]周永明:《路学:道路、空间与文化》,重庆大学出版社 2016 年版。

二、论文

[1]陈昌凤:《电传新闻对中美新闻叙事结构的影响:1870—1920 年代〈申报〉与〈纽约时报〉的叙事结构比较》,《国际新闻界》2009 年第 1 期。

[2]陈力丹:《马克思主义新闻观名词》,《编辑之友》2017 年第 5 期。

[3][英]戴维·莫利:《传播和运输:信息、人和商品的流动性》,王鑫译,《新闻记者》2020 年第 3 期。

[4]方兴东、潘可武、李志敏等:《中国互联网 20 年:三次浪潮和三大创新》,《新闻记者》2014 年第 4 期。

[5]胡泳:《WEB2.0》,《商务周刊》2007 年第 4 期。

[6]胡泳、刘纯懿:《元宇宙作为媒介:传播的"复得"与"复失"》,《新闻界》2022 年第 1 期。

[7]黄旦:《云卷云舒:乘槎浮海居天下——读〈奇云〉》,《新闻大学》2020 年第 11 期。

[8]黄旦:《理解媒介的威力:重识媒介与历史》,《探索与争鸣》2022 年第 1 期。

[9]李良荣、张盛:《互联网与大众政治的勃兴:"新传播革命"研究之一》,《现代传播》2012 年第 3 期。

[10]李良荣、郑雯:《论新传播革命:"新传播革命"研究之二》,《现代传播》2012 年第 4 期。

[11]李良荣、方师师:《互联网与国家治理:对中国互联网 20 年发展的再思考》,《新闻记者》2014 第 4 期。

[12]李银波:《论德国人与 19 世纪的印刷技术革命》,《武汉大学学报(人文科学版)》2007 年第 4 期。

[13]林凯、谢清果:《重返部落化:结绳记事的传播模式、机理与功能探赜》,《国际新闻界》2021 年第 2 期。

[14]彭兰:《"连接"的演进:互联网进化的基本逻辑》,《国际新闻界》2013 年第 12 期。

[15]孙藜:《重构"共同体想象":从电报诞生到新闻客观性在美国的确立》,《苏州大学学报(哲学社会科学版)》2015 年第 2 期。

[16]王君超:《未来传播形态的三个重要维度》,《学术前沿》2017 年第 23 期。

[17]汪宁生:《从原始记事到文字发明》,《考古学报》1981 年第 1 期。

[18]吴宇虹:《文字起源及象形文字、楔形文字、中国文字和字母文字之异同》,《上海师范大学学报(哲学社会科学版)》2006 年第 6 期。

[19]张梦、陈昌凤:《智媒研究综述:人工智能在新闻业中的应用及其伦理反思》,《全球传媒学刊》2021 年第 1 期。

[20]郑也夫:《文字的起源》,《北京社会科学》2014 年第 10 期。

后记
Postscript

　　这本教材从设想、酝酿到最终成形,已有近五个年头。从 2019 年春季学期起,学院安排我开设"传播技术史"的本科生课程,但当时未能找到理想的教材,于是我自编讲义,开始了这门课的讲授。五次授课过程中不断充实的讲义成为本教材的基本内容。

　　人类历史上出现的传播技术和传播媒介形式多样、种类繁多。从学理上来说,对传播技术和传播媒介的理解和定义,因角度的不同而丰富多彩。正因为如此,为教材找到一个恰切的叙述视角和逻辑框架就殊为不易。五年中,我不断充实文献和资料,并尽力吸收最新研究成果,不断深化对传播技术和传播媒介的理解,自以为确立了一个易于学生理解和掌握的框架。

　　本教材的写作从 2022 年上半年启动,由我拟定基本思想、大纲体系、各个章节以及每个章节的基本观点和知识点,经过数次讨论、修改,吸取和吸收多方意见,于 2022 年 9 月确定大纲。随后,我和我指导的研究生组成编写团队,依托讲义,查证文献,分头撰写。历经三次大的修改,教材的内容由最初的 12 章精改为目前的 9 章,篇幅从原来近 30 万字不断精简。我们的目标是力图体现前沿的思考,但囿于学养,本教材还有不尽如人意处,希望读者多多提出宝贵意见,以便后续修订。

　　感谢兰州大学新闻与传播学院对出版这本教材的支持和资助,感谢西安交通大学出版社和编辑赵怀瀛老师热心细致的工作。

　　参与本书初稿编写的是:陈莉红(第一章)、刘元羿(第二章)、肖国庆(第三章)、常倩楠(第四章)、庞家瑞(第五章、第六章)、杨荣智(第七章第二节、第三节,第八章第一节、第二节)、王威(第七章第一节、第八章第三节、第九章)。感谢同学们的辛勤付出。

张　华

2023 年 4 月 15 日